句読点、記号・符号活用辞典。

小学館辞典編集部編

小学館

はじめに

電子メールや携帯メールの普及、インターネット発の書籍や携帯小説などの流行は「記号・符号・しるし」に新たな意味・用法を与えた。無機質な文字の羅列だけでは伝えきれない感情やニュアンスを記号類を活用*することで表現したり、芸名や書名など固有名詞に使用⁑して個性を主張したり——なかには読み方のわからないもの、その意図するところが理解できないものも多い——する例が増えている。

こうした“変化”は、若い世代を中心に今後さらに“進化”していくことが予想される。しかし、新しい使い方は、従来正しいとされてきた記号類の標準的な使い方から逸脱しているものも少なくない。言うまでもなく、記号類には本来備わった意味・用法があり、それを知りたいと願う人も多い。

そこで本書は、規範となる意味・用法を解説することを基本としながら、同時に、可能なかぎり新しい用法も解説しようと試みた。また、パソコンユーザーからの「入力方法がわからない」との声に応え、キーボードによる記号類の入力方法を全項目に付し便宜を図った。

類書にはみられないこれらの工夫は、本書が初めて採用したものであり、その成果は蔵前勝也氏と玄冬書林の方々の苦心によるところが大きい。

記号類は《漢字／平仮名／カタカナ／アルファベット》に続く“５番目の文字”として市民権を獲得しつつある。願わくは本書を常に座右に置き、日本語をより豊かなものとするために活用していただきたい。

2007年9月
小学館辞典編集部

* 顔文字などもこれに含む。

⁑ 固有名詞に句読点を付すことについては賛否両論あるが、本書は内容を的確に表現する意図で、書名に使用してみた。

目　次

コラム

構成・執筆 蔵前勝也（玄冬書林）
校　　正 玄冬書林（蔵前勝也・蔵前侯江・菅原朗代・深川智美）
デザイン 清水　肇（プリグラフィックス）
D T P 鈴木啓介（図書印刷株式会社）
印　　刷 塚本　猛（図書印刷株式会社）

［小学館］
制　作 大栗好喜・大木由紀夫
馬場美宣・池田　靖
販　売 前原富士夫
宣　伝 宮村政伸
編　集 彦坂　淳

凡　例

編集の基本方針

本書は、書籍・雑誌・新聞や各種広告・webページ・電子メールなどで現在広く使われるものを中心に200の記号・符号・しるしを収録し、その機能・意味・用法を解説するとともに、使用例を示したものである。解説は、それぞれの記号・符号・しるしについて実際の使用例を広く採取し、その使われ方を分析する作業を基礎として書かれた。世上実際にみられる使い方をできるだけ忠実に反映する方針で、本書は編まれている。

本書の構成

Ⅰ　全体の構成

本書は　(1)　200の記号・符号・しるしについて解説した本体部分
　　　　(2)　本体部分に挿入したコラム
　　　　(3)　２種の索引
　　　　(4)　参考資料　　から成る。

Ⅱ　本体部分の章立て

1　各章の内容

取り上げた記号・符号・しるしは性格・機能によって分類し、「くぎり符号」「つなぎ符号」「括弧類」「くりかえし符号」「音声符号」「強調符号」「矢印類」「目印・装飾類」「商用記号」「音楽記号」「数学・科学記号」「単位記号」「準文字」の13の章に収めた。「。」「、」「．」「，」などの句読点は「くぎり符号」の章に収める。また、句読点を「―」や「(　)」なども含むものとして広義にとれば、「くぎり符号」から「括弧類」までが広義の句読点を扱った章となる。

2　章ごとの概説

それぞれの章では、項目ごとの解説の前に、その章に収録した記号・符号・しるしについて全体的に概説した。

3　項目の配列

それぞれの章の各項目は、基本的なものや現在の使用度の高いものから順に配列することを原則としたが、項目相互の関連性なども考慮し、近似の形・機能をもつものを隣接させて配列するなど、融通性をもたせた。各章に収録した記号・符号・しるしは、章の冒頭に一覧で示した。

各項目の構成

各項目は、見出し欄と用法解説とを基本単位として成っている。

I　見出し欄

見出し欄は次の要素から成っている。

①……?

ぎもんふ【疑問符】……②

クエスチョンマーク（英 question mark）／……③

インタロゲーションマーク（英 interrogation mark）／

インタロゲーションポイント（英 interrogation point）／

耳だれ／耳／はてなマーク

④……入力方法

- ◆ 英数入力でShift+「/？め・」
- ◆ 日本語ローマ字入力でShift+「/？め・」→確定（ATOK14～/IME2003～）
- ◆ 仮名入力でShift+「/？め・」→全角なら「F9」、半角なら「F10」を押す→確定。またはShift+「/？め・」を押す→変換→選択（IME2003～）
- ◆ 「ぎもんふ」（ATOK14～/IME2003～）または「はてな」「くえすちょん」「きごう」のいずれか（IME2003～）を入力→変換→選択
- ◆ 文字パレットなどを使って入力

⑤……コード入力　JIS 2129　シフトJIS 8148
区点 00109　ユニコード 003F　（全角）FF1F

①……記号・符号の形を示した。広く使われる異形がある場合は、その異形も示した。

②……代表的な名称を仮名で示し、漢字表記を【　】に、外来語の場合は原綴を（　）に示した。（　）内の英・仏・独などは言語名である。

③……②以外の名称を、漢字または仮名で示した。外来語の場合は(英　　)のように原綴を示した。

④……(1)「入力方法」として、OSをXP以降のWindows、キーボードをJIS配列のOADG109A型キーボード、日本語入力システムをATOK14以降またはMicrosoft IME2003以降とした場合の、パーソナルコンピュータでの一般的な入力方法を示した（JIS X 0208）。（ATOK14～/IME2003～）とあるのは、そこに示した入力方法がその日本語入力システムで可能であることを示す。“IME” はMicrosoft IMEの略記であり、Microsoft IME Standard だけでなくMicrosoft IME Natural Inputも含む。

(2)「文字パレットなどを使って入力」と一括して表記した中には、次の入力方法が含まれる。

・文字パレット（ATOK）や文字一覧（Microsoft IME）を画面に表示させ、目的の記号・符号を選択してクリックする。

・「記号入力」を選択するか、「きごう」と入力してShiftキーを押しながらF6のキーを押すか

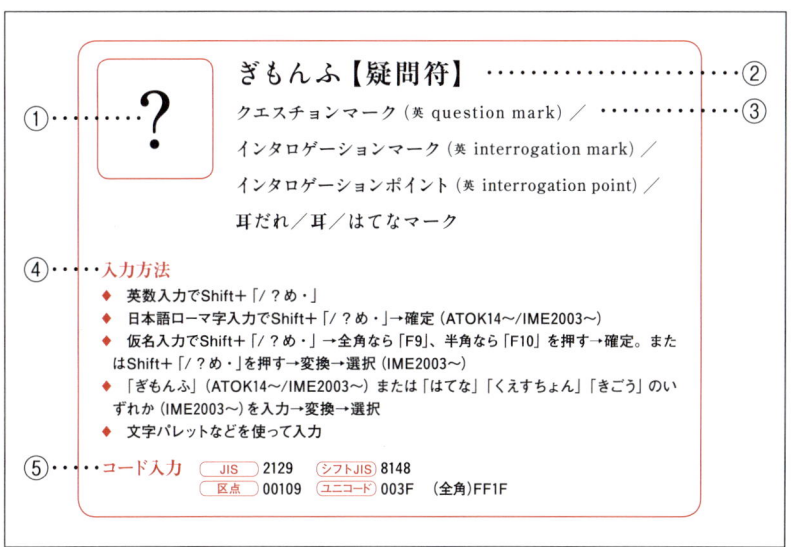

して、JIS第1水準の記号を表示させ、目的の記号・符号を選んでクリックする。(ATOK)

・「きごう」と打ち、F5のキーを押してJIS第1水準の記号を表示させ、目的の記号・符号を選んでクリックする。(Microsoft IME)

・手書き文字で検索し、表示された候補の中から目的の記号・符号を選んでクリックする。(ATOK /Microsoft IME)

(3)　「日本語ローマ字入力」はローマ字で打って仮名を入力する方法、「仮名入力」は直接五十音で仮名を入力する方法、「英数入力」は日本語入力システムを通さずに欧文を入力する方法(直接入力)を指している。

(4)　アプリケーションによっては、掲出した入力方法で入力できない場合もある。

⑤……(1)　JISコード、シフトJISコード、区点コード、ユニコードの4つの文字コードを示した。フォントによってはその記号・符号が実装されていないこともあり、文字コードがあるからといってすべて入力できるとはかぎらない。

(2)　半角・全角の違いは、基本的にはフォントの問題であって、コード化された文字や記号がはじめから半角あるいは全角と定まっているわけではないが、ユニコードには、名称に“halfwidth”“fullwidth”と規定のあるものがある。これについては(半角)または(全角)と表示したうえでそのコードを示した。

Ⅱ　解説

1　解説本文

(1)(2)　1つの記号(符号・しるし)に複数の機能・意味・用法がある場合は、それぞれ分けて解説し、解説の冒頭に次の番号または記号を付けた。

・1 2 3 ……　通常の区分

・❶ ❷ ❸ ……　1 2 3 に属し、それより下位で分けられる場合の区分

・(a) (b) (c) ……　❶ ❷ ❸ に属し、それより下位で分けられる場合の区分

〈例〉

> 1　欧文の句読点の1つ。そこでいったん文の流れを切ったり、間を置いたりするはたらきをもつ。明治時代以後、日本でも使われるようになった。通常、英文では特定の用法を除いて全角1字分、和文では全角2字分の長さで使う。
> ❶ 前述の語句・文に対し、その具体的内容や説明・補足・限定などを提示するときに用いる。
> (a)　ダッシュで前後を囲み、具体的内容・説明・補足などを挿入句として示す。

(2)　1 2 3 の順序は、その記号(符号・しるし)の基本的な機能・意味・用法を最初に示し、順次、派生的な使い方へと及ぶことを原則とした。

(3)　特定の方面にかぎって使われる用法については、「電子メール・電子掲示板などで」「広告コピーなどで」のように使用場面を限定して解説した。

(4)　顔文字やアスキーアート、飾り罫などの用法については個々に言及することをしなかった。

(5)　同様または類似の使われ方をする記号(符号・しるし)を、解説文のあとに次のように示した。

〈例〉

類似用法　—（ダッシュ）の7

(6)　当該の解説と関連する記述のある項目を、解説文のあとに次のように示した。

〈例〉

参　照　~（チルダ）の2

(7)　解説を別の項目にゆだねるときは、⇒ によってその見出しを示した。

〈例〉

⇒　!!（二重感嘆符）の2

2　用例

(1)　使い方が具体的に分かるよう、それぞれの解説ごとに可能なかぎり用例を示すことを旨とした。用例には、実際の文献から採取した実例と、実際の使用例に基づいてつくった作例とがある。

(2)　実例には次のように出典を示した。

・日本の小説・エッセイ・評論・論文などの用例

〈例〉（夏目漱石「それから」〈1909〉）

・辞書の用例

〈例〉（「大辞泉」〈1995〉）

・雑誌の用例

〈例〉（「女性セブン」2007.2.22）

・広告コピー、webページなどの用例

〈例〉（本田技研工業webページ〈2007〉）

・海外作品の用例

〈例〉（Dashiell Hammett, "The Dain Curse"）

年次は、近現代の用例については、底本が単行本・文庫本・辞書の場合はその単行本・文庫本・辞書の初刷刊行年、個人全集である場合は「解題」などに示された初出年、雑誌である場合はその刊行年とした。海外作品については年次を省略した。

(3)　実例は、一文全体の引用でない場合、省略した箇所を〔…略…〕で示した。また、本来、段落など1つのブロック全体を用例として示すべきであるが、紙幅の関係から前後を省略した場合も、省略箇所を〔…略…〕で示した。

(4)　実例の仮名遣いは底本のとおりとしたが、変体仮名は現在の平仮名に改めた。また、漢字の旧字体は新字体に改めた。

(5)　実例の大部分はもともと縦組みで印刷されたものだが、その記号・符号の特性から縦組みで示されるべきものを除いて、横組みで掲げた。その場合、原文が縦組みであることの表示として 用　例 の部分を 用　例 と網をかけて示した。

(6)　欧文の用例は〔＝……〕の形で和訳を示した。ただし、簡単な英文では訳を省略した場合もある。

3　＊と†を付けた注記

それぞれの用法に関する付随的な注記を＊と†を付けて示した。

＊は1 2 3 のレベルの解説に対応するもの、†はⒶ Ⓑ Ⓒ 、または(a) (b) (c) のレベルの解説に対応するものである。

4　その項目全体にわたる補注

その記号（符号・しるし）についての全般的な注記は、項目の末尾に「補注」として示した。

5　用語

本書では「記号」「符号」「しるし」という言葉をほぼ次のように使い分けている。

・記号……①「＋」の「たす」「プラス」、「＄」の「ドル」のように、きまった「読み」ときまった「意味」をもつもの。

②地図記号のように、名称があるだけで「読み」はないが、「意味」が人為的に定義されているもの。

・符号……「。」「、」「？」「！」「―」のように、自然言語などの中で特定の機能をもつが、「読み」のないもの。

・しるし…「◎」「▲」「◇」のように、名称はあっても「読み」はなく、意味・用法についての明瞭な定義もないもの。

同じ1つの記号（符号・しるし）でも、ある用法では「記号」、ある用法では「符号」、ある用法では「しるし」ということはしばしばある。

コラム

本文中に18のコラムを設けた。コラムには、項目中で解説できなかった付随的・周辺的な情報を述べたものと、項目として立てなかった記号・符号を一覧の形で示したものなどがある。

索引

索引は２種類のものを用意した。

(1)　名称索引

見出しに掲げたすべての名称を50音順に配列したもの。

(2)　形態索引

名称がわからない場合などに、「・」「—」「｜」「／」「○」「□」といった形態上の要素から検索できるようにしたもの。

参考資料

句読点・括弧類・くりかえし符号（踊り字）などの使用に関する参考資料として、昭和21年３月文部省教科書局国語調査室作成の文書「くぎり符号の使ひ方〔句読法〕（案）」「くりかへし符号の使ひ方〔をどり字法〕（案）」の２編、および、文部省編の小冊子『文部省刊行物表記の基準』（昭和25年９月刊）「付録」中の関連箇所を付した。

第1章　くぎり符号

。	、	｡	・	.	,
句点	読点	白点	中点	ピリオド	コンマ
:	;	?	??	!	!!
コロン	セミコロン	疑問符	二重疑問符	感嘆符	二重感嘆符
!!!	?!	!?	¿	¡	’
三重感嘆符	疑問感嘆符	感嘆疑問符	倒置疑問符	倒置感嘆符	アポストロフィ
／	＼	｜	―	‖	＝
スラッシュ	バックスラッシュ	縦線	横線	二重縦線	二重横線

1　ここには、句点（。）・読点（、）・中点（・）・ピリオド（.）・コンマ（,）など狭義の句読点をはじめとして、文や語句をくぎる役割を主として持つ符号を集めた。ダッシュ（—）や三点リーダー（…）もくぎり符号、広義の句読点としての性格をもつが、本書では便宜上、ハイフン（-）類とともに「つなぎ符号」として別にまとめた。

2　現代の和文では句点（。）・読点（、）・中点（・）が句読点として一般的・標準的に用いられる。白点（｡）は明治期の文学作品などに使用例があるが、現在は用いられない。

上のピリオド（.）からスラッシュ（／）までは欧文の句読点（punctuation）であるが、和文でも、疑問符（？）や感嘆符（！）が現在一般に用いられ、また、横書きではピリオド（.）・コンマ（,）をそれぞれ句点（。）・読点（、）に代えて用いることも多い。

コロン（：）・セミコロン（；）・スラッシュ（／）は研究論文や評論文などを中心に近年和文での使用例がみられる。しかし、まだ和文の句読点として一般に認知されるまでには至っていない。

バックスラッシュ（＼）・縦線‐横線（｜—）・二重縦線‐二重横線（‖＝）は句読点でなく、文字列のくぎりを主な用途とする一般符号であり、引用語句の文字や語をくぎって示すなど特殊な用途での使用を除けば、文章中で使われることはほとんどない。

3　句読点類（上で、句点からスラッシュまでの符号）は、印刷物でも手書き原稿・ワープロ原稿でも行頭に置くことを避けるのが普通である（行頭禁則）。ただし、中点（・）とスラッシュ（／）については行頭禁則としない場合もしばしばみられる。句点（。）・読点（、）・ピリオド（.）・コンマ（,）では、どんな印刷物でも行頭禁則が厳格に守られている。コロン（：）・セミコロン（；）・疑問符（？）・感嘆符（！）も行頭に置かれることはほとんどない。

印刷物での行頭禁則の処理は、和文印刷物では、(1)前の行の字間を詰めるか開けるかして句読点が行頭にくるのを避けるやり方、(2)句点（。）と読点（、）を欄外にはみ出させて打つやり方（ぶら下げ組み）、のいずれかがとられている。なお、近年のワープロソフトやコンピュータによる組版では、禁則処理が自動的に行われるように初めから設定されている場合が多い。

4　現在の和文印刷では、句点（。）・読点（、）・中点（・）を全角どり（1字分のスペースをとる）とすることが多いが、行頭禁則の処理や行数調整の必要などから、場合によって半角どりや4分の3どりなどに詰めて打たれることもある。ただしこの場合も、句点（。）はできるだけ詰めず、読点（、）や中点（・）のところで詰めるやり方をとるのが普通である。辞書のようにできるだけ多くの情報を盛り込みたい印刷物では、初めから句点（。）・読点（、）・中点（、）を半角どりとすることもある。

くてん【句点】

。

まる／端《はし》まる／受けまる

入力方法

- 日本語ローマ字入力で「. ＞る。」→確定（ATOK14〜/IME2003〜）
- 仮名入力でShift＋「. ＞る。」→確定（ATOK14〜/IME2003〜）
- 「まる」（ATOK14〜/IME2003〜）または「くてん」（ATOK14〜）と入力→変換→選択
- 文字パレットなどを使って入力

コード入力

JIS	2123	シフトJIS	8142	（半角）00A1
区点	00103	ユニコード	3002	（半角）FF61

1 文の終わりに打って、そこで文が終止したことを示す符号。

用例 桜が咲いた。

＊現代中国語でも「。」を文の終止に用いる。ただし台湾では、縦書き・横書きとも、「因爲沒有雲，富士山可以看到。」〔＝雲がないので、富士山が見える。〕のように1字分の中央に打つのが普通。

＊＊句点・読点に関するさまざまな規則・習慣、また句読点使用の歴史については、コラム「「。」を付ける？付けない？」「括弧類と句点」「句読点の歴史」、および巻末資料を参照。

2 読点と句点を区別せず、文中の語句の切れ目も文の終止も同一の符号で示す場合に用いられた。明治期までみられた用法。参照 、（読点）の2

用例 天地は万物の父母。人は万物の霊。故《かるが》ゆゑに五穀草木鳥獣魚肉。是が食となるは自然の理にして。これを食ふこと人の性なり。

（仮名垣魯文「安愚楽鍋」〈1871〉）

3 一覧の形で一群の語・語句や文字などを並べ示すときのくぎりに用いる。現在は普通「・」や「／」などを用いる。

用例 わづか 【纔】（副）〔…略…〕固いささ。いさら。かごと。いささけ。うちある。いささめ。俗なま（生）。ちくり（些）。いつぱひ（一杯）。なまかた（生方）。かたちばかり（形許）。ちつと。ちんと。ちよん。ちびんと。ちつとばかり。

（「類語の辞典」〈1909〉）

4 漢文など句読点のない文章を読む際に、文中の語句の切れ目のわきにしるす訓点の一種。明治初期の活字本にもみられる。

用例 〔…略…〕彼《か》の述懐の歌（エモウシヨナル。ポヱトリイ）若くは哀悼の歌（エレジヤツク。ポヱトリイ）に似たり支那の詩もこれにおなじく概ね単簡なるもの多かり

（坪内逍遥「小説神髄」〈1885〉）

5 くだけた表現・文章や広告コピーなどにみられる使い方。普通は句点を使わないところを句点でくぎり、意味を強めたり、視覚的効果をねらったりする。

用例 おつかれ。でした。

用例 絶対ダメ。ってことはないよね。

6 芸名・グループ名・雑誌名・書名などの要素として文字列に付けて使われる。「モーニング娘。」(グループ名)、「ほっしゃん。」(芸名)、「プロ論。」(書名)など。

7 電子メールや電子掲示板で、含みや余韻をもたせる意味で文末などに。。。と続けて打つ。……の代用。

用例 う～む、競馬はムズカスイ。。。。

、

とうてん【読点】

点／ごま点／ちょぼ／受けちょぼ

入力方法

- 日本語ローマ字入力で「, くね、」→確定（ATOK14/IME2003～）
- 仮名入力でShift＋「, くね、」→確定（ATOK14/IME2003～）
- 「てん」（ATOK14/IME2003～）または「とうてん」（ATOK14～）と入力→変換→選択
- 文字パレットなどを使って入力

コード入力

JIS 2122 シフトJIS 8141 （半角）00A4

区点 00102 ユニコード 3001 （半角）FF64

1 1つの文の中で、文の組み立てや語句の切れ目を明瞭にするために打つ符号。一般に次のような場合に用いられる。

❹ 語句を隔てて修飾する場合の、修飾語句のあと。特に、語句の切れ目を明示しないと修飾の関係が限定できず、文意をとらえにくかったり、誤解されたりするおそれがある場合。

用例 ある時彼は大曲の所で、電車を下る平岡の影を半町程手前から認めた。

（夏目漱石「それから」〈1909〉）

用例 このように、実地を無視した考え方がいまだ罷り通っているのである。

†上の漱石の例では、「ある時」「彼は」「大曲の所で」「電車を下る平岡の影を」「半町程手前から」がすべて「認めた」の修飾語となっている（「彼は」という意味上の主語もこの場合修飾語に含める）。このうち「大曲の所で」だけはあとに読点を打たないと、平岡を意味上の主語とする次の「電車を下りる」に掛かるものと読まれてしまう。

††「残雪に輝くたおやかな山々が見える。」のような、比較的簡単な誤解の余地のない構文では、読点を打たないことも多い。

Ⓑ 連用形や体言などで文を一時中止する場合。

用例 おじいさんは山に柴刈りに行き、おばあさんは川に洗濯に行きました。

用例 右手を上げ、同時に左脚を上げる。

用例 Ｊ・Ｓ・バッハの音楽はどれも美しく、そして深みがある。

用例 いつも腰が落ち着かず職を転々、それゆえ蓄えもない。

Ⓒ 語句を同格のものとして並列する場合。

用例 ナナカマド、ウルシ、カエデの紅葉が美しい。

用例 窓口での応対、現金の出納、データの入力、ファイルの整理と、仕事が多い。

用例 猿の様な、狐の様な、ももんがあの様な、だぼはぜの様な、麦魚の様な、鬼瓦の様な、茶碗のかけらの様な日本人（高村光太郎『道程』「根付の国」〈1914〉）

†並列でも「英語もドイツ語もフランス語もしゃべれない。」「太郎や花子やジョンもいる。」のように助詞を伴う場合は、読点を特に必要としないことが多い。

††名詞やそれに準ずる語を並列する場合は一般に「・」（中点）も用いられる。

Ⓓ 文中に挿入された語句の前または前後。

用例 こうした傾向は初期の作品、たとえば『草枕』『虞美人草』などに代表的に見られる。

用例 読点に関しては、とりわけ文学的な文章においてそうだが、一律に扱うことが難しい問題を含んでいる。

Ⓔ 助詞などを伴わず独立に提示された語句のあと。

用例 秋、それは山々が一年で最も明るくなる季節です。

用例 需要予測が甘すぎたこと、経営破綻の原因はこれに尽きる。

用例 これらの日々、私は幸福感に包まれていた。

用例 昭和20年8月15日、戦争は終わった。

Ⓕ 感動詞や呼びかけ・応答の言葉のあと。

用例 いやあ、素晴らしい。

用例 おおい、そこの人ぉ。

用例 みなさん、お早うございます。

用例 はい、何をお探しでしょうか？

Ⓖ 倒置文で、述語のあと。

用例 何だ、このざまは。
用例 出ていってください、すぐに。

Ⓗ 限定・条件・理由などを示す叙述のあと。
用例 われわれが山頂に達したとき、日はまさに暮れなんとしていた。
用例 値段は高級品並みだが、味はそれほどでもない。
用例 きみが是非そうしたいというなら、ぼくは反対しない。
用例 当地は盆地ということもあって、夏は35度を超える日も多い。
用例 勤め先をしくじったばかりか、恩人の顔に泥を塗ってしまった。
†読解に支障がなければ読点を打たないこともある。

Ⓘ 文字の続き具合から、誤読されるおそれがあったり、読みにくかったりする場合。
用例 毎日、新聞を隅々まで読む。
用例 今、朝礼をやっているところです。
用例 むかし、話に聞いたことがある。
用例 あと二、三日かかる。
†「新聞を毎日隅々まで読む。」「いま朝礼をやっているところです。」のように、語順の入れ替えや表記の変更によって読点を使わずにすむことも多い。

Ⓙ 地の文を終止せずに改行で会話文・引用文を示す場合の、中止した地の文のあと。
用例 〔…略…〕老人は声高に、
「お香《こう》、今夜の婚礼は何うだつた。」と少しく笑を含みて問ひぬ。
女《むすめ》は軽くうけて、
「大層お見事でございました。」　（泉鏡花「夜行巡査」〈1895〉）
†会話文・引用文を「　」付きで地の文に追い込む場合は、読点を打たないこともある。

Ⓚ 音声上の切れ目のある箇所に打って、読むさいの間《ま》を示す。
用例 行軍の隊列がザッ、ザッ、ザッという軍靴の足音とともに近づいてくる。
用例 『ふ、ふん』と、かの女は鼻で笑つて、それでも恥しさうに横を向いた。
（岩野泡鳴「発展」〈1912〉）
用例 「なあ、もお、わあ、みい、だあ……」
その文句がいくつもいくつも続いて、良平にどうしても覚えられぬような不思議な「ふし」が続く。　（中野重治「梨の花」〈1959〉）

Ⓛ 読むさいの間を特に示し、文の流れを意図的に切ることで、あとまたは前の語句を強調する。
用例 もはや為し得ることは、無い。
用例 からだにいいこと、してますか？
用例 まさに、天網恢々疎にして漏らさず、だ。

Ⓜ 文の調子、リズムを作りだす。
用例 〔…略…〕

と沖の浪の月の中へ、颯《さつ》と、撥を投げたやうに、霜を切つて、唄ひ棄てた。
（泉鏡花「歌行灯」〈1912〉）

Ⓝ 終止した文をそれだけで完結させず、一連の表現としてすぐ次の文に続ける場合に、句点に代えて打つ。

用例 「〔…略…〕そう言はれると、私悲しくなつてしやうがないんです、涙が出てなほのこと自分の悪いところが聞きたくなるんです」　（夏目漱石「こゝろ」〈1914〉）

用例 〔…略…〕浅薄な人間は事件が起るのをよろこぶ、他人に悪事をなすものをよろこぶ。しかし平和な民は万人の平和と幸福をのぞむ、万人が規則正しく生きても少しも閉口しない。〔…略…〕　（武者小路実篤「幸福者」〈1919〉）

＊そのほか、次のような場合に読点を打つべきだとする考え方がある。しかし実際には、機械的に適用すると文の自然なリズムを損なうなどの理由から、読点が打たれないことも多い。

参照 巻末付録「くぎり符号の使ひ方〔句読法〕（案）」

① 主語や意味上の主体となる語句を提示したあと。

用例 その集落は、入り江のほとりにあった。

② 接続詞のあと。

用例 一人二人と去って行った。そして、誰もいなくなった。

③ 文頭に置かれたある種の副詞のあと。

用例 おそらく、彼女はその事実を知っていたろう。

④ 「　」の付いた会話文や引用文を受ける「と」（引用の「と」）が、「言った」「思った」「書いている」などの述語に直接続かず、主格や他の語が間に入る場合の、「と」のあと。

用例 「人間万事色と欲」と、彼は口癖のように言っていた。

⑤ 引用の「と」が「　」なしの文を受ける場合の、「と」の前。

用例 彼は思わず無邪気に「君はいいなあ」といった、という。
（平野謙「わが戦後文学史」〈1969〉）

用例 金がなく時間もない、となれば、打つ手は限られる。

† ⑤では、「……と、」と「と」のあとに読点を打つ形もみられる。

用例 〔…略…〕《めつたに便りもしない妹に、一度来てくれといふ葉書を私に出させたのは、祖父が自分の死を予知したのではあるまいかと、私は恐れたのでした。》　（川端康成「十六歳の日記」〈1925〉）

＊＊読点使用の歴史、また読点に関するさまざまな規則・習慣については、コラム「句読点の歴史」、および巻末付録を参照。

2 読点と句点を区別せず、文中の語句の切れ目も文の終止も同一の符号で示す場合に用いられた。明治期までみられた用法。 参照 。（句点）の2

用例 〔…略…〕本書の特質上記する如きを以て、之を捨るに忍びず、乃ち旧版の漢字、送仮名の誤謬最も甚しき者等を改め、其請に従ふ、
明治四十年九月　　矢 野 龍 渓 識
（矢野龍渓「訂正経国美談自序」〈1907〉）

＊段落末尾は「。」も「、」も打たず、あるいは段落末尾にだけ「。」を打って、段落中の文末では読点の「、」と区別せずに句点として「、」を使う形もあった。

3 主に縦書きで漢数字を使用するときに、数字の位取りに用いる。

Ⓐ 千ごとの単位、または、万ごとの単位を示す。一般には欧米式に3桁ごと（千、百万、十億…）に打つが、4桁ごと（万、億、兆…）に打つこともある。

†表の形でなく、文章中で漢数字を使って数字を表記するときは、「一億二七七六万三八四一人」のように単位を漢字で書くのが一般的で、特に桁の多い数字で「、」が使われることは少ない。

Ⓑ 小数点、また、金額の表記で円と銭の単位のくぎりに用いる。古い用法で、現在は使われない。

Ⓐ（用例）
宿代　一三、〇〇〇
交通費　二九、四八〇
こづかい　二〇、〇〇〇
土産代　三、〇〇〇

Ⓑ（用例）
愛媛県　一〇四八、三〇銭
広島県　一三三一、三一　〔…略…〕
（細井和喜蔵「女工哀史」〈1925〉）

4 年月日や時刻・時間を表記するときのくぎりに用いる。現在は、漢数字では「・」(中点)、算用数字では年月日の場合「・」「.」(ピリオド)「／」(スラッシュ)、時刻・時間の場合「:」(コロン)「.」などを使うことが多い。

（用例）一九三二、五、一七　　著者誌

（用例）二〇、三五　警戒警報発令さる

5 外来語や外国語を仮名で表記するとき、語と語の間のくぎりに用いる。現在は普通「・」(中点)を用いる。

（用例）昔し以太利《イタリー》の大家アンドレア、デル、サルトが言つた事がある。

（夏目漱石「吾輩は猫である」〈1905〉）

6 一覧・事例などとして一群の語・語句や文字などを並べ示すとき、くぎりに用いる。（類似用法）**・(中点)の2**

（用例）〔…略…〕次のような名詞一〇四語を、各分野の専門家の協力を得てまとめている。

A（政治・行政）憲法、内閣、総選挙、政党、絶対多数、安保条約、国際連合、侵略、外交官、棄権、税関、知事

〔…略…〕　　（窪田富男「基本語・基礎語」〈1989〉）

7 箇条や選択肢などの番号・記号に付ける。

（用例）一、期日
一、予算
一、人員

（用例）問四　文章中の（　B　）に入る最も適切な語を、次のア～エから選びなさい。
ア、そこで　　イ、しかし　　ウ、だから　　エ、また

＊「.」(ピリオド) が使われることもある。

8 **電子メール、電子掲示板などで、「、、、」と続けて打ち、…に代えて使う。**

用例 そんなそんな、、、、、、、、、、ぼう然、、、、、、、、

9 **芸名、作品名などの要素として文字列に付けて使われる。「藤岡 弘、」(俳優)、「遭難、」(本谷有希子の戯曲。2007年鶴屋南北戯曲賞受賞作)など。**

10 **現代中国語で、名詞などを並列するときに用いる。日本語での「・」(中点)に当たる。**

用例 十一月二十七日，洪学智同志遗体在北京八宝山革命公墓火化。胡锦涛、吴邦国、温家宝、贾庆林、曾庆红、李长春等前往八宝山最后送别。

（「人民日報」海外版2006.11.28）

＊現代中国語では、読点に「,」(カンマ)を用いる。
＊＊台湾では、縦書き・横書きとも、「胡锦涛、吴邦国、温家宝」のように、全角どりの中央に打つのが普通。

しろてん【白点】

白ごま点／白ごま

︶

入力方法

◆ 文字コードはあるが、パソコンの通常のフォントでは実装されていないことが多い

コード入力 JIS 233D シフトJIS 825C 区点 — ユニコード FE46

1 **文を中止したり終止したりするとき、文のくぎりに用いる。現在の「、」(読点)や「。」(句点)と同じように使われたり、一文中で「、」よりも大きなくぎりに使われたりした。現在は使われない。**

用例 曲亭の老馬︶夢想兵衛を輿駕《のせ》て︶無何有《むかう》の異郷を経歴《へめぐ》り︶仮名垣の艪械《ろかい》︶飛脚船を脚《はしけ》て︶世界万国に航海《わたら》むとせり

（玉川亭香魚「西洋道中膝栗毛第六編序」〈1871〉）

用例 云ひながら見せた帳面︶見れば——桜の幹に憑《もた》れて居る少女の図︶もとより少年の筆、活きて働くと云ふ程ではなくとも、兎に角一図の画として、見れば見られる図︶それを無情——而も我が姿絵を無情、——艶子は突然《いきなり》引裂いて捨てながら、〔…略…〕

（巌谷小波「妹背貝」〈1889〉）

用例 「チヨツ、馬鹿な奴じやなア︶
「ほんとにまアあきれた児だネー、何う云ふ了簡だらう︶

（巌谷小波「妹背貝」〈1889〉）

2　圏点として用いる。（参照）圏点（その他）

（用例）悲劇は危機に臨むも危機を悟らざる事である。神殿あり、礼拝あり、教職あり、神学あるが故に、神の恩寵は絶えず、信者は安全なりと思ふ事である。

（内村鑑三「十字架の道」〈1928〉）

補注

JIS X 2013では「白ゴマ」の名称が与えられ、句読点でなく圏点として扱われている。

・

なかてん【中点】

中黒／黒丸／中ぽつ／中ぽち／ぽつ／ぽち／カタカナミドルドット（英 katakana middle dot）／ミドルドット（英 middle dot）

入力方法

- 日本語ローマ字入力で「/？め・」→確定（IME2003〜）
- 仮名入力でShift＋「/？め・」→確定（ATOK14〜/IME2003〜）
- 「なかぐろ」（ATOK14〜/ IME2003〜）「てん」（IME2003〜）「なかてん」（ATOK14〜）のいずれかを入力→変換→選択
- 文字パレットなどを使って入力

コード入力

JIS	2126	（欧文用）292E	
シフトJIS	8145	（半角和文用）00A5	（欧文用）854D
区点	00106		
ユニコード	30FB	（半角和文用）FF65	（欧文用）00B7

1　1つの文の中で、語と語のくぎりを明瞭にするために用いる符号。次のような用法がある。

Ⓐ　名詞やそれに準ずる語を並列するときに、それぞれの語と語をくぎる。

（用例）春・夏・秋・冬それぞれの味覚

（用例）ロンドン・パリ・ローマを周遊

（用例）時間的・空間的な広がり

（用例）日・韓・中・米・露の五カ国

（用例）三番・サード・長嶋、四番・ファースト・王、五番・センター・国松のクリーンアップトリオ

†名詞以外の語や文節・連語を並列するときは、「思考の鋭さ、連想の豊かさ、表現の明晰さにおいて際だった文章」のように「、」（読点）でくぎり、一般に中点は使わない。しかし、小説・エッセイ・評論などではこうした場合に中点を使った例もみられる。

用例 洟を啜る癖のある相手とは、恋愛する・一緒に暮らす・結婚することができない。
（大西巨人「深淵」〈2004〉）

Ⓑ 「である」などの述語を使わずにある語、特に固有名詞を説明するとき、説明される語の前に置く。文脈から並列の読点と混同されるおそれがないときは読点「、」も使われる。

用例 港町・小樽の夜景

用例 と、それが、をりから観覧席の最前列にゐた千原公爵の娘・渥子の白い胴着の胸を打った。
（三島由紀夫「頭文字」〈1948〉）

Ⓒ 新聞・雑誌などで、名前と肩書きなど、文字の続き具合から誤読されるおそれがある場合に語と語をくぎるのに用いられる。

用例 山田一・元編集局長

用例 文学部の鈴木辰之・助教授

2 一般に、一覧・事例などとして一群の語・語句や文字などを並べ示すとき、くぎりに用いる。

用例 ［**勝つ**］
凱歌《がいか》を揚げる・片目が明く・勝ちを拾う・軍配が上がる・白星で飾る・白星を挙げる・覇《は》を唱える・星を挙げる・星を稼ぐ・負けるが勝ち・水をあける
（「新選 慣用句の辞典」慣用句一覧〈1996〉）

用例 同属字 蝨・迅・訊　（「現代漢語例解辞典」〈1992〉）

＊「／」（スラッシュ）や空きなどでくぎることもある。

3 性質・次元の異なる情報を並べ示すとき、また、事柄とその内容を示すときなどに、それぞれの語句の間をくぎる。

用例 『新選 慣用句の辞典』（中嶋尚監修・一九九六年・小学館）

用例 東京・上野にある国立博物館

用例 小学館（本社・東京都千代田区）

＊場合によって「、」「／」（スラッシュ）や空きなどでくぎることもある。

4 複合語や連語の中で、同格で並列される固有名詞の間をくぎるのに用いられる。「池谷・関彗星」「巨人・阪神戦」など。

＊「糸魚川静岡構造線」のように中点を使わないで表記することも多い。また、「日中共同声明」「日独伊防共協定」など略記による並列の場合は、普通、中点は使わない。

5 外来語・和製洋語・外国語を仮名で表記するとき、語と語の間のくぎりに用いる。

Ⓐ 複合語・連語や固有名詞を仮名で表記するとき、その語を構成する単語の間をくぎる。「ギブ・アンド・テーク」「インフォームド・コンセント」「クロスカントリー・スキー」

「パシフィック・リーグ」の類。

†新聞社の表記基準では、固有名詞や固有名詞を含む複合語以外、「・」は原則として３語以上からなる複合語に使用し、２語からなる語には特に読みにくい場合を除いて使用しないものとしている。

Ⓑ 外国人名を仮名で表記するとき、姓と名、称号と名などの間をくぎる。「パブロ・ピカソ」「フョードル・ミハイロヴィッチ・ドストエフスキー」「チェ・ジウ」「サー・アーサー・コナン・ドイル」の類。

†「゠」（二重ハイフン）や「＝」（二分二重ダッシュ）も使われる。
††“Jean-Jacques Rousseau”のように原綴が「-」（ハイフン）を含む名を表記する場合、「ジャン＝ジャック・ルソー」と「-」を「゠」（二重ハイフン）または「＝」（二分二重ダッシュ）に代える表記法と、「ジャン・ジャック・ルソー」と「-」も区別なく「・」で示す表記法とがある。

Ⓒ 外国語の文や句を仮名で示すとき、語と語をくぎる。

用例　中学生なら「ディス・イズ・ア・ペン」くらいは言える。

＊ⒶⒷⒸとも明治期にはしばしば「、」（読点）が使われた。

6　日本の姓と名を平仮名・カタカナだけで表記する場合に、姓と名とをくぎるのに使われる。「ひろし・ぬやま」（昭和期の評論家・詩人）、「ディック・ミネ」（歌手）、「さいとう・たかを」（劇画家）など。

＊「なだいなだ」（評論家・小説家）のように中点を使わない場合もある。

7　人名などをローマ字の頭文字で略して表すとき、そのくぎりに用いる。「G・F・ヘンデル」「J・F・K」（ジョン・フィッツジェラルド・ケネディ）など。

＊「PR」「IT」「MRI」「PTSD」（心的外傷後ストレス障害）のような普通名詞や、「JR」「BMW」「NHK」「WTO」のような会社名・団体名の頭文字表記では、通常「・」を入れない。
＊＊横書きでは、「G. F. ヘンデル」のように「.」（ピリオド）を使うこともある。

8　数字を漢数字を使って表記するとき、小数点に用いる。

用例　富士山の最高点は三七七六・二メートルである。

用例　朝の体温は三十七・四度だった。

＊算用数字を縦書きで使用する場合にも使われる。

9　複数の数字をくぎって示すときに用いる。

Ⓐ 年月日を「年」「月」「日」を使わないで表記するときに用いる。「一九二八・三・一五」「2006・12・08」「二・二六事件」など。

Ⓑ 主に縦書きで、「時」「分」を使わずに時刻・時間を表記するときに用いる。

用例　七・〇〇　起床

七・三〇　朝食
八・一五　朝礼

†算用数字の場合は普通「：」（コロン）が使われる。近年は縦書き・漢数字のときにも「：」がしばしば使われる。

Ⓒ　それぞれの数を並べて示すときに用いる。

用例　五・七・五のリズム

Ⓓ　電話番号の市外局番・局番・番号のくぎりに使われる。「–」（二分ダッシュ）や「-」（ハイフン）を使うことも多い。

用例　03・3234・＊＊＊＊

†かつては「・」や「–」「-」を使わずに「03（3234）＊＊＊＊」のように市内局番を（　）で囲む表示法が一般的だった。

10　言葉を文節、単語、音の上での切れ目、音節などにくぎって示すときに用いる。

用例　べつにいえば芭蕉がこの句に与えた韻律をどのように再生するか。おそらく
「しず・かさ・や／いわ・に・しみ・いる／せみ・の・こえ」
と読むだろう。　（井上ひさし「私家版日本語文法」〈1981〉）

＊電子メール、電子掲示板などで、ある語句を強く表現したいときにも使われる。「お・れ・じゃ・な・い・・・」など。

11　論文の見出しで、章・節・段などの階層構造を示すために、章・節・段などの番号の間に用いる。

用例　一　漢字の成り立ち
一・一　概説
一・二　象形・指事
一・三　会意
一・四・一　形声
一・四・二　形声文字の音符と意符

＊横書きの論文では「1.1　1.2　1.3　1.4.1　1.4.2」「1-1　1-2　1-3-1」のように、普通「.」（ピリオド）や「-」（ハイフン）が用いられるが、中点が使われることもある。

12　国語辞書の見出しで、活用語の語幹と活用語尾とのくぎりめを示す。

用例　うご・く【動く】〔動カ五（四）〕

用例　うつくし・い【美しい】〔形〕文うつく・し〔シク〕

13　西洋語の辞書の見出しで、音節のくぎりを示す。

用例　**mis·un·der·stand** [mìsʌndərstǽnd] *v.t.,v.i.*

14　箇条書きで、通し番号・通し記号を付けないとき、各条の頭に付ける。中点よ

りやや大きめの黒丸「•」（ビュレット）の代用。 参照 •（ビュレット）

用例 必要な装備
・８mmロープ×50m
・ハーネス
・カラビナ
・エイト環

⑮ **表や一覧などで、その項目に関して該当なし、対象外、データなしなどであることを示すのに使われる。** 類似用法 —（ダッシュ）の⑪

用例

	両唇音	歯音	歯茎音と硬口蓋音	軟口蓋音
破裂音・無声	p	t	c	k
破裂音・有声	・	・	・	・
摩擦音・無声	・	・	・	・
鼻音	m	n	・	・
接近音	w	・	j	・

（城生佰太郎「ことばの未来学」〈1992〉）

⑯ **ワープロ原稿、電子メール、電子掲示板などで、「……」に代えて使われる。**

用例 明日はどこに行こうか・・・。

用例 漱石の有名な「情に棹《さお》させば・・・」の文句

＊電子メールや電子掲示板では「、、、」「。。。。」のように、中点でなく読点・句点で表すこともある。

⑰ **数式で×（かける）の代わりに用いる。**

用例 15・(4+2)＝90

⑱ **モールス信号の短点の表記に使われる。「・・・———・・・」（＝SOS）など。**

．

ピリオド（英 period）

終止符／フルストップ（英 full stop）／
ドット（英 dot）

入力方法

◆ 英数入力で「.＞る。」
◆ 日本語ローマ字入力で「.＞る。」→全角なら「F9」、半角なら「F10」を押す→確定

(ATOK14～/IME2003～)

- ◆ 日本語ローマ字入力で「.＞る。」を押す→変換→選択 (ATOK14～/IME2003～)
- ◆ 仮名入力で「.＞る。」(IME2003～)、またはShift＋「.＞る。」を押す→変換→選択 (ATOK14～/IME2003～)
- ◆ 「ぴりおど」または「まる」(ATOK14～/IME2003～) あるいは「てん」(IME2003～) と入力→変換→選択
- ◆ 文字パレットなどを使って入力

コード入力　JIS 2125　シフトJIS 8144
区点 00105　ユニコード 002E　(全角)FF0E

1 欧文で、平叙文や命令文などの文末に打って、そこで文が終止したことを示す符号。欧文の句点。ほぼ現在の和文の「。」に当たる。

用例 He woke up feeling happy. The door of the world was open again.〔＝彼は幸せな気分で目覚めた。世界の扉は再び開かれていた。〕
(F. Scott Fitzgerald, "Babylon Revisited")

2 横書きの和文で、「。」の代わりに句点として用いられる。

用例 先日読んだバルザックの『従妹ベット』に，次のような印象的な警句がありました.

*句点を「.」とした場合、読点には「,」を使うのが一般的。句点を「.」、読点を「、」とする組み合わせはあまりみない。
**昭和25(1950)年9月発行の文部省編『文部省刊行物表記の基準』付録「横書きの場合の書き方」では、横書きでは句点は「.」を用い、読点は「,」を用いるとしている。
***横書きでも句読点に「。」「、」を用いることは多い。新聞社の表記ルールでは、横書きでも「。」「、」を用いて「.」「,」は使わないとしている。

3 欧文で、表記を略したときに付ける。

Ⓐ 略記や略称の場合。"Mr.", "Ph.D."(博士号), "vs.", "etc."(等々), "B.C."(西暦紀元前), "P.M."(午後), "Jan."(1月), "No."(ナンバー) など。

†イギリスでは、"Mr Brown", "Dr Robert", "AD 1066"のようにピリオドを使わないことも多い。
††和文中で略語として示す場合は「BC345年」のようにピリオドが略されることもある。

Ⓑ 人名の頭文字の場合。"J. S. Bach"(ヨハン・ゼバスチャン・バッハ), "A. Christie"(アガサ・クリスティ) など。

†和文中では縦書き・横書きとも「J・S・バッハ」のように中点を用いることが多いが、「J. S. バッハ」のように「.」を使うこともある。

4 小数点を示す。

用例 $1.75 (＝1ドル75セント)

用例 ただし、円周率は3.14として計算しなさい。

＊アメリカ、イギリスでは小数点に「. 」を用いるが、フランス、ドイツなどのヨーロッパ諸国では「. 」は数字の 3 桁ごとの位取りに用い、小数点には「, 」（コンマ）を用いる。日本で小数点を「コンマ」といって「零コンマ 3（＝0.3）」「コンマ 1 秒（＝0.1秒）の差」のように使うのは、このヨーロッパでの「, 」の用法によるもの。

＊＊漢数字を使う場合、また算用数字でも縦書きの場合は、「. 」でなく「・」（中点）を小数点に用いる。

5 算用数字・横書きで年月日・日付や時刻・時間を表記するときに用いる。

Ⓐ 年月日をくぎる。

用例 2007.1.15（＝2007年 1 月15日）

†「2007.1.15」は日本式の表記で、アメリカでは“1.15.2007”、イギリスでは“15.1.2007”のように表す。

††「. 」でなく「/」（スラッシュ）を用いることも多い。

Ⓑ 時刻・時間の表記で、「時」と「分」、「分」と「秒」をくぎる。 類似用法 ：(コロン)の5

用例 6.30p.m.（＝午後6時30分）

用例 2.23.04（＝2時間23分4秒、または2分23秒04）

†「時」と「分」、「分」と「秒」のくぎりに「. 」を使うのはイギリス式で、アメリカでは“6:30p.m.”のように「：」（コロン）を使う。

＊ⒶⒷとも、漢数字の場合は「・」（中点）を用いる。また、算用数字でも縦書きの場合は「・」や「：」を用いる。

6 欧文で... と 3 つ打って、引用文での省略、会話での間や言いよどみなどを表す。和文での「……」に当たる。 参照 …（三点リーダー）

用例 本文中の“A woman came out... with good-humoured curiosity.”の部分を和訳しなさい。

用例 “What time is it now ? ... Yep! Eleven... All right, I'm going to have me that one drink. I could do without it, I don't crave it. But the important thing is...”〔＝「何時だ？……ああ！ 11時か……いいだろう、一杯聞こし召すとしよう。酒なんか飲まなくたっていいし、特に飲みたいわけじゃない。が、大事なことはだ……」〕（Tennessee Williams, “Three Players of a Summer Game”）

＊文末に置かれる場合は句点としての「. 」も含めて .... と普通 4 つ打たれるが、句点を省略して 3 点とすることもある。

＊＊会話での言いよどみには「—」（ダッシュ）も用いられる。

7 箇条や選択肢などの番号や記号に付ける。

用例 3. 文中の（ ② ）に入る語を次の中から選びなさい。

ア. had イ. would ウ. could エ. should

＊日本では「、」を使うこともある。

8 コンピュータで、URLのドメイン名、ファイル名の拡張子のくぎりなどに用いる。

用例 http://www. shogakukan. co. jp/books/
用例 kutouten. txt

,　コンマ（英 comma）

カンマ

入力方法

- ◆ 英数入力で「, <ね、」
- ◆ 日本語ローマ字入力で「,<ね、」→全角なら「F9」、半角なら「F10」を押す→確定（ATOK14〜/IME2003〜）
- ◆ 日本語ローマ字入力で「,<ね、」を押す→変換→選択（ATOK14〜/IME2003〜）
- ◆ 仮名入力で「,<ね、」（IME2003〜）、またはShift+「,<ね、」を押す→変換→選択（ATOK14〜/IME2003〜）
- ◆ 「こんま」「かんま」「てん」のいずれかを入力→変換→選択（ATOK14〜/IME2003〜）
- ◆ 文字パレットなどを使って入力

コード入力　JIS 2124　シフトJIS 8143
区点 00104　ユニコード 002C　（全角）FF0C

1 欧文で、１つの文の中で文の組み立てや語句の切れ目を明瞭にするために付ける符号。欧文の読点。ほぼ現代の和文の「、」に当たる。

用例 All are keeping a sharp look out in front, but none suspects that the danger may be creeping up from behind.〔＝みんな前方を注視していたが、後ろからはい寄る危険はだれも予想していなかった。〕　（J. M. Barrie, “Peter Pan”）

＊英語では、“I don't think you can,” she said slowly. のように、引用符内で文が終止している場合でも、あとに “she said” などが続くときは「.」でなく「,」が用いられる。引用符内が「？」や「！」で終わっているときは、「？」「！」はそのまま。

2 横書きの和文で読点として用いられる。

用例 正の電気を帯びたものを陽イオン，負の電気を帯びたものを陰イオンという．

＊句点には「。」を用いる場合と、「.」（ピリオド）を用いる場合とがある。昭和25（1950）年9月発行の文部省編『文部省刊行物表記の基準』付録「横書きの場合の書き方」では、横書きでの句点は「。」を用い、読点は「,」を用いるとしている。

＊＊横書きでも句読点に「。」「、」を用いることは多い。新聞社の表記ルールでは、横書きでも「。」「、」を使って「.」「,」は使わないとしている。

＊＊＊現代中国語でも読点として「,」を用いる。ただし台湾では、縦書き・横書きとも、「因爲沒

有雲，富士山可以看到。」〔＝雲がないので、富士山が見える。〕のように１字分の中央に打つのが普通。

3 算用数字による数字の表記で、千ごとの単位、または、万ごとの単位を示す。一般には欧米式に３桁ごと（千、百万、十億…）に打つが、４桁ごと（万、億、兆…）に打つこともある。

用例 入金額 ¥1,680,000

＊アメリカ、イギリスでは３桁ごとの位取りに「,」を用いるが、フランス、ドイツなどのヨーロッパ諸国では「,」は小数点に用い、位取りには「.」を用いる。参照 .（ピリオド）の4

＊＊縦書きの和文では「,」でなく「、」（読点）を位取りに用いる。

4 （半角）電子メールで、同一の文面を複数の相手に送信（同報メール）するとき、それぞれのメールアドレスをくぎるのに使われる。

用例 ***@***. ne. jp, ***@***. co. jp, ***@***. com

＊「；」（セミコロン）を使うこともできる。「.」（ピリオド）、「：」（コロン）は不可。

:

コロン（英 colon）

重点／二重点

入力方法

- ◆ 英数入力で「：＊け」
- ◆ 日本語ローマ字入力で「：＊け」→確定（ATOK14〜/IME2003〜）
- ◆ 仮名入力で「：＊け」を押す→変換→選択（IME2003〜）
- ◆ 「ころん」（ATOK14〜/IME2003〜）または「てん」あるいは「きごう」（IME2003〜）と入力→変換→選択
- ◆ 文字パレットなどを使って入力

コード入力 JIS 2127 シフトJIS 8146
区点 00107 ユニコード 003A （全角）FF1A

1 欧文の句読点の１つ。文中で、前に述べた事柄に続けてその具体的内容・詳細・事例などを述べる場合に、文をくぎる。日本でも、論文などで、先行する文に続けて具体的内容や事例などを挙げるとき使われることがある。

用例 Michael was ready: he wanted to see how long it took him to do a billion miles. But Wendy hesitated.〔＝マイケルは乗り気だった。彼は10億マイルを行

くのにどれほどかかるものか知りたかったのだ。しかしウェンディはためらった。〕
(J. M. Barrie “Peter Pan”)

用例 少なくともふたつの物が存在していて初めて成立する意味には〈関係的〉が含まれているとする：「友達，親，子，夫，妻，親戚，親分，子分，先生，弟子，隣人，右，左，次」など。 (國廣哲彌「意味論の方法」〈1982〉)

＊この場合、正式の欧文印刷では、「：」の前を全角の４分の１空き、あとを３分の１空きとすることが多い。

2 注釈、箇条書きなどで、項目や見出しと、その内容・説明とをくぎる。

用例 ＊station wagon : a type of car with an extended rear cargo area.

用例 開場：午後６時30分

3 脚本や対話・座談などで、発言者名と発言内容とをくぎる。

用例 Tom : Susie, you're very pretty today.
Susie : Thank you.

用例 記者A：その辺の内幕をもっと詳しく……。
記者B：それは言えない。
記者C：首が飛ぶ。(笑)

4 手紙の冒頭の呼びかけの部分に付ける。アメリカで、フォーマルな手紙に用いられる。

用例 Dear Mr. John Smith:

＊日本でも同報の電子メールなどで、呼びかけのあとのくぎりに使われることがある。
用例 >ブンちゃん：そいじゃ、あさってヨロシク(^^)/~~

5 時間・時刻の表記で、「時」と「分」、また「分」と「秒」をくぎる。“4:30p.m.”(午後４時30分)，“2:04:55”(２時間４分55秒)など。類似用法 .(ピリオド)の5B

用例 バイオリン協奏曲第２番イ短調
1 アレグロ 5:33
2 アダージョ 3:42
3 アレグロ 4:27

＊「時」と「分」、「分」と「秒」のくぎりに「：」を使うのはアメリカ式で、イギリスでは“4.30p.m.”“2.04.55”のように「.」(ピリオド)を使う。
＊＊分を「′」、秒を「″」で示すこともある。「5′33″」など。
＊＊＊「二三：三〇」(23時30分)のように、漢数字や縦書きのときにもしばしば使われる。

6 数学での用法。

A 比を表す。「5：3」(＝５対３)など。

❸ 割ること、割り算を表す。「10：4＝2.5」など。

7 （半角）コンピュータのOS、MS-DOSやWindowsで、ドライブ名のあとに付ける。

用例 C：¥windows¥command¥udoc. exe

8 webページ、電子メールなどで、長音を表す音声記号「ː」の代わりに使われる。[nu:n] (noon) など。

補注

1 縦組みでは「‥」となる。特に2の用法は縦組みでもよくみられる。

2 二点リーダー「‥」（JIS2145、ユニコードU+2025）は別の符号。横組みで「‥」、縦組みで「：」になる。

；

セミコロン（英 semicolon）

点コンマ／半二重句点

入力方法

- ◆ 英数入力で「；＋れ」
- ◆ 日本語ローマ字入力で「；＋れ」→確定（ATOK14～/IME2003～）
- ◆ 仮名入力で「；＋れ」を押す→変換→選択（IME2003～）
- ◆ 「せみころん」（ATOK14～/IME2003～）または「てん」あるいは「きごう」（IME2003～）と入力→変換→選択
- ◆ 文字パレットなどを使って入力

コード入力 JIS 2128　シフトJIS 8147
区点 00108　ユニコード 003B　（全角）FF1B

1 欧文の句読点の１つ。主に英文で使われる。

❶ 前の文を完全に終止するのでなく、あとの文に続けるときに用いる。コンマよりは文をくぎる意識が強く、ピリオドほどは文を終止しない。

用例 This was true; Peter had forgotten to show them how to stop.〔＝そのとおりだった。ピーターは彼らに止まり方を教えるのを忘れていたのだ。〕

(J. M. Barrie, "Peter Pan")

❸ 語句を列挙するとき、コンマよりも大きなくぎりに用いる。

用例 There were a hundred and forty-two staircases at Hogwarts: wide, sweeping ones; narrow rickety ones; some that led somewhere different on a Friday; some with a vanishing step halfway up that you had to remember to jump.〔＝ホグワーツには142の階段があった。大きく広がった階段、狭くてぐらぐらする階段、金曜日には違ったところに通じる階段、途中で一段なくなるので忘れずに飛び越さなければならない階段など。〕

(J. K. Rowling, "Harry Potter and the Sorcerer's Stone")

＊この場合、正式の欧文印刷では、「；」の前を全角の4分の1空き、あとを3分の1空きとすることが多い。

＊＊和文ではほとんど使われないが、「集合場所；JR赤羽駅西口噴水前／集合時刻；8:30」のように、「：」(コロン)と同じ使い方をしている例がまれにみられる。(参照) ：の2

2 ギリシア語で、疑問符として用いる。

(用例) *ποσο κὰνει αυτό;*〔＝これはおいくらですか？〕

3 (半角) 電子メールで、同一の文面を複数の相手に送信(同報メール)するとき、それぞれのメールアドレスをくぎるのに使われる。

(用例) ***@***. ne. jp;***@***. co. jp;***@***. com

＊「,」(コンマ)を使うこともできる。「：」(コロン)、「.」(ピリオド)は不可。

?

ぎもんふ【疑問符】

クエスチョンマーク(英 question mark)／

インタロゲーションマーク(英 interrogation mark)／

インタロゲーションポイント(英 interrogation point)／

耳だれ／耳／はてなマーク

入力方法

- 英数入力でShift＋「/？め・」
- 日本語ローマ字入力でShift＋「/？め・」→確定(ATOK14〜/IME2003〜)
- 仮名入力でShift＋「/？め・」→全角なら「F9」、半角なら「F10」を押す→確定。またはShift＋「/？め・」を押す→変換→選択(IME2003〜)
- 「ぎもんふ」(ATOK14〜/IME2003〜)または「はてな」「くえすちょん」「きごう」のいずれか(IME2003〜)を入力→変換→選択
- 文字パレットなどを使って入力

コード入力

(JIS) 2129 (シフトJIS) 8148
(区点) 00109 (ユニコード) 003F (全角)FF1F

1 欧文の句読点の１つ。文末に付けて問いかけの意を表す。疑問文の末尾に付け、また、会話文では、問いかけ・疑問として発せられた言葉であることを示すために、疑問の構文をもたない文の末尾にも付ける。

用例 What is this ?

用例 Do you know her name ?

用例 Then he said : “You the man that been inquirying around about me ?”
〔＝そうして彼は言った。「俺のことをあれこれ聞き回ってたのはあんただな？」〕
(Dashiell Hammett, “The Dain Curse”)

用例 “Yeah? You're a smart boy.”〔＝「そうか？ きみはお利口さんだな。」〕
(Dashiell Hammett, “The Dain Curse”)

＊「？」は句読点としてそれ自体で文の終止を表すので、「？」のあとに「.」や「,」は付けない。「？」のあとの空きは全角または半角とするのが標準だったが、現在は通常の語間と同じく、全角の３分の１とすることが多くなっている。「？」のあとに閉じの引用符が続く場合、引用符との間はベタ（通常の字間）とするのが普通。

＊＊スペイン語などでは末尾の疑問符と一対のものとして文頭に倒置疑問符（¿）を置き、疑問文をつくる。“¿Qué hora es?”〔＝何時ですか〕など。参照 ¿

2 和文で、文末に付けて疑問や反語の意を表す。また、問いかけのさいの語尾を上げたイントネーションを表すのにも使われる。欧文での用法にならって明治20(1887)年ごろから使われるようになったもの。

用例 「なぜ此頃わさう邪慳だらう？」ト頭をうなだれたまゝで云ツた。
「ナニ此頃わ邪慳だと……？」ト何となく不平さうで「此頃！ フフム此頃！……」
（二葉亭四迷「あひゞき」〈1888〉）

用例 然しこの壮年期の意気未だ衰えぬ時に、何が氏の心をかくまで郷土に惹きつけるのであろうか？ （河上徹太郎「日本のアウトサイダー」〈1959〉）

用例 「〔…略…〕最前班長が、胸に手を当てて考えろ、命令したときにゃ、ようと考えたとか。おぉ？ 鉢田ぁ。」 （大西巨人「神聖喜劇」〈1978〉）

＊昭和25（1950）年９月発行の文部省編『文部省刊行物表記の基準』付録「くぎり符号の使い方」では、「原則として、「？」「！」等の符号は用いない。」としている。「？」や「！」は、日本語では正規の句読点（記述符号）でないことから、業務・公務上の文書、挨拶文、目上への手紙など、フォーマルな場面での使用は避ける。

＊＊欧文と同様、和文でも「？」のあとに「。」や「、」は付けない。和文では、「？」で文が終止する場合（直後に閉じの括弧類がくる場合を除く）、次の文との間は１字分空けるのが普通。

＊＊＊「誤植では？と思って原文に当たってみると、案の定誤植だった。」のように引用の「と」が続く場合や、次の3のように文中に挿入する場合は、「？」のあとは空けないのが普通。

3 文中の語句などのあとに挿入して、事柄が不確かだったり、その言葉どおりのものか疑問があったりすることを表す。（ ）で囲んで挿入するか、（ ）なしでそのまま挿入する。

用例 焼け跡から女性？遺体発見

用例 〔…略…〕何も知らない読者としてこの「難解」(？)な批評家の仕事に相対する、その時、〔…略…〕 (加藤典洋「批評へ」〈1984〉)

用例 〔…略…〕「和製英語（洋語）」が大量生産され、「ナイター」のような傑作？　も生まれました。
(金武伸弥『あってる!? 間違ってる!? 漢字の疑問』〈1996〉)

＊上の2の＊＊＊を参照。

4 小説・漫画などで、会話のカギかっこや吹き出しの中に「？」だけ示して、疑問・不審の気持ちの表現とする。

用例 吉田は何事かと思つて、
「？」
とその女を見返したのであるが、〔…略…〕 (梶井基次郎「のんきな患者」〈1931〉)

5 不明・不詳であること、また、不確かであることを表す。

用例 藤原道綱母（ふじわらのみちつなのはは）［？～995］

用例 ぜあみ【世阿弥・是阿弥】［一三六三？／一四四三？］

6 言語学で、ある文例の前に付けて、必ずしも成り立たないわけではないが文法的・統語論的に許容度が低いことを表す。 参照 ＊の7Ⓐ

用例 10a　やっとチカヅイテみたら、ただの石ころだった。
b ？やっとチカヨッテみたら、ただの石ころだった。
(柴田武 他「言葉の意味1」〈1976〉)

7 一般に、疑問・不審の意を表す記号として使う。たとえば、本の疑問箇所に「？」と書き込むなど。

＊19世紀フランスの小説家ビクトル・ユゴーが『レ・ミゼラブル』の売れ行きを心配して出版社に出した手紙の文面は“？”だけで、世界一短い手紙として知られる。それに対する出版社の返事の文面は、これまた世界一短くて“！”だったという。

8 コンピュータで、特定の文字列を検索するとき、任意の文字の代わりとなる記号（ワイルドカード）の1つ。MS-DOSやWindowsなどのオペレーティングシステムで、ファイルの検索に用いられる。 参照 ＊の5

9 文字化け（コンピュータ上で文字が正しく表示されない状態）で現れる文字・記号の1つ。そのシステムで採用するコードにない文字に対して、システム上自動的に発生する。

10 チェスの棋譜で、疑問手を表す。

補注

1　強調形として「??」（二重疑問符）、「???」（三重疑問符）も使われる。参照 ??

2　疑問符と感嘆符を合わせて「抑揚符」ともいう。

??

にじゅうぎもんふ【二重疑問符】

重ね疑問符／ダブル疑問符／疑問符二つ／二つ耳／二つ耳だれ／耳だれ二つ

入力方法

◆　文字コードはあるが、パソコンの通常のフォントでは実装されていないことが多い。半角の疑問符を2つ打つことで代用可能。縦組みではワープロソフトなどの「縦中横」の機能を利用する

コード入力　JIS 286C　シフトJIS 84EA　区点 —　ユニコード 2047

1　疑問符「？」の強調形。文末などに付けて疑問・不審の意を強調する。

参照　?

用例　「見給へ、金剛石。」
「あら、まあ金剛石??」　（尾崎紅葉「金色夜叉」〈1898〉）

＊ まれに「???」（三重疑問符）が使われることもある。

2　チェスの棋譜で、大悪手を表す。

!

かんたんふ【感嘆符】

エクスクラメーションマーク（英 exclamation mark）／エクスクラメーションポイント（英 exclamation point）／びっくりマーク／雨だれ／しずく

入力方法

◆　英数入力でShift＋「１！ぬ」

◆　日本語ローマ字入力でShift＋「１！ぬ」→確定（ATOK14～/IME2003～）

◆　仮名入力でShift＋「１！ぬ」→全角なら「F9」、半角なら「F10」を押す→確定。またはShift＋「１！ぬ」を押す→変換→選択（IME2003～）

◆ 「かんたんふ」（ATOK14〜/IME2003〜）または「びっくり」あるいは「きごう」（IME2003〜）と入力→変換→選択
◆ 文字パレットなどを使って入力

コード入力　JIS 212A　シフトJIS 8149
　区点 00110　ユニコード 0021　（全角）FF01

1 欧文の句読点の１つ。文末や間投詞に付けて、声や感情の高まりを表す。

Ⓐ その言葉が声を高めて発せられたことを表す。

用例 "O Phoebe!" he called. "O Phoebe! Oh, no, don't leave me!"〔＝「おお、フィービー！」彼は叫んだ。「おお、フィービー、ああ、だめだ、行かないでくれ！」〕
（Theodore Dreiser, "The Lost Phoebe"）

Ⓑ 感嘆文の末尾に付ける。

用例 What a tender one he is！〔＝彼はなんて優しい人なのでしょう。〕

Ⓒ 命令文、また、禁止・警告などを表す文言の末尾に付けて、強い命令・禁止・警告を表す。

用例 Watch yourself！〔＝気を付けろ！〕
†ドイツ語では、命令文一般に付ける。

Ⓓ 平叙文の末尾や間投詞などに付けて、感動・詠嘆・興奮・驚き・怒りなど、書き手や作中人物の感情・思い入れを表す。

用例 For me, life was beautiful in Japan！〔＝日本での生活はすばらしかった！〕

Ⓔ 擬声語などに付けて、音や動きを強調する。"Bang！"など。

Ⓕ 広告・宣伝文、新聞・雑誌の見出しなどで、その事柄を強く押しだし、強調する。

用例 Scracth and Dent Sale — First come, first served!〔＝傷物セール、早い者勝ち！〕

＊「！」は句読点としてそれ自体で文の終止を表すから、「！」のあとに「,」や「.」は付けない。欧文では、「！」のあとの空きは全角または半角とするのが標準だったが、現在は通常の語間と同じく、全角の３分の１とすることが多くなっている。「！」のあとに閉じの引用符が続く場合、引用符との間はベタ（通常の字間）とするのが普通。
＊＊スペイン語などでは、末尾の感嘆符と一対のものとして文頭に倒置感嘆符（¡）を置く。
参照 ¡

2 和文で、1と同様に用いる。明治20（1887）年ごろから使われだした。

Ⓐ その言葉が声を高めて発せられたことを表す。

用例 「あした！」ト少女はビツクリして男の顔を視詰た。
（二葉亭四迷「あひゞき」〈1888〉）

用例　教官が「番号！」と号令を掛けた。

用例　あれえ！　助けてえ！

B　感動・詠嘆・興奮・驚き・怒り・焦燥・断定など、書き手や作中人物の感情・思い入れを強調する。

用例　読者は、作者に対してこのことで憤《おこ》つては困る。作者が冷淡にしたわけではないのだ！　（葉山嘉樹「海に生くる人々」〈1926〉）

用例　嗚呼！　二度と帰らぬ青春！

C　音響、早い動き、動揺などを表す擬声語・擬態語に付けて、音や動きを強調する。

用例　何だ馬鹿馬鹿しいと思つて立ち上つたハズミに　ポン！　と大へんな力ではね反されて何時の間にか元のマロニエの下に立つてゐた
（稲垣足穂「一千一秒物語」〈1923〉）

用例　そのとき、ババーン！とすごい音がした。

用例　ドキッ！

用例　ガビ〜ン！！！

D　広告・宣伝文、標語、新聞・雑誌の見出しなどで、その事柄を強く押しだし、強調する。「世紀の巨編　いよいよ完成！」「忽ち増刷！」「××法改悪反対！」など。

＊昭和25（1950）年９月発行の文部省編『文部省刊行物表記の基準』付録「くぎり符号の使い方」では、「原則として、「?」「!」等の符号は用いない。」としている。「？」や「！」は、日本語では正規の句読点（記述符号）でないことから、業務・公務上の文書、挨拶文、目上への手紙など、フォーマルな場面での使用は避ける。

＊＊欧文と同様、和文でも「！」のあとに「。」や「、」は付けない。「！」で文が終止する場合（直後に閉じの括弧類がくる場合を除く）、次の文との間は１字分空けるのが普通。

3　文中の語句のあとに挿入して、驚き・皮肉などの気分を表す。（　）に入れて挿入するが、（　）なしでそのまま挿入することもある。

用例　私は得能五郎擁護の文章をあちこち書くことで、私なりのささやかな抵抗（！）を試みたつもりだった。　（平野謙「わが戦後文学史」〈1969〉）

4　小説・漫画などで、会話のカギかっこや吹き出しの中に感嘆符だけ示して、驚きなどの気持ちの表現とする。

用例　「だれがやるの？」
「お前がやるのさ」
「！」

5　多く、三角形の中に「！」を描いて、注意を呼びかけるマークとする。道路標識（本標識）では、「その他の危険」を表す警戒標識。

6　商標・商品名などの要素として文字列に付けて使われる。“YAHOO！®”など。

7 数学で、「n!」と表記して階乗を表す。１からｎまでの連続する自然数をすべて掛け合わせる。「5!」（＝5×4×3×2×1）など。

＊「n!!」は二重階乗を表す。参照 !!の2

8 チェスの棋譜で、好手を表す。

補注

1 強調形として「!!」（二重感嘆符）、「!!!」（三重感嘆符）も使われる。参照 !! !!!

2 疑問符と感嘆符を合わせて「抑揚符」ともいう。

!!

にじゅうかんたんふ【二重感嘆符】

重ね感嘆符／ダブル感嘆符／感嘆符二つ／二つ雨だれ／雨だれ二つ／二本しずく

入力方法

◆ 文字コードはあるが、パソコンの通常フォントでは実装されていないことが多い。半角の感嘆符を２つ打つことで代用可能。縦組みではワープロソフトなどの「縦中横」の機能を利用する

コード入力 JIS 286B シフトJIS 84E9 区点 — ユニコード 203C

1 感嘆符「！」の強調形。声や感情の高まりを表す。文中の語句のあとに挿入して、驚き・皮肉などの気分を表すこともある。参照 ！

用例 死を決する勇気が無いので活きて居たやうなものだ！ 活きて居たのではない、死損つて居たのだ!!（尾崎紅葉「金色夜叉」〈1902〉）

用例 当地の官憲はなかなか紳士的（!!）ではあった。

2 数学で、「n!!」と表記して二重階乗を表す。ｎが奇数なら１からｎまでの奇数を掛け合わせ、ｎが偶数なら２からｎまでの偶数を掛け合わせる。「7!!」（= 7×5×3×1）、「8!!」（＝8×6×4×2）など。

3 チェスの棋譜で、妙手を表す。

!!!

さんじゅうかんたんふ【三重感嘆符】

感嘆符三つ／三つ雨だれ／雨だれ三つ／三つしずく

入力方法

◆ 半角の感嘆符を3つ続けて入力する。縦組みではワープロソフトなどの「縦中横」の機能を利用する

感嘆符「！」の強調形。声や感情の高まりを表す。文中の語句のあとに挿入して、驚き・皮肉などの気分を表すこともある。参照 ！

用例 〔…略…〕渠は忽ち居長高《ゐたけだか》になつて、
「交通遮断でないか!!!」
と大喝した。（尾崎紅葉「青葡萄」〈1895〉）

用例 なるほど、まことに公正な（!!!）判断ではある。

?! !?

ぎもんかんたんふ【疑問感嘆符】
かんたんぎもんふ【感嘆疑問符】

感嘆修辞疑問符／ダブルだれ／両だれ／耳しずく

入力方法

◆ 文字コードはあるが、パソコンの通常フォントでは実装されていないことが多い。半角の「?」「!」をそれぞれ打つことで代用可能。縦組みではワープロソフトなどの「縦中横」の機能を利用する

コード入力

JIS	(?!) 286D	(!?) 286E
シフトJIS	(?!) 84EB	(!?) 84EC
区点	(?!) —	(!?) —
ユニコード	(?!) 2048	(!?) 2049

1 疑問符（？）の代わりに文末に付けて疑問文・疑問表現を強調する符号。その

疑問が声を高めて発せられたり、驚きを含んでいたりすることを表す。

用 例 “How could he run away ?!”〔＝彼はどうやって逃げたんだ?!〕

用 例 「間貫一、学校に居た?!」
「然う！　驚いたらう。」　（尾崎紅葉「金色夜叉」〈1899〉）

用 例 「おやっ!?」という言葉流行《はや》りて教室の会話大方オヤッオヤッで済む　（俵万智『サラダ記念日』〈1987〉）

用 例 知ってるつもり?!　（テレビ番組のタイトル。日本テレビ系1989年～2002年）

＊文末の「?!」「!?」は、「？」「！」と同様、それだけで文の終止を表すから、そのあとに「.」「,」や「。」「、」は付けない。「?!」「!?」のあとの空きも「？」「！」に準じる。参 照 ？　！

2　文中の語句のあとに挿入して、そのことへの疑わしさ、あるいは驚き・皮肉などの気持ちを表す。

用 例 デイトレーディングで20億（?!）稼いだなどという話もまことしやかに伝えられた。

用 例 精進?!の成果か、腕はめきめき上がった。

補注

1　左側が疑問符の「?!」と左側が感嘆符の「!?」とで用法に違いはない。欧文でも和文でも両方の形が使われる。JIS基本漢字（JIS X 0208）には両形がある。

2　最近の和文縦組み印刷物では、感嘆符が左側に来る「!?」が使われることが多い。

3　日本での「ダブルだれ」の俗称は、耳だれと呼ばれる「？」と雨だれと呼ばれる「！」とが並んでいることによる。

4　「？」と「！」を合わせた「‽」（ユニコード U+203D）の符号が英語でまれに使われる。1960年代にアメリカでつくられたもので、用法は「?!」「!?」と同じ。インテロバング（interrobang）と呼ばれる。

¿　とうちぎもんふ【倒置疑問符】

倒立疑問符／逆疑問符

入力方法

◆ 文字パレットなどを使って入力

コード入力　JIS 2936　シフトJIS 8555　区点 —　ユニコード 00BF

スペイン語およびガリシア語（スペイン北西部ガリシア地方の公用語）で、末尾の疑問符と一対のものとして、疑問を表す文の最初に置かれる。参 照 ¡

用例　¿Qué hora es?〔＝何時ですか〕（スペイン語）

¡

とうちかんたんふ【倒置感嘆符】

倒立感嘆符／逆感嘆符

入力方法

- 文字パレットなどを使って入力

コード入力　JIS 2923　シフトJIS 8542　区点 —　ユニコード 00A1

スペイン語およびガリシア語（スペイン北西部ガリシア地方の公用語）で、末尾の感嘆符と一対のものとして、感動・興奮・驚き・怒りなどを表す文の最初に置かれる。

参照　¿

用例　¡Felicidades!〔＝おめでとう〕（スペイン語）

'

アポストロフィ（英 apostrophe）

省略符／アポ／アポストロフ（仏 apostrophe）／音切り

入力方法

- 英数入力でShift＋「7'やゃ」
- 日本語ローマ字入力でShift＋「7'やゃ」を押す→変換→選択（ATOK14～/IME2003～）
- 仮名入力でShift＋「7'やゃ」→全角なら「F9」、半角なら「F10」を押す→確定。または Shift＋「7'やゃ」を押す→変換→選択（IME2003～）
- 「あぽすとろふぃ」「いんようふ」「きごう」のいずれかを入力→変換→選択（IME2003～）
- 文字パレットなどを使って入力

コード入力　JIS （'）2147　（'）222F　シフトJIS （'）8166　（'）81AD
区点 （'）00139　（'）00215
ユニコード （'）2019　（'）0027　（全角）FF07

1　欧文で、単語の一部を省略したことを表す。英語の“I' ve”（=I have),

“y’ know” (=you know), “gettin’ ” (=getting), “ ’bout” (=about) の類。また、フランス語では、“l’opéra” (←le opéra), “Je t’aime.” (←Je te aime.) のように、**強制的な母音省略**(エリジオン)により語尾の弱母音が「’」に書き換えられて、あとの語と結合する。

2 英語で、「’s」(アポストロフィs) の形で名詞の所有格をつくる。複数形の s のあとでは s が省略されて「’」だけが付く。“Tom’s mother”, “the girls’ dresses” など。

3 英語、オランダ語などで、「’s」(アポストロフィs) の形で複数形を表すことがある。英語での “The word *apostrophe* has two o’s.” (=アポストロフィという語には o が 2 つある。), “1960’s” (=1960年代), オランダ語での “de piano’s” (=ピアノの複数形) など。

4 「音切り」と呼び、日本語のローマ字表記で用いる。
A 撥音「ん」の n の読み違いを避けるために打つ。「単位」を「tan’i」、「関越」を「kan’ etsu」として、「たに」「かねつ」と読み違えられないようにする類。

†これと同様にパソコンでも、日本語ローマ字入力で入力する場合、「Nみ」を押したあとShift＋「7’ やゃ」を押して、ひらがなの「ん」を入力することもできる。

B 仮名表記したとき「っ」で終わる、強く発声される言葉に付ける。「A’ wakatta！(=あっ、わかった！)」のA「’」など。

5 西暦の年号の百の位以上を省略したことを表す。下二桁の十の位の左上に打たれる。“ ’90s” (=1990年代)、「’07年度試験」など。

補注

1 シングルクォーテーションマークの閉じの「’」と同じ形。「,」(コンマ) とは、フォントによっては形が少し異なることもある。

2 正式の欧文印刷では普通、全角の 4 分の 1 のスペースに組まれる。

3 「′」(プライム) は別の符号。

／

スラッシュ (英 slash)

斜線／小斜線／分割線／ソリダス (英 solidus)

入力方法

◆ 英数入力で「/?め・」

◆ 日本語ローマ字入力で「/?め・」→全角なら「F9」、半角なら「F10」を押す→確定。または「/?め・」を押す→変換→選択（ATOK14〜/IME2003〜）
◆ 仮名入力でShift＋「/?め・」（ATOK14〜/IME2003〜）、またはそのまま「/?め・」を押す（IME2003〜）→変換→選択
◆ 仮名入力で「/?め・」→全角なら「F9」、半角なら「F10」を押す→確定（IME2003〜）
◆ 「しゃせん」（ATOK14〜/IME2003〜）または「すらっしゅ」「ななめ」「きごう」のいずれか（IME2003〜）を入力→変換→選択
◆ 文字パレットなどを使って入力

コード入力 JIS 213F シフトJIS 815E 区点 00131
ユニコード 002F （全角）FF0F

1 欧文の複合語で、頭文字を組み合わせた略語をつくる。

用例 B/S（＝balance sheet〔貸借対照表〕の略）
用例 T/B（＝trial balance〔試算表〕の略）
用例 c/o（＝care of〔…気付、…方〕の略）

2 並べた語・語句のいずれでもよいこと、「または」の意を表す。近年、日本でも論文などで使われる。

用例 He and/or she must report to the police.〔＝彼と彼女、または、彼か彼女のどちらかが警察に出頭しなければならない。〕
用例 〔…略…〕「ほんとう」という語は、「ほんとうに」したい／ありたい、「ほんとうは」するべき／あるべき、という副詞であり続ける。（大庭健「私という迷宮」〈2001〉）

3 時間的な幅、期間を表す。

用例 the Civil War [1861/1865]
用例 〔…略…〕スターリン批判以降、六八年から八九年／九一年の冷戦体制崩壊をへることで、〔…略…〕（絓秀実「1968年」〈2006〉）

4 物事の対応関係や組み合わせを示す。日本では、2つの語・語句を、対概念をなすもの、また、相互に関連するものとして一対で示すときに使われることが多い。

用例 staff/student(=staff−student) relations
用例 あらゆることを0／1とデジタルに判断することはそもそもできない。
用例 こうして、労働／非労働という区分線には男性／女性という性別の区分線が交差する。（小倉利丸「搾取される身体性」〈1990〉）
用例 すなわち、大学において、学生は単に教師から「規律／訓練《ディシプリン》」（フーコー）を受ける受動的な存在ではなく、自らも自主的・自治的に規律／訓練をおこなう存在として位置づけられている。（絓秀実「1968年」〈2006〉）

5 年月日を示すのに用いる。

用例 2006/3/16（＝2006年3月16日。アメリカでは“3/16/2006”、イギリスでは“16/3/2006”とする）

用例 6／22（＝6月22日）

6 説明書き・広告文・要項などで、語句や文のくぎりめを示す。また、目次・目録などで、事項・見出し・語句などをいくつも並べて示すときに使われる。

用例 作詞／土井晩翠、作曲／滝廉太郎

用例 ●営業時間／10:00 ～ 18:00 ●定休日／毎週火曜日

用例 北京飯店／北京饭店／Beijing Hotel

用例 ハガキに住所・氏名・年齢を明記の上、下記までお送りください。／〒101-＊＊＊＊　東京神田郵便局私書箱＊＊号　×××事務局○○係／当選者の発表は賞品の発送をもって替えさせていただきます。

用例 第二章　EU主要国の現状
フランス／ドイツ／オランダ／ベルギー／イタリア

＊中点（・）と併用の場合は、中点よりも大きいくぎりに使われる。

7 改行のある文・文章を改行しないで引用するときに、改行箇所を示す。

用例 　同じ年の五月に梶井は、「自我を統一する事が俺の仕事である、／善の標準を定めよ、／連日の飲酒に我が魂は萎えたり、／目覚めよ、我魂！」と文字通り「白樺派流」の心情吐露を日記に試みる。　（加藤典洋「批評へ」〈1984〉）

8 文節を示すなど、文をくぎって示したいときに使われる。

用例 昨日は／家族／みんなで／映画を／見に／行き、／それから／ファミレスで／食事を／しました。

＊縦書きでは横線（―）、横書きでは縦線（｜）を使うこともある。

9 （半角）インターネットのURLで、ドメイン名・ディレクトリ名・ファイル名を区切るのに使われる。プロトコルの種類を表す“http”とドメイン名の間は、「;」（半角コロン）を伴う2本で表される。

用例 http://www.shogakukan.co.jp/books/*****.html

10 前の数を後ろの数で割ること、また、分数を表す。「12／2／3＝2」「3／5」など。

11 一定数量当たりの数値・数量を表す。～当たり～。～毎～。

用例 燃費は12.8km／ℓ（＝1リットル当たり12.8km）

12 言語学・音声学で、音声記号を囲んで言語音を表記する。特に、音素など抽象化された音韻を示す場合に用いられることが多い。

用例　ただし/c/はツの[ts]、/z/はズ・ヅなどの子音部[dz]を示す。
（城生佰太郎「ことばの未来学」〈1992〉）

13　ワープロやエディタの文書で、仮名の繰り返し符号「くの字点」を表記したいときに、斜線の一方として使われる。

用例　春の海終日（ひねもす）のたり＼／かな

＊横組みでは、突き出すほうを本来とは逆向きにして「／＼」と示すこともある。

補注

9 10 の用法を除いて、日本では縦組み・横組みいずれにも使われる。斜線が右上がりなのは縦組みでも横組みでも同じ。

＼

バックスラッシュ（英 backslash）

逆スラッシュ／逆斜線／

リバースソリダス（英 reverse solidus）

入力方法

- 日本語ローマ字入力で「\―ろ」または「/?め・」を押す→変換→選択（ATOK14～）
- 「しゃせん」（ATOK14～/IME2003～）または「すらっしゅ」「ななめ」「きごう」のいずれか（IME2003～）を入力→変換→選択
- 文字パレットなどを使って入力

コード入力　JIS 2140　シフトJIS 815F　区点 00132
ユニコード 005C　（全角）FF3C　（small reverse solidus）FE68

1　（半角）コンピュータやプログラミング言語で使われる記号の1つ。パソコンのOSであるMS-DOSやWindowsの英語版では、パス（ファイルのありかを示す文字列）に使われ、ディレクトリ名のくぎりを示す。

用例　C:\windows\command\udoc.exe

＊ISO-646という文字コード体系で、同一コードにアメリカでは半角のバックスラッシュを、日本では円記号を割り当てたことから、マイクロソフト社の日本語版OSでは半角の円記号「¥」に変換されて表示される。

2　まれに語句・文節などのくぎりを示すのに使われることがある。参照　／の 6 8

用例　「本屋に行って参考書をたくさん買い込んだ。」を文節でくぎれば、「本屋に＼行って＼参考書を＼たくさん＼買い込んだ。」となる。

3　ワープロやエディタの文書で、仮名の繰り返し符号「くの字点」を表記したいときに、斜線の一方として使われる。

用例　ほと＼／愛想が尽きた。

＊横組みでは、突き出すほうを本来とは逆向きにして「／＼」と示すこともある。

補注

1　Windows日本語版では半角バックスラッシュは入力できない。

2　斜線が左上がりなのは横組みでも縦組みでも同じ。

|　―

たてせん【縦線】
よこせん【横線】

パイプライン（英 pipeline）

入力方法

◆「たて」「たてぼう」「きごう」のいずれかを入力→変換→選択（IME2003〜）

◆ 文字パレットなどを使って入力

コード入力　JIS 2143　シフトJIS 8162　区点 00135

ユニコード 007C　（半角）FFE8　（全角）FF5C

1　言葉を語・文節・音などでくぎって示したい場合に、くぎりの線として用いる。

用例　「ぐりとぐら」のカルタから引いてみる。

からすのかいもの　からかさいっぽん

めがねのしたから　よこめでめくばせ

音律の構造はつぎのごとくである。

から|すの‖かい|もの　から|かさ‖いっ|ぽん

ここには日本語のリズムの基礎がある。（坂野信彦「日本語の音数律」〈2002〉）

＊上の例の「‖」は４音ごとのまとまりに音をくぎったもの。

＊＊「／」（スラッシュ）でくぎることも多い。

2　事項・見出しとその説明、また、性質の異なる記述をくぎる場合に、くぎりの線として用いる。

用例　かい‐なん【海難】〔名〕カイナン|航海中の事故。　㊥ 海難救助/海難審判

（「日本語新辞典」〈2004〉）

補注

1　JIS X 2003での名称は「縦線」。パソコンの横組み画面では全角どりの縦線として表示される。ワープロソフトで縦組みの表示・印刷をする場合は、自動的に横線に変換されて表されることが多い。

2　全角ダッシュ（―）は逆に横組み画面では全角どりの横線として表示され、ワープロソフトで縦組みの表示・印刷をする場合は、普通、自動的に横線に変換される。

‖　＝

にじゅうたてせん【二重縦線】
にじゅうよこせん【二重横線】

双柱《そうちゅう》

入力方法

- ◆「たて」「たてぼう」「きごう」のいずれかを入力→変換→選択（IME2003〜）
- ◆文字パレットなどを使って入力

コード入力　JIS 2142　シフトJIS 8161　区点 00134　ユニコード 2016

事項・見出しとその説明や、性質の異なる記述をくぎる場合、また、文や語句をあるまとまりでくぎる場合などに、くぎりの線として用いる。

用例　**cre･a･tive** [kriéitiv] *adj.* 創造的な．創意に富んだ．‖creative writing（詩・小説などでの）創作；作文．

補注

1　JIS X 2003での名称は「双柱」。パソコンの横組み画面では全角どりの二重縦線として表示される。ワープロソフトで縦組みの表示・印刷をする場合は、自動的に二重横線に変換されて表されることが多い。

2　「双柱」は、特に和文中でつなぎ符号として使われるものをさしていうことがある。その場合は、縦書きでの二重縦線、横書きでの二重横線をさすことになるが、どの程度の長さの二重線をさすか明確ではなく、等号（＝）程度の長さのものから全角二重ダッシュ（═）程度の長さのものまでが一般に「双柱」と呼ばれている。本書では、全角二重ダッシュとこの二重縦線・二重横線の項の両方に通称として「双柱」を示した。

句読点の歴史

❖現在の句点や読点に当たる符号は、古くから漢文の読解で使われてきたが、和文での句読点は、一六〇〇年ごろのキリシタン文献にみられるのが最も古い例とされる。

❖句点を「。」、読点を「、」とする使い分けが一般化するのは明治二十年代以後である。明治初年代の小学校教科書『小学読本』には「、」を使ったものがあるが「。」は使われていず、文と文を大きな○でくぎったり、段落末尾には鉤画《こうかく》と呼ばれる、今日の鉤括弧《かぎかっこ》に似た形の符号を使ったりしている。

　文学作品でも、明治十年代末ごろまでは、句読点を使うにしても「、」「。」を区別せずどちらか一つですませることが多かった。「、」と「。」の役割分担が決まってなく、また「……」で会話文を括るという形式も定着していなかったため、文と文、会話の末尾と続きの地の文などをくぎるときは、それぞれの書き手の工夫で行われた。たとえば坪内逍遥の『当世書生気質』（明治一八～一九年）には、文のくぎり目に「。」のほか、鉤画（「）や大きな○なども使われている。

❖二葉亭四迷と同時期に言文一致の小説文体に取り組んでいた小説家山田美妙は、明治二〇年（一八八七）前後に、句読点の意識的な使い分けの意図がみえる作品群を発表している。また、尾崎紅葉、やや遅れて幸田露伴、二葉亭四迷などもこの時期に「、」「。」や、「、」と「。」の中間的な「◦」を使い分けた作品、文章を書いた。こうした機運によって、明治二十年代に句読点の用法が徐々に整理されていった。

❖学校の国語教育では早期に句読点が教科書に導入され、一般の出版物でも明治三十年代後半には、読点を「、」、句点を「。」とする現在の句読法が普通になりつつあった。しかし、一般社会では、句読点を使わない書き方もその後も長く行われた。次は、大正末期に紡績会社が配布した女子工員募集パンフレットにみる例。

　毎年二回以上は大慰安会があります工場々々によつて行先が違ひますが汽車で名所見物に出る例でありますす大坂京都奈良伊勢等色々な方面へ行きますその費用は全部会社が出してなほ小遣銭も渡します

——細井和喜蔵『女工哀史』より

　特に手紙文では第二次大戦前まで、「。」「、」とも使わなかったり、「、」しか使わなかったりする習慣が根強く、現在でも、句読点をまったく使わない表記法が、挨拶状など改まった文面でまれにみられる。

❖新聞では、第二次大戦後になっても文末に「。」を打たない記事がみられる。新聞がすべての記事で文末に「。」を打つようになったのは昭和二十年代の半ば以後であるという。

　第二次大戦前の日本の法令文では、語を並列するときの「、」が使われているだけで、「。」は使われていない。

　第七条　本法ニ於テ公務員ト称スルハ官吏、公吏、法令ニ依リ公務ニ従事スル議員、委員其他ノ職員ヲ謂フ

——旧「刑法」〈一九〇七〉

「。」を付ける？付けない？

❖昭和二五（一九五〇）年文部省刊の小冊子「文部省刊行物表記の基準」付録「くぎり符号の使い方」では、「。」を付けない場合として次の三つを挙げている。

イ　題目・標語など、簡単な語句を掲げる場合。

ロ　事物の名称だけを列記する場合。

ハ　言い切ったものを「　」を用いずに「と」で受ける場合。

ハは、「すべての国民は、健康で文化的な最低限度の生活を営む権利を有すると保障してあるが、〔…略…〕」というような場合のことで、現在まずこの「と」の前に「。」を打つことはしない。イとロの場合はどうだろうか。

❖まずイの「題目」としては次のようなものが考えられる。

(1)　作品・文章・文書・書籍などの標題

(2)　文章・文書の章や節の題

(3)　新聞・雑誌などの見出し類

(1)の書名などでは、近年、末尾に「。」の付いたものもみられる。たとえば村上龍のエッセイ集『すべての男は消耗品である。』（最初の刊行は一九八七年）には「。」が付いている。しかし、『ツァラトゥストラはこう言った』（ニーチェ）、「わしも知らない」（武者小路実篤）、『書を捨てよ、町に出よう』（寺山修司）のように、文の形になっている場合でも「。」は付けないのが在来の標準である。(2)では「。」を付けた例はほとんどみられない。(3)の場合、新聞では「。」を付けないものと社の表記基準で決めていることが多いようだ。しかし雑誌では、長めの見出しに「。」を付ける傾向も近年みられる。

❖「手を上げて横断歩道を渡ろうよ」のような一文でなる標語も、在来の標準は「。」なしである。政治的スローガンでは「消費税引き上げ反対！」のように「！」を付けることが多く、「消費税引き上げ反対。」と「。」を付けたスローガンはまずみない。しかし、選挙ポスターのキャッチフレーズでは「。」を付けるものが最近多くなっているようである。前項の「題目」にしても、こうした標語的な語句にしても、装飾的に「。」を付けるのがここ数年の流行なのかもしれない。

❖ロは、箇条書きや選択肢などで事柄を並べる場合である。このケースは「。」を付けるか付けないか迷うことが多い。「くぎり符号の使い方」では、「「……すること・もの・者・とき・場合」などで終る項目の列記にも「。」を用いる。」としている。冒頭に示したイ・ロ・ハの箇条に「。」が付いているのも、各箇条の文句がすべて「……する場合」となっているからだろう。

それに対して、

一　申請者の氏名・住所

二　建築の目的

三　建築する場所

のような場合は「。」は付けないものとされている。この例では「…する…」の形もまじっているが、全体として「事物の名称だけを列記」したケースに当たると判断したものだろう。当コラム上段の(1)(2)(3)も、この考え方に従って「。」を付けずにおいた。

第2章　つなぎ符号

—	–	＝	＝	‐	＝
ダッシュ	二分ダッシュ	二重ダッシュ	二分二重ダッシュ	ハイフン	二重ハイフン
…	‥	〜	〰		
三点リーダー	二点リーダー	波形	波状ダッシュ		

1　ここには、語と語、文字と文字、文と文などをつなげてひとまとまりのものとして示す機能をもつ符号を集めた。「—」（ダッシュ）は欧文では狭義の句読点の１つで、いったん文の流れを切って間を置くなどの働きをすることから、くぎり符号としても扱いうるが、ハイフンなどと同様、語と語などをつなぐ働きをもつこと、また、形の類似から、便宜上つなぎ符号としてここに収めた。「…」（三点リーダー）「‥」（二点リーダー）もまたくぎり符号としての働きをもつが、「—」と同様の理由からやはりここに収めた。

2　「ダッシュ」というと、狭義では全角幅をもつダッシュ(全角ダッシュ）を意味する。半角の二分ダッシュは同じ「ダッシュ」の名で呼ばれても、全角ダッシュとは明らかな用法の違いが認められる。そのため、全角ダッシュ・二分ダッシュはそれぞれ別の見出しとして立てた。「＝」（二重ダッシュ）についても同様、全角のものと半角のものとを別見出しとして立てた。

3　JIS X 2013では、ダッシュ・ハイフン・三点リーダー・波形の類は、「。」（句点）・「、」（読点）・「．」（ピリオド）・「，」（カンマ）・「？」（疑問符）・「！」（感嘆符）・「／」（スラッシュ）などと合わせて「記述記号」としてまとめられている。

「‖」（双柱・JISコード2142）と「｜」（縦線・JISコード2143）もこの「記述記号」に含まれるが、「‖」も「｜」も横組みでは縦に、縦組みでは横に出力され、二重ダッシュやダッシュとは向きが90度異なる。そのため、本書では「‖」と「｜」はつなぎ符号に含めず、「／」と同様にくぎり符号として扱った。（「‖」は「双柱」ではなく「二重縦線」の名で立項した。）

また、JIS X 2013では「=」（JISコード237B）に「二重ハイフン、二分二重ダッシュ」と２つの名称を与えているが、本書では、全角の４分の１ないし３分の１の長さのものを「ハイフン」とし、「二重ハイフン」と「二分二重ダッシュ」を別のものとして扱った。

4　印刷物・出版物では、ハイフン・二重ハイフンは行頭に置くのを避ける規則になっている（行頭禁則）。二分ダッシュ、二分二重ダッシュも行頭禁則とされることが多い。全角ダッシュ・三点リーダー・波形については行頭禁則とする一般的な規則はない。

—

ダッシュ（英 dash）

全角ダッシュ／ダーシ／中線《なかせん》／棒／単柱《たんちゅう》

入力方法

- 日本語ローマ字入力で「ー＝ほ」を押す→変換→選択（IME2003～）
- 仮名入力で「￥｜—」を押す→変換→選択（IME2003～）
- 「だっしゅ」または「きごう」と入力→変換→選択（IME2003～）
- 文字パレットなどを使って入力

コード入力　JIS 213D　シフトJIS 815C　区点 00129　ユニコード 2014

1　欧文の句読点の１つ。そこでいったん文の流れを切ったり、間を置いたりするはたらきをもつ。明治時代以後、日本でも使われるようになった。通常、英文では特定の用法を除いて全角１字分、和文では全角２字分の長さで使う。

Ⓐ　前述の語句・文に対し、その具体的内容や説明・補足・限定などを提示するときに用いる。

(a)　ダッシュで前後を囲み、具体的内容・説明・補足などを挿入句として示す。

用例　The grey-faced dandified man by the table — Doctor Riese, I learned later — said, in a cold, crisp voice:〔＝テーブルのそばにいる陰気な顔つきの着飾った男——あとでリース医師と知ったが——が冷めた事務的な口調で言った。〕

（Dashiell Hammett, “The Dain Curse”）

用例　〔…略…〕一日《あるひ》——明治十四年七月一日と記憶する——先生は塾生残らず集めて、云はるゝには、〔…略…〕　（徳冨蘆花「思出の記」〈1900〉）

(b)　文をいったん終止し、続けてダッシュのあとに具体的内容・説明・補足などを示す。

用例　At five he took a taxi and bought presents for all the Peters — a piquant cloth doll, a box of Roman soldiers, flowers for Marion, big linen handkerchiefs for Lincoln.〔＝５時に彼はタクシーを拾い、そしてピーターズ一家への贈り物——魅力的な布人形、おもちゃのローマ兵が詰まった箱、マリオンへの花束、リンカーンへの大きなリネンのハンカチを買った。〕

（F. Scott Fitzgerald, “Babylon Revisited” ）

用例　〔…略…〕清三は一々花の名を手帳につけた。——みつまた、たびらこ、ぢごくのかまのふた、ほとけのざ、〔…略…〕、はゝこ、きつねのぼたん、そらまめ。

（田山花袋「田舎教師」〈1909〉）

用例　清吉の弟の妻——詳しく言へばついこの間までさうであつた邦子が、或る土地から芸者になつて出てゐる。　（佐藤春夫「侘しすぎる」〈1922〉）

(c)　文末にダッシュを置いて改行し、前述した事柄の具体的内容を次行から示す。

用例 Half an hour passed, and then there arrived the following message from the station-master of Kenyon Junction —

‘There are no traces of the missing special. It is quite certain that she passed here, and that she did not arrive at Barton Moss.’

〔=30分後、今度はケニョンの駅長から次の報告が届いた。——
「消えた特別列車に関せる形跡なし。当駅を通過し、かつバートンモスに到着せざりしこと確実なり。」〕 (A. Conan Doyle, “The Lost Special”)

Ⓑ 具体的な内容や事例を先に示してから、あとの叙述に続けるときに用いる。

(a) 事例をまず示して、あとの総括的な叙述に続ける。

用例 The sermon topics posted outside churches, the flip hurried pieties of disk jockeys, the cartoons in magazines showing angels or devils — on such scraps he kept alive the possibility of hope.〔=教会の外に張られた説教の題目、軽薄に早口に語られるディスクジョッキーの信心、天使や悪魔が描かれた雑誌の風刺漫画——こんな断片によって彼の希望は支えられていた。〕

(John Updike, “Pigeon Feathers”)

用例 〔…略…〕型に入つた仮白《せりふ》のやうな言廻し、秩序の無い断片的な思想、金色に光り輝く仏壇の背景——丁度それは時代な劇《しばゐ》でも観て居るかのやうな感想《かんじ》を与へる。

(島崎藤村「破戒」〈1906〉)

(b) 発せられた言葉や意識内容などをまず示して、あとの叙述に続ける。

用例 余計な事をして愛想を尽かされるよりは黙つてゐる方が安全だ。——代助には平岡の腹が斯う取れた。 (夏目漱石「それから」〈1909〉)

用例 京都まで金を取りに行く、——さう家には云つてある。が、それは嘘だ。

(志賀直哉「瑣事」〈1925〉)

(c) 箇条書きを地の文の中で改行せずに示すとき、箇条書きの末尾と地の文とをくぎる。

用例 日本語入力でハイフンを入力するには、①「－ ＝ ほ」のキーを押して「F10」のキーを押す ②半角英数入力に切り替えて「－ ＝ ほ」のキーを押す ③「はいふん」と打って変換する——などの方法がある。

Ⓒ 文をいったん止め、間を置くことでそのあとの記述に効果を与える。

用例 She turned up her coat collar so he could not see that she was crying weakly — like an old woman.〔=彼女がコートの襟を立てたので彼にはわからなかった。彼女がすすり泣いているのを——老女のように。〕

(John Steinbeck, “The Chrysanthemums”)

用例 He had never drunk anything stronger in his life — unless you could count ginger ale.〔=彼は人生において（ミルクよりも）刺激の強い飲み物を飲んだことがなかった。——ジンジャエールを勘定に入れないとすればだが。〕

(James Thurber, “The Catbird Seat”)

Ⓓ 一般に、コンマ・読点より強い休止を表す。文中に間を与え、リズム上の単調さを避けるために用いられる。

用例 それがをととひの夕方のことで——今日の昼もやはり雪子はお勝手で立ち働いてゐる。（川端康成「母の初恋」〈1940〉）

❺ **文末に置いて余韻や含みをもたせる。** 類似用法 …の2

用例 〔…略…〕通筋《とほりすぢ》の毛糸雑貨屋の主人はこの間まで店へ据ゑた毛糸の織機で一日中毛糸を織つてゐたが、急に死んでしまつて、家族が直ぐ店を畳んで国へ帰つてしまつたそのあとは直きカフエーになつてしまつた。——

（梶井基次郎「のんきな患者」〈1932〉）

†和文では、上の例のように「。——」と句点で一度文を切ってから使う形や、「——。」と句点の前に置く形、句点を付けずに「——」だけで終止する形がある。

❻ **段落冒頭や段落中の文頭に置いて、文章の流れに間をもたせ、前段・前文からの話題・場面の転換や時間の経過を自然なものにする。** 類似用法 …の3

用例 〔…略…〕それで、それに気が付いたとき、ははあ、芥川は、この炬燵のなかで、……と、さとつたのである。

——ここまで書いてきて、私は、不意に、バカバカしい気がしてきた。それは、これまで私が向きになつて述べてきた事は、〔…略…〕

（宇野浩二「芥川龍之介」〈1953〉）

❼ **発言の中絶や、ためらい、発語の間などを表す。** 類似用法 …の1

用例 Collinson put a hand on my arm, mumbling: "I don't know whether I — whether we ought to do this. Gabrielle's not going to like it. She won't —"

"Suit yourself," I growled, 〔…略…〕

〔＝コリンソンはぶつぶつ言って私の腕に手を掛けた。「私は——われわれはどうすりゃいいっていうんだ。ガブリエルがこんなことを気に入るわけはない。彼女は——」

「勝手にしろ。」私はうなった。（略）〕（Dashiell Hammett, "The Dain Course"）

用例 この可笑しな小説も、これではや第五回目である。書きはじめてから既に七ケ月経つてゐるのだが（五ケ月でなく、七ケ月といふ勘定の合はなさは、二ケ月休載したからであるが、で何故休んだかといふと、——エイ、そんなことはどうでもいい。）〔…略…〕（高見順「如何なる星の下に」〈1940〉）

❽ **名称や語句・文字を明示しないときに用いる。欧文では最初の文字だけ示してあとをダッシュとする形が多い。和文では主に固有名詞を明示しないときに使われる。**

用例 Holbrook looked down at my old man and said slow and careful, "You son of a b——,"〔…略…〕（＝ホルブルックはわが爺さんを見下ろしてゆっくりと入念に言った。「このろくでなしめ。」）（Ernest Hemingway, "My Old Man"）

用例 〔…略…〕市とS——町との間にある鉱山《やま》つゞきの小さい町に、〔…略…〕

（徳田秋声「あらくれ」〈1915〉）

†英文では、この場合、2字分の長さとすることが多い。

††「彼はそのきたならしい一廓を——様のお屋敷といふ名で覚えてゐた。」（夏目漱石「道草」〈1915〉）のように固有名詞の部分をダッシュですべて伏せ字にした例もある。

＊欧文ではダッシュがそれ自体で「, 」「. 」「;」「 :」といった句読点と同等のはたらきをするので、Ⓗのような場合を除き、原則としてダッシュで文を切ったり終えたりした場合、「, 」「. 」「；」「 : 」は不要となる。

2 **改行行頭に置いて、会話や人物の内面の思い、または引用文を以下に導く。行頭から全角1字分下げて — を置くことが多い。通常、英文では1字分、和文では2字分の長さで用いる。**

用例 —I sent for you today, Stephen, because I wished to speak to you on a very important subject.
—Yes, sir.
—Have you ever felt that you had a vocation?
〔=——スティーブン、今日はとても大事な問題についてきみに話したくて呼び出したのだ。
——はい、司祭様。
——君は自分が聖なる使命をもっていると感じたことはあるかね?〕
(James Joyce, “A Portrait of the Artist as a Young Man”)

用例 ——もう沈むものなら、一度に早くすつぽりと、丸はだかになつて沈みたい。
と彼は絶えず思つてゐるのだつた。　(横光利一「寝園」〈1930〉)

用例 その黒板にたつた一つの告知を、私は読んだのだ。
——花川戸に集まれ。紅座。　(川端康成「浅草紅団」〈1930〉)

用例 ——女は、その後、どうなつたね?
——女は、その帝国ホテルのあくる日に死にました。
——あ、さうか。　(太宰治「虚構の春」〈1936〉)

＊欧文ではクォーテーションダッシュ(英 quotation dash)といい、欧文の全角ダッシュとほぼ同じ長さかそれよりやや長く、線もやや太いダッシュを、1字分で用いる。
＊＊和文で会話文に使うと、「　」で示すよりもハイカラな洒落た感じになる。日本では昭和初年代以後、会話文での使用が広まったとみられる。
＊＊＊インタビュー・記者会見などの記事では、質問する側にだけ使う。答える側の発言は「　」で示したり、名前を掲げてそのあとに示したりする。また、座談会・対談・パネルディスカッションなどの記録では、編集者・主催者・会場からの質問をダッシュで示すことが多い。

用例 ——解散・総選挙という選択肢は考えていないと理解していいのか。
「そうとっていただいて差し支えない」

用例 ——2ちゃんねるに連歌の伝統が生きているという説もありますが。
山田　ちょっと褒めすぎじゃないの。(笑)
鈴木　いや、僕は一理あると思う。
佐藤　その辺の話、私は疎くてだめ。お二人でやってください。(笑)

3 **名言集、本のエピグラフなどで、引用文のあとにその著者名や書名を示すときに用いる。**

用例 転定は自然の進退退進にして無始無終、無情無下、無尊無賤、無二にして進退一体なり、故に転定の先後あるに非ざるなり。惟自然なり。　——安藤昌益

（E・H・ノーマン著、大窪愿二訳「忘れられた思想家」〈1950〉）

4　本や文章の題辞、献辞、執筆者の署名、執筆年月日、編集上の注記などを示すときに使われる。「— to Marry 」「—完—」「——著者誌す」「— 一九二九年孟秋 —」など。

用例　——作者言ふ。括弧の中は二十七歳の時書き加へた説明です。——

（川端康成「十六歳の日記」〈1925〉）

用例　《あのころ（六〇年代——引用者注）は、まあ、オカルティズムといったって、〔…略…〕》　（絓秀実「1968年」〈2006〉）

5　語と語や数字と数字をつないで、物事の範囲・過程・関係などを示す。欧文では普通、二分ダッシュ（en dash）またはハイフンを用いる。 参照　–（二分ダッシュ）の1

A　空間・時間・対象・数値などの範囲を示す。 類似用法　〜（波形）の1

用例　東海道線は小田原—熱海間で不通

用例　九〇—九五年の初めの時期〔…略…〕　（中村雄二郎「術語集Ⅱ」〈1997〉）

用例　営業時間／月曜—金曜9:00 〜 18:00　土曜9:00 〜 15:00

用例　同書p.136—p.139

B　物事の過程や進む道筋を示す。

用例　……したがって、商品の交換過程はつぎのような形態変換をなしておこなわれる。／商品（Ware）—貨幣（Geld）—商品（Ware）／W—G—W。

（伊藤誠「『資本論』を読む」〈2006〉）

用例　肯定—否定—否定の否定という弁証法的道筋

C　対応関係や組み合わせを示す。

用例　首相—幹事長のライン

用例　日本シリーズは日本ハムが四— 一で優勝

用例　馬券は５の単勝と馬連５—８、５—12、抑えに８—12を少々

用例　「己—已—巳」の区別をはっきりさせる。

（朝日新聞社「朝日新聞の用語の手びき」〈1981〉）

D　章と節、条と項などの階層を示す。

用例　破産法四七—五参照

＊「5 〜 10%」「二十億〜三十億円」のように数量の幅を示す場合は、縦書き横書きとも「〜」（波形）を用いることが多い。

＊＊欧文では二分ダッシュ（en dash）またはハイフンを用いることが多い。

6　数字・アルファベットなどで表記された記号や名称のくぎりに用いる。 参照　–（二分ダッシュ）の2

用例 21—ヒドロキシラーゼあるいは11β—ヒドロキシラーゼという酵素〔…略…〕
（池田清彦「分類という思想」〈1992〉）

用例 東京都千代田区西神田1—×—××

＊二分ダッシュまたはハイフンを用いることも多い。書籍のISBNコードでは二分ダッシュが用いられている。

7 見出しや事項と、その内容・説明とをつなぐ。

用例 七月二日（火）——雨。終日寝床で本を読んで過ごす。

用例 Box and Cox arrangement ——一室ヲ一人ガ昼間使ヒ、他ノ一人ガ夜間使フトイフ取リ極メ。（川端康成「死体紹介人」〈1929〉）

8 副題を示すときに用いる。

用例 夏の栞——中野重治をおくる（佐多稲子著、講談社〈1983〉）

用例 忘れられた思想家 —安藤昌益のこと—（E・H・ノーマン著、岩波新書〈1950〉）

9 引用文で省略を表す。主に上略や下略のときに使われる。

＊中略の場合は、原文にあるダッシュと誤られるおそれがあるため、三点リーダーを使ったり、（略）と言葉で示したりするのが普通。

10 実際の語や文字を示す代わりにその部分をダッシュで示す。類似用法 〜（波形）の3

A 辞書などで、見出し語や語幹部分に置き換えて用いられる。

(a) 用例や派生語の表示に用いられる。

用例 ばか-らし・い【馬鹿らしい】〔形〕「ばかばかしい」に同じ。「—・くて相手にしていられない」 派 —げ（形動） —さ（名）

(b) 子見出しで、親見出しの語の部分をダッシュに置き換える。

用例 ごう-ほう【合法】ガフハフ〔名・形動〕法規にかなっていること。また、そのさま。↔不法・非合法 —てき【合法的】〔形動〕法規にかなっているさま。「—的な手段」

(c) 国語辞典などの歴史的仮名遣いの表示で、語構成要素のうち現代仮名遣いと異ならない部分をダッシュに置き換える。

用例 ひ-ごうほう【非合法】—ガフハフ〔名・形動〕

(d) 活用語の活用を示すときに、語幹部分をダッシュに置き換える。

用例 五段活用の動詞は、たとえばカ行五段活用であれば、「—か（ない）、—き（ます）、—く、—く（とき）、—け（ば）、—け」と変化する。

†(a)〜(c)はいずれも、その辞書の編集方針によりダッシュで置き換えず、実字で表示することも行われる。

††(a)の用例文中のダッシュは全角1字分または1.5字分程度の長さで使われることが多い。(b)は肉太にして長さは1.5字〜2字分、(c)はルビ文字の全角1字分とするのが普通。

🅑 個々の語や文字を離れ、抽象的に語形を示すときに用いられる。条件にかなうさまざまな語・文字がダッシュの部分に入りうることを表す。

用例 「勉強する」「発掘する」など「—する」の形をもつ漢語は、本来動作性の意味を含んでいるはずである。

用例 8 原語（特に英語）の語尾の —er, —or, —ar などは、長音符号「ー」で表すのを原則とする。

例 オブザーバー、ドクター、レギュラー

（毎日新聞社「【最新版】毎日新聞用語集」〈2002〉）

11 表や一覧などで、その項目に関して該当なし、対象外、データなしなどであることを示すのに使われる。

用例

営業スタッフ各月成約件数

	4月	5月	6月	7月	8月	9月	10月	11月
山田	7	5	6	8	5	6	6	5
鈴木	4	3	3	2	1	—	—	—
佐藤	—	—	—	—	0	1	1	3

用例 【峠】音 — 訓とうげ

＊マイナス記号や二分ダッシュが使われることもある。

12 本の目次などで、章中の小見出しを並べるときのくぎりに使われる。

＊「／」（スラッシュ）や「…」（三点リーダー）も使われる。

13 小説やエッセイなどで、「ー」の代わりに長音符号として使われる。音を長く引く感じを表して使われることが多い。

用例 「べ——ぇ！」

松太郎は木戸番のじいさんに悪意ある呪詛を投げつけると、むしろ張りの小屋にそって歩きだした。（荒俣宏「可坊草紙」〈1987〉）

14 ⇒ -（ハイフン）の7

補注

1 半角ダッシュの用法については「二分ダッシュ」の項を参照。

2 一般に和文印刷で使われる全角ダッシュは、そのポイント・級数の全角１字分の長さよりわずかに長く、隣接する文字との字間が詰まることが多い（現行のワープロソフトWordでは、日本語ローマ字入力で「ー＝ほ」を押してEnterキー〔Returnキー〕を押すと、仮名の直後でないかぎり、この長さのダッシュに変換される）。それに対し、欧文印刷の全角ダッシュ（em dash）は一般に和文で使われるものより短い。

3 ダッシュとまぎらわしい記号・符号に、長音符号（ー）、負号（−）、ハイフン（ - ）がある。長音符号は明朝体では先端がわずかに曲がっているので区別できる。負号は全角ダッシュよりも短い。ハイフンは通常全角の4分の1ないし3分の1の長さであり、二分ダッシュよりも短い。

4　欧文のダッシュには、em dash(U+2014)、en dash(U+2013)、figure dash(U+2012)、horizontal bar(U+2015)などがある。em dashは欧文の全角ダッシュ（ただし、パソコンのフォントによっては二分ダッシュほどの長さで表される場合もある）。en dashは二分ダッシュ。figure dash は en dash とほぼ同じ長さで、数字とともに使われるダッシュ。horizontal bar は quotation dash として会話文などで引用符として使われるダッシュで、em dash より長い。

5　文中で全角ダッシュを2字分の長さで使う場合、行末にかかって次行の行頭と1字分ずつ分割されてしまうことがある。出版物ではこの形を避けることもあるが、一般的に編集禁則とされているわけではない。

–

にぶんダッシュ【二分ダッシュ】

半角ダッシュ／二分ダーシ／二分中線

入力方法

◆ 文字パレットなどを使って入力

コード入力　JIS 237C　シフトJIS 829C　区点 —　ユニコード 2013

1　語と語や数字と数字をつないで、物事の範囲・過程・関係などを示す。もともと欧文で用いられたが、現在は和文でも使われる。類似用法 —（ダッシュ）の5

Ⓐ 空間・時間・対象・数値などの範囲を示す。“Los Angeles–New York flight” “1:00–5:00p.m.” “April–May 1984”「G. F. ヘンデル（1685–1759）」「pp.226–229参照」など。

Ⓑ 物事の過程や進む道筋を示す。

用例　thesis – antithesis – synthesis（＝定立—反定立—総合）

Ⓒ 対応関係や組み合わせを示す。

用例　The Yankees won with a score of 5 – 3.（＝ヤンキースが5対3で勝った）

用例　〈人間–畜獣–草原〉生態系、〈人間–作物–風土〉生態系を把握することなくしては、原始的産業態勢を追考することは、およそ正鵠を射がたい筈である。

（廣松渉「生態史観と唯物史観」〈1991〉）

Ⓓ 章と節、条と項などの階層を示す。

用例 「ヨハネ伝」14－6

2 数字・アルファベットなどで表記された記号や名称のくぎりに用いる。類似用法 ―（ダッシュ）の6

A 機種番号・型番・書類番号・コード番号や商品の名称などで記号のくぎりに用いる。ハイフンが用いられることも多く、ハイフンか二分ダッシュか表記上の規定がない場合もある。

用例 商品番号PT108–2867

用例 ホンダのSUV、CR–Vがこのほどフルモデルチェンジした。

用例 ISBN978–4–09–504170–0

B 電話番号・郵便番号・所番地などのくぎりに用いる。「03–3230–＊＊＊＊」「(03)3230–＊＊＊＊」「〒101–0065」「東京都千代田区一ツ橋1–1」など。

†電話番号ではダッシュやハイフンでなく中点（・）を使うこともある。

3 ハイフン（‐）の4と同様に使われる。「シュトルム–ウント–ドランク」「エジプト–アラブ共和国」など。

4 ハイフン（‐）1のF、Gと同様に使われる。

用例 **–ing** *suf.* 動詞に付いて現在分詞を作る。

用例 **la·dy** [léidi] *n.* (*pl.* –dies)

5 表や一覧などで、その項目に関して該当なし、対象外、データなしなどであることを示すのに使われる。参照 ―（ダッシュ）の11

6 ⇒ ‐（ハイフン）の5 6 7

補注

ユニコードにはU+2013の en dash と別に、U+2012の figure dash がある。いずれもほぼ和文の二分ダッシュに相当するが、パソコンのフォントによってはハイフンのような長さで表されることもある。参照 ―（ダッシュ）の補注4

＝

にじゅうダッシュ【二重ダッシュ】

全角二重ダッシュ／二重ダーシ／双罫／双柱

入力方法

◆ パソコンでは通常、入力できない。JISコード2142の「‖」をワープロソフトの「縦中横」機能で90度回転させ代用することはできるが、通常の二重ダッシュより長くなる

1 見出しや事項と、その内容・説明とをつなぐ。 類似用法 ―（ダッシュ）の7 ＝（等号）の3

用例 作詞＝土井晩翠
作曲＝滝廉太郎

用例 ていけい
＝定形<一定の形>定形郵便物
＝定型<決まった型>定型詩
（朝日新聞社「朝日新聞用語の手びき」〈1981〉）

2 語と語をつないで、関係・対応・組み合わせなどを示す。 類似用法 ―（ダッシュ）の5

用例 昨年のこのレースはメイショウカイドウ＝コンゴウリキシオーと、関西からの実力馬のワン・ツー決着だった。（「日刊ゲンダイ」2007.7.9）

3 物事が等価または同義であることを表す。「＝」（等号）の2に同じ。

用例 〔…略…〕人びとの間に〈力＝上下関係〉のある国、そして人びとの間に〈連帯＝親疎関係〉の存在する社会ならば、どこにも有り得る。
（井上ひさし「私家版日本語文法」〈1981〉）

4 記事や写真のキャプションなどで、注記を示すときのくぎりに使う。「＝」（等号）の4に同じ。

用例 K・Yさん（21歳＝学生）

用例 街頭演説に聞き入る有権者＝19日、新宿駅東口

5 話されたり書かれたりした言葉の前後を囲む。引用符的な使い方で、明治中期、まだ会話文の形式が定まっていなかった時期の小説にみられる。

用例 佐藤兵衛武任は、〔…略…〕其儘傍《かたへ》に馳来り、＝平田様か＝と問蒐《とひか》けし　声に顧る三五郎。＝這《こ》は武任か。勇ましや。清家殿は何処に＝‥‥　と言ひつ丶件の武任が、担ぎし物をよく視れば、紛ふ方無き清家なり。
（山田美妙「少年姿」〈1866〉）

用例 それを見て居る親達は、次第に最愛《いとほ》しさが増て、＝此程気の合ふて居るものなら……＝ト、はや行末《ゆくすゑ》の胸算用。（巌谷小波「妹背貝」<1889>）

補注

1 活字・写植のフォントでは、等号（=）に比べて2本の線の間が狭いことが多い。また、全角の二重ダッシュは一般に等号より長いが、和文で使われる―（全角ダッシュ）よ

りは短く、字の天地左右と同じ長さであるのが普通。半角の二重ダッシュもあり、半角二重ダッシュ・等号・全角二重ダッシュの順に長くなる。半角の二重ダッシュについては「二分二重ダッシュ」の項を参照。

2　数式で等号の代わりに二重ダッシュが使われることは少ないが、一般の印刷物・出版物では、全角二重ダッシュ・等号・二分二重ダッシュが厳密に使い分けられているとはいえない。

3　ワープロ文書やwebページでは全角の等号で代用されることが多い。

4　JISコード2142（シフトJISコード8161、区点00134、ユニコードU+2016）の「‖」は二重縦線で、これも双柱と呼ばれるが、二重ダッシュとは別のもの。

=

にぶんにじゅうダッシュ【二分二重ダッシュ】

半角二重ダッシュ／二分二重ダーシ／二分二重双罫

入力方法

◆　文字コードはあるが、パソコンの通常のフォントには実装されていない場合が多い

コード入力　JIS 237B　シフトJIS 829B　区点 —　ユニコード 30A0

1　**語と語をつないで、関係・対応・組み合わせなどを示す。「＝」（二重ダッシュ）と同様に使われる。**　類似用法　—（ダッシュ）の5

用例　そしてこの両者のあいだには、後者が前者の発展であるという理論的関係が生きていた。〔…略…〕しかし伊藤のいう最近の「社会文芸的な文学」は、それら自身萌芽と発展との関係にあつたこの両者にたいして、何の萌芽=発展の関係をも持つてはいぬのである。　（中野重治「ねちねちした進み方の必要」〈1939〉）

2　**「＝」（等号）の2と同様に使われる。文中の語を言い換えたり、訳を付したりするときに、括弧（パーレンや亀甲など）と組み合わせて「×××（=○○○）……」の形で使うことが多い。**

用例　コトバの意味とは、コトバが担う同一性（=構造）の布置のことである。
（池田清彦「分類という思想」〈1992〉）

用例　おぼ‐めか・し〘形シク〙〔…略…〕②記憶などが確かでない。「そのかた（=和歌ノ方面）に一・しからぬ人」〈枕・二三〉　（「大辞泉」〈1995〉）

3　**「=」（二重ハイフン）の2 3と同様に使われる。「ギ=ド=モーパッサン」「ドゥルーズ=ガタリの『アンチ・オイディプス』」など。**

補注

1　JIS X 0213では、JIS 237B、シフトJIS 829B、区点 00391、ユニコード U+30A0とコード化された「゠」について、「二重ハイフン」「二分二重ダッシュ」の２つの名称を併記している。しかし、「ハイフン」は通常、全角の４分の１ないし３分の１の長さであることから、本書では全角のほぼ２分の１の長さのものを「二分二重ダッシュ」とし、「二重ハイフン」とは区別して扱った。ただし、コードはJIS X 0213に従ってどちらにも同じものを示した。

2　ワープロ文書やwebページでは、半角または全角の等号で代用されることが多い。

‐

ハイフン（英 hyphen）

連辞符／接辞符／つなぎ／つなぎ符／つなぎ点

入力方法

- 英数入力で「ー＝ほ」
- 日本語ローマ字入力で「ー＝ほ」→「F10」を押す→確定（ATOK14～/IME2003～）
- 日本語ローマ字入力で「ー＝ほ」を押す→変換→選択（IME2003～）
- 仮名入力で「¥｜—」を押す→変換→選択（IME2003～）
- 「はいふん」「きごう」と入力→変換→選択（ATOK14～/IME2003～）
- 文字パレットなどを使って入力

コード入力

JIS　213E　（ハイフンマイナス）2231
シフトJIS　815D　（ハイフンマイナス）81AF
区点　00130　（ハイフンマイナス）—
ユニコード　2010　（ハイフンマイナス）002D　（ノンブレーキングハイフン）2011

[1]　欧文で、語と語をつないで複合語・連語をつくったり、１つの語を音節などに分節したりする符号。

Ⓐ　複合語や連語を構成する各語をつなぐ。個々の使い方についてはそれぞれの言語で違いがあり、以下、英語での用法を中心に示す。

(a)　２語以上からなる修飾語句。“a user-friendly dictionary”（使い勝手のいい辞書），“good-tempered one”（気だてのいい人）など。普通は修飾語句とならない文なども、“a don't-joke-about-things-like-that look”（＝そういうことについて冗談を言ってはいけないといった顔つき）のように、ハイフンでつながれて一時的な修飾語となることもある。

(b)　前置詞を含む複合語・連語。“son-in-law”（娘むこ），“man-of-war”（軍艦）など。

(c)　上に“self”が付く複合語。“self-respect”（自尊心），“self-satisfaction”（自己満足）など。

(d)　ある種の接頭辞が付いた語、また、固有名詞など大文字で始まる語に接頭辞の付いた語。“ex-president”（前大統領），“anti-globalism”（反グローバリズム），“Pan-American”（全米の）など。

(e)　2語で表記される2桁の数字（21〜99）や分数の表記。“twenty-two”（22），“three-fourths”（4分の3）など。

(f)　固有名詞や固有名詞の派生語どうしをつなぐ。“Taft-Hartley Act”（タフト＝ハートレー法），“U.S.-China relationship”（米中関係），“English-Japanese dictionary”（英和辞典）など。

(g)　語のくぎりを明示することで、その語の発音や同綴異義語との違いをはっきりさせる。“coop”（囲いかご）に対する“co-op”（生協），“recover”（回復する）に対する“re-cover”（再びおおう）など。また、語の結び付きを明示することで、“twenty-odd people”（＝20人余りの人々）、“twenty odd people”（＝20人のおかしな人々）のように区別する。

(h)　クリスチャンネームや姓、地名などの複合名をつなぐ。“Jean-Paul Sartre”（ジャン＝ポール・サルトル。20世紀フランスの哲学者），“Olivia Newton-John”（オリビア・ニュートン＝ジョン。オーストラリアの女性歌手），“Stratford-upon-Avon”（ストラトフォード・アポン・エイボン。英国の地名。シェイクスピアの生地）など。

†カタカナで書く場合、「-」でつながれた人の名・姓は、中点（・）でなく二重ハイフンか二分二重ダッシュでくぎって示すのが普通だが、他と区別せずにすべて中点でくぎることも行われる。

Ⓑ　単語が行末にかかって2行に分割されてしまうとき、行末に打って次行の行頭まで一続きの語であることを示す。この場合、語の音節の切れ目で改行する。英語では、“soft hyphen”（ソフトハイフン）と呼ばれる。

用例　Their first thought was that if Peter was not going he had prob-
ably changed his mind about letting them go.
〔＝彼らがまず思ったのは、ピーターが行かないのなら、彼らを行かせることもしないだろうということだった。〕　(J. M. Barrie, “Peter Pan”)

Ⓒ　単語の音節のくぎりを示す。

用例　問3．次のア〜エのうち、最も強く発音される部分の母音の発音が他と異なるものを1つ選び、記号で答えなさい。

ア．a-maz-ing　イ．dan-ger-ous　ウ．dam-age　エ．po-ta-to

†英和辞典の見出しでは音節のくぎりにふつう中点が使われるが、音節の切れ目であっても改行分割しないほうがいい箇所を示すのに、“prob·a-bly” のようにハイフンが使われることがある。

Ⓓ　単語の綴りを分割して示す。

用例　Her name is spelled M-A-R-I-O-N.

Ⓔ　言葉がつかえてうまく出ないことを表す。

用例　“Y-yes, sir. I thought he was —” She stopped and worked her lips together.
〔＝「は、はい。あの人は……」彼女は言葉が出ないようだった。〕
(Dashiell Hammett, “The Dain Curse”)

Ⓕ 辞書や語学的な記述で、語構成要素（接辞）として他の語に付いて用いられることを表す。

用例 -ed *suf.* 規則動詞の過去形・過去分詞を作る。

Ⓖ 辞書などで、語形変化や派生語を表示するときに、見出し語と共通の部分に置き換える。

用例 hap•py [hæpi] *adj.* (-pi•er, -pi•est)

Ⓗ 日本語のローマ字表記で、複合語の構成要素どうしをつなぐ。「kôhî-dyawan」（コーヒー茶碗）など。

＊ⒻやⒼでは二分ダッシュも使われる。

2 欧文で、範囲や関係などを示す。“17th -18th century”（＝17～18世紀），“a score of 3-2”（＝3対2のスコア）など。本来は二分ダッシュ（–）を用いる。

3 数字・アルファベットなどで表記された記号のくぎりに用いる。類似用法 –（二分ダッシュ）の2

Ⓐ 機種番号・型番・書類番号・コード番号や商品の名称などで記号のくぎりに用いる。「AK-47」（旧ソ連製ライフルの名称）、「R - 18」（18歳未満観覧不可）など。二分ダッシュを用いることも多く、ハイフンか二分ダッシュか表記上の規定がないことも多い。

Ⓑ 電話番号・郵便番号・所番地などのくぎりに用いる。「090 - 3333 - ＊＊＊＊」「〒101 - 0065」「東京都千代田区一ツ橋1 - 1」など。日本では、全角ダッシュまたは二分ダッシュを使うのが一般的。参照 ―（全角ダッシュ）6 –（二分ダッシュ）2Ⓑ

4 和文で、複合したカタカナ語のくぎりを示す。一般には中点（・）が用いられるが、並列の中点と区別するためにハイフンを用いることもある。「ケース - バイ - ケース」「コレージュ - ド - フランス」「ボスニア - ヘルツェゴビナ」など。

＊外国人名の名と姓のくぎりには一般に中点、または、二重ハイフンあるいは二分二重ダッシュが用いられ、ハイフンはあまり使われない。

5 訓点付き漢文の印刷で、漢字と漢字をつないで熟語であることを示す線に使われる。現在は、述語となる熟語で下から返り読みされるものに限ってつなぐことが多い。

用例 整二-頓衣裳一起-斂レ容（＝イショウをセイトンして、たちてかたちをおさむ）

用例 慶-応以《コノ》-降《カタ》。百-貨之舗《ミセ》。皆耗二《シ》其産之半一《ヲ》。而割-烹-家。独《リ》擅二《ニスル》潤-屋之富一《ヲ》者何《ソヤ》也。（成島柳北「柳橋新誌」〈1874〉）

＊筆記ではこの線はハイフンより長い線で書かれることが多かった。印刷では二分ダッシュ程度の長さの線が使われることもある。

6 国語辞典や漢和辞典での用法。

A 国語辞典で、見出し語の語構成を示す。

用例 のうさく-ぶつ【農作物】

用例 み-いだ・す【見出(だ)す】

†辞書に限らず、一般の文章で語の構成を示すときにも使われる。

B 漢字の訓を示すとき、送り仮名の部分をくぎるのに使われる。

用例 【生】セイ・ショウ／い-きる・い-かす・い-ける・う-まれる・う-む・お-う・は-える・は-やす・き・なま

＊ その他、国語辞典の見出しの漢字表記欄で、熟字訓であることを示すのにハイフンや二重ハイフン、または二分ダッシュや二分二重ダッシュが使われることがある。たとえば「日本語新辞典」（小学館）では、常用漢字表の付表にある熟字訓について「いなか【田-舎】」とハイフンを使用し、付表にない熟字訓については「ためら・う【躊=躇う】」のように二分二重ダッシュを使用している。

7 哲学・思想方面の翻訳書などにみられる用法で、原語にあるハイフンを和訳語にそのまま示すもの。「主観-客観図式」「世界-内-存在」など。二分または全角のダッシュが使われることもある。

補注

1 欧文の正式の印刷では、ハイフンそのものの長さを全角の4分の1として、全角の3分の1のスペースに納めることが多い。

2 和文ではしばしば解説4の例に示したような全角スペースの中央に打たれるハイフン（全角どりハイフン）が使われる。パソコンのフォントでは、全角どりハイフンは長さが欧文用のハイフンよりやや長く、打たれる位置も和文に合わせて欧文用よりやや高い。

=

にじゅうハイフン【二重ハイフン】

ダブルハイフン（英 double hyphen）

入力方法

◆ 文字コードはあるが、パソコンの通常のフォントには実装されていない場合が多い

コード入力 JIS 237B シフトJIS 829B 区点 — ユニコード 30A0

1 欧文で、もともとハイフンで結ばれていた語が行末に来てハイフンの位置で分割されるとき、通常の改行のハイフン（ソフトハイフン）と区別して用いられる。

2 外国人名をカタカナで表記するとき、名・ミドルネーム・姓・称号をくぎるのに用いる。「レフ=トルストイ」「サー =アーサー =コナン=ドイル」「ペ=ヨンジュン」など。一般には「レフ・トルストイ」「ペ・ヨンジュン」のように中点（・）が使われることが多い。

3 カタカナ語で、特に中点（・）によるくぎりと区別したい場合に用いられる。

❹ 人名・地名などの複合名のくぎりに用いる。「ジャン=ジャック・ルソー（Jean-Jacques Rousseau）」「アラン・ロブ=グリエ（Alain Robbe-Grillet）」「オリビア・ニュートン=ジョン（Olivia Newton-John）」（以上人名の複合名）、「ストラトフォード=アポン=エイボン（Stratford-upon-Avon）」（地名の複合名）など。 参照 -（ハイフン）の1❹（h）

❺ 語の構成要素または共著者名などとして外国人名を並べる場合に、一人物と誤られるのを避けるために用いる。「タフト=ハートレー法」「マルクス=エンゲルスの『ドイツ・イデオロギー』」など。

❻ 語の構成要素として固有名詞を並べる場合に用いる。「インド=ヨーロッパ語族」など。

＊A・B・Cとも特に区別せず中点で表記されることも多い。また、二重ハイフンでなく、ハイフンあるいは二分ダッシュが用いられることもある。

4 仮名文の分かち書きで、１語あるいは１文節が２行にまたがるとき行末に置いて、次行の行頭までひと続きであることを示す。欧文のハイフンの用法を和文に応用したもので、特殊な用法。第二次大戦前の小学校教科書などで用いられた。

参照 巻末付録「くぎり符号の使ひ方〔句読法〕（案）」

用例 コノ コ ハ タビタビ「オホカミ
ガ キタ。」ト イツテ、人 ヲ
ダマシマシタ。ソレデ ホン=
タウニ　オホカミ ガ デテ
キタ トキ、ダレ モ タスケテ
クレマセン デシタ。

（「尋常小学修身書」巻１〈1918〉）

補注
1　印刷物では、二重ハイフンより長い二分二重ダッシュが使われることも多い。
2　二重ハイフンと二分二重ダッシュはしばしば同一視される。「二分二重ダッシュ」の項の補注１を参照。
3　ワープロ文書やwebページでは半角または全角の等号で代用されることが多い。
4　新聞社の表記ルールでは、外国人名のカタカナ表記には原則として中点をくぎりに使うとしているが、上の[3]Ⓑのように間違われるおそれがある場合には二重ダッシュ（＝）を使うこともあるとしている。

…

さんてんリーダー【三点リーダー】

三点リーダ／三連点／てんてん

入力方法

- ◆ 日本語ローマ字入力では「/?め・」、仮名入力ではShift＋「/?め・」を押す→変換→選択（ATOK14〜）
- ◆ 日本語ローマ字入力では「/?め・」、仮名入力ではShift＋「/?め・」を３回押す→変換→選択（IME2003〜）
- ◆ 「てん」「あまり」（ATOK14〜/IME2003〜）、または「りーだー」（ATOK14〜）、あるいは「さんてん」「きごう」（IME2003〜）のいずれかを入力→変換→選択
- ◆ 文字パレットなどを使って入力

コード入力　JIS 2144　シフトJIS 8163　区点 00136　ユニコード 2026

[1]　会話文や一人称的な表白で、発言･思考の中断、言いよどみ、無言などを表す。普通、２字分の長さで用いるが、会話文で「　」内がまったく無言である場合は、３字分ないし４字分で用いることも多い。 類似用法 ―（ダッシュ）の[1]Ⓖ

用例　《そりや伯父上……そりや伯父上あ……あ……余りでご……御座ります。〔…略…〕
（尾崎紅葉「色懺悔」〈1889〉）

用例　「それで御病気にでもお成《なん》なすつた時は誰がお世話を致します？」
「…………………………………………………………。」
「お年を取った後の事も考えて御覧なさいまし。お掛りになる子供衆も無くて、六十七十にお成《なん》なすつて御自分でお働きなさる事が出来ますか。」
「…………………………………………………………。」
（尾崎紅葉「多情多恨」〈1896〉）

用例　「……？」
その私の視線に、前に坐ったサーちゃんはまた顔を赧くして、〔…略…〕

（高見順「如何なる星の下に」〈1940〉）

＊上の第２例のように無言を表すときは、閉じカギ（」）の前に句点（。）を打つ表記法を一般に採用した場合でも、句点を付けないのが現在は普通。

2 文末に置いて余韻や含みをもたせる。普通、２字分の長さで用いる。 類似用法 ―（ダッシュ）の1E

用例 長くなつた頸、飛び出した眼、唇の上に咲いた、怖ろしい花の様な血の泡に濡れた舌を積み込んで元の路へ引き返した。……

代助はアンドレーフの「七刑人」の最後の模様を、此処迄頭の中で繰り返して見て、竦《ぞつ》と肩を縮《すく》めた。（夏目漱石「それから」〈1909〉）

＊文の末尾に続け、「……。」と最後に句点を打って終止するのが一般的だが、上の例のように「。……」と句点で一度文を切ってから使う形や、句点を付けずに「……」だけで終止する形もよくみられる。

3 文頭や段落冒頭に置いて文章に間をもたせる。前文・前段からの話題・視点の転換や時間的経過などを唐突でないようにみせたり、そこに思い入れを込めたりする効果がある。普通、２字分の長さで用いる。 類似用法 ―（ダッシュ）の1F

用例 七

……が、待てよ。何ぼ自然主義だと云つて、斯《か》う如何《どう》もダラ〳〵と書いてゐた日には、三十九年の反省を語るに、三十九年掛かるかも知れない。も少し省略《はしよ》らう。（二葉亭四迷「平凡」〈1908〉）

4 以下同様に続くことや、そこに挙げたものにとどまらないことを表す。普通、２字分の長さで用いる。

用例 それは或本屋の二階だつた。二十歳の彼は書棚にかけた西洋風の梯子に登り、新らしい本を探してゐた。モオパスサン、ボオドレエル、ストリントベリイ、イブセン、シヨウ、トルストイ、……（芥川龍之介「或阿呆の一生」〈1927〉）

5 省略した箇所、また、欠文・判読不能などの箇所を示す。普通２字分以上、多くは３字分までの長さで使われる。必要に応じて（略）（上略）（中略）（下略）（欠）などを挿入する。

用例 「……へ行くんなら着て行かしやんせ。シツシツシツ」

洗濯屋の男は、俗歌を唄ひながら、区切〳〵へシツシツシツといふ言葉を入れた。（夏目漱石「明暗」〈1916〉）

用例 逍遥が「小説神髄」の緒言で、「想ふに我国にて小説の行はるゝ此明治の聖代をもつて古今未曾有といふべきなり。……実に小説全盛の未曾有の時代といふべきなり。」といっているのは、〔…略…〕（中村光夫「明治文学史」〈1963〉）

用例 ３　訳出に際して中途を省略した個所は、省略部の長短にかかわりなく〔……〕で示す。（廣松渉編「ヘーゲル」まえがき〈1976〉）

6 …で示した箇所に任意の語や文字が入ることを表す。 類似用法 —（ダッシュ）の 10 B ～（波形）の 3 B

用 例 「磯みの浦ゆ船出すわれは」の「ゆ」は上代の格助詞で、「…から」「…より」の意である。

7 伏せ字に使われる。第二次大戦以前、検閲を考慮して比較的長い部分をまとめて伏せ字にする場合に使われた。

用 例 或ひは貧しい×××××に、中間搾取者のしこたま取り残した僅二三十円の金で、××××××××××××××たり、さうした…………………ゐる間に、一方の『手形の手品師』共は、どんなからくりを用意してゐたらうか。

（細田民樹「真理の春」〈1930〉）

8 見出しや事項と、その内容・説明とをつなぐ。全角１字分以上の適宜の長さで使われる。

用 例 （注）国字…日本製の漢字。

用 例 鶏ムネ肉……………………200g
ほうれん草…………………150g
オリーブオイル…………大さじ3

用 例 目次
はじめに……………………………………………3
凡例…………………………………………………5
第一章………………………………………………7

＊印刷物では「リーダー罫」も使われる。 参 照 コラム「罫線一覧」

補注

1 1 2 3 は—（ダッシュ）も用いられるが、三点リーダーを使うと、ダッシュよりも思い入れや情緒的な気分が強まる。

2 欧文では、ピリオドまたはアステリスクを３つ続けて打ったエリプシス（英 ellipsis＝省略符号）が日本の三点リーダーに当たる。

3 電子掲示板、電子メールなどでは、中点３つの「・・・」や読点３つの「、、、」で代用することがある。

4 文中で全角ダッシュを２字分の長さで使う場合、行末にかかって次行の行頭と１字分ずつ分割されてしまうことがある。出版物ではこの形を避けることもあるが、一般的な編集禁則というわけではない。

5 かつては三点リーダーと同様に二点リーダー「‥」（次項）もしばしば使われた。

‥

にてんリーダー【二点リーダー】

二点リーダ／二連点／てんてん

入力方法

- ◆ 日本語ローマ字入力ではそのまま、仮名入力ではShift＋「/?め・」を押す→変換→選択（ATOK14〜）
- ◆ 「てん」（ATOK14〜/IME2003〜）、または「りーだー」（ATOK14〜）、あるいは「にてん」「など」「きごう」（IME2003〜）のいずれか入力→変換→選択
- ◆ 文字パレットなどを使って入力

コード入力　JIS 2145　シフトJIS 8164　区点 00137　ユニコード 2025

1　三点リーダー「…」と同様に使われる。現在は三点リーダーが普通で、二点リーダーはあまり使われない。用法については「…」（三点リーダー）の項を参照。

2　国語辞典などの歴史的仮名遣いの表示で、語構成要素のうち現代仮名遣いと異ならない部分を二点リーダーで示すことがある。

用例　ひ-ごうほう【非合法】〔名・形動〕‥ガフ ハフ

補注

：（コロン）は別の符号。

〜

波形【なみがた】

波ダッシュ／波ダーシ／波／にょろにょろ／
スワングダッシュ（英 swung dash）／
ウェーブダッシュ（英 wave dash）

入力方法

- ◆ 日本語ローマ字入力でShift＋「^〜へ」→確定（ATOK14〜/IME2003〜）
- ◆ 仮名入力でShift＋「^〜へ」を押す→変換→選択（IME2003〜）
- ◆ 「から」（ATOK14〜/IME2003〜）、または「より」「にょろ」「きごう」のいずれか（IME2003〜）を入力→変換→選択
- ◆ 文字パレットなどを使って入力

コード入力　JIS 2141　シフトJIS 8160
区点 00133　ユニコード 301C　(全角)FF5E

1 数値・数量・時間・場所・対象などの範囲を示す。類似用法 —(ダッシュ)の5A

A 「…から…まで」または「…以上…以下」の意を表す。

用例 前年比10 〜 20%の増加を見込む。

用例 時間給1200 〜 1500円(経験・能力に応ず)

用例 営業時間/ 8:00 〜 20:00

用例 元禄年間(1688 〜 1704)

用例 東京〜新大阪は「のぞみ」利用で約2時間半です。

用例 【対象】学生〜一般

用例 問1　文中の(　)に入る最も適切な語を次のア〜エから1つ選びなさい。

B 上限や終了時点を示さない形で「…から」「…以上」「…以降」の意を表す。

用例 1泊2食付き18,000円〜

用例 受付:2月11日午前9:00 〜

用例 内閣官房長官を経て首相(2006 〜)

C 下限や開始時点を示さない形で「…まで」「…以下」「…以前」の意を表す。

用例 〜 45kg……モスキート級

用例 該当するものを○で囲んでください。
①　生年　1. 〜 1960　2. 1961 〜 1970　3. 1971 〜 1980　4. 1981 〜

*新聞では、「1.5 〜 2.0m」「正午〜午後4時」のように数的な幅を示す場合に「〜」を使い、区間については全角ダッシュを使うことが多い。

**主に摘記、注記、箇条書き、広告文、記事・記録類などで使われ、文学的文章や格式ばった文章の中で使われることは少ない。

***長さ・量・温度・百分率などの単位が付いた数字に使う場合、「1000 〜 2000cc」のように、単位は「〜」のあとの数字にだけ付けて、前の数字には付けないことが多い。

****「〜」はもともと「…まで」の意を含んでいると考えられるので、「1月1日〜 1月3日まで」「ビギナー〜シニアまで」「50 〜 70点未満」「1 〜 2m以下」のように、「まで」「未満」「以下」などをあとに付けるとおかしくなる。ただし、「東京〜新大阪間」など、「間」を伴った使い方はしばしばみられる。

2 示した事柄がひとつながりのものとしてあることを表す。

用例 「アビイ・ロード」のゴールデン・スランバー〜キャリー・ザット・ウェイト〜ジ・エンドと続くメドレーも傑作として名高い。

用例 立山から入って薬師岳〜北ノ俣岳〜黒部五郎岳〜三俣蓮華岳〜双六岳〜槍ヶ岳〜穂高岳と北アルプスを縦走してきました。

3 実際の語句や文字を示す代わりにその部分を～で示す。

A 外国語辞典などで、用例・語形変化・派生語・子見出しなどを示すさい、見出し語に置き換えて用いられる。

用例 **in·ven·tive** [invéntiv] *adj.* 発明［考案］の才のある；創意に富んだ：an ～ write／**～·ly** *adv.* いろいろ工夫をこらして. **～·ness** *n.*

B 語や文字を特定せず、抽象的に語形や語結合の形を示すときに用いられる。任意の語や文字が～の箇所に入りうることを表す。

用例 箸は２本１組で「～膳」と数える。

用例 in place of ～ は instead of ～と同じで、「～の代わりに」の意である。

用例 「～とは何か？」――本質への問い、意味への問い、定義を求める問いは、アリストテレスによれば、ソクラテスの発明によるものらしい（『形而上学』987b1）。

（田島正樹「読む哲学事典」〈2006〉）

†三点リーダーやダッシュが使われることもある。

C 引用などで、省略した箇所を示す。 類似用法 …（三点リーダー）

用例 民法で不法行為による損害賠償の条項を見ると、「他人の身体、自由若しくは名誉を侵害した場合又は他人の財産権を侵害した場合のいずれであるかを問わず、～」（710条）とある。

†Cは、出版物では普通「……」を用いる。

4 住所の表記などで、数字と数字のくぎりに使われる。

用例 東京都千代田区西神田4～38～45　○▲ビル

＊住所表記では「～」は手書きの場合に多く使われ、印刷では全角や半角のダッシュを使うことが多い。

5 見出しや事項と、その内容・説明とをつなぐ。 類似用法 —（ダッシュ）の7　＝（二重ダッシュ）の1　＝（等号）の3

用例 CD 1

マイ・フェイヴァリット・シングズ

～ジョン・コルトレーン（ソプラノ・サックス）

アルフィーのテーマ

～ソニー・ロリンズ（テナー・サックス）

6 論理学で、否定を表す。たとえば、Pという命題の否定は「～P」。 類似用法 ¬（否定）

＊欧文では全角チルダ（U+FF5E）を使用する。補注の２を参照。

7 副題を示すときに使われる。 類似用法 —（ダッシュ）の8

用例 日本語でなまらナイト～しのざき教授のなまらやさしい方言講座～

（小学館〈2006〉）

＊文学作品や論文ではふつうダッシュ（―）を使う。

8　歌詞などを引用するときに使われる。 類似用法　―（ダッシュ）の2

用例　〜おれのあん娘《こ》はたばこが好きで　いつもプカプカ
　　体に悪いからやめなっていっても　いつもプカプカ
　七〇年代の伝説のバンド、ザ・ディランⅡの『プカプカ』を聴きながら、排気ガスに煙る朝の山手通りを走り抜けた。　（荻原浩「噂」〈2001〉）

9　見出しなどの装飾に使われる。

用例　〜演奏会のお知らせ〜

10　小説やエッセイ、電子メール、電子掲示板などで、「ー」の代わりに長音符号として使われる。

用例　お子さんに自分の口から、「え〜と、宿題と体操着の用意と……」と言ってもらうようにします。　（津川博義「世界最速「超」記憶法」〈2004〉）

用例　〔…略…〕笑いの前後の「唾液の酸化還元電位（う〜んと簡単に言うと、酸性・アルカリ性度とでもなりますか）を測定し発表しました。
（中島英雄「脳を活性化する「笑い」の力」〈2007〉）

補注

1　横組みでは〜、縦組みでは最初の山が左向きの≀の形が正しい。まれに縦組みで、横組み用の〜を90度回転した≀が使われることもある。最近のワープロソフトでは、〜で入力しても縦組みのディスプレイ表示、印刷では自動的に正しく≀の形で示されることが多い。

2　ユニコードのU+FF5Eを「波形」として「コード」に示したが、ユニコードではU+FF5Eにfull-width tilde（全角チルダ）の名称を与えている。ユニコードで「波形」（wave dash）とされるのはU+301Cだが、これは横組みの形が「〜」で山の向きが逆になっている。U+301C を90度回転させて縦組みとすれば、波形として正しい形になる。

3　ユニコードU+3030に〰の符号があり、wavy dash（波状ダッシュ）の名が与えられている。次項参照。

4　˜ はスペイン語やポルトガル語などで発音を指示する符号で、チルダと呼ばれ、波形とは別。

〰

はじょうダッシュ【波状ダッシュ】

ウェイビーダッシュ（英 wavy dash）

入力方法

◆ 文字パレットなどを使って入力

コード入力 （ユニコード）3030

主に漫画や娯楽小説などで「ー」の代わりに長音符号として使われる。震え声、凄みのある声、絶叫などを表すのに使われることが多い。

（用例）ひえ〜っ！

（用例）見ぃた〰〰な〰〰ぁぁぁ

括弧類と句点

❖会話文末尾の句点

第二次大戦後の昭和二一（一九四六）年に文部省教科書局国語調査室が作成した文書「くぎり符号の使ひ方〔句読法〕（案）」に、「「　」（カギ）の中でも文の終止にはうつ（例４）。」とあり、「「どちらへ。」「上野まで。」」という例を挙げている。昭和二五（一九五〇）年文部省編の小冊子『文部省刊行物表記の基準』の「付録」でも、「「」および（　）の中でも、文の終止には「。」を用いる。」としている。

学校の作文教育でも同様に、「　」で括った会話文末尾の文の終止には「。」を打つものと指導している。「「よくできたね。」と先生にほめられました。」のように、会話文を「と」で受ける場合も「。」を打つが、慣用句など簡単な文を「　」に引用するさいには打たないとする。国語教科書もその形でほぼ統一されている。

しかし、現在、新聞・雑誌・一般書籍で「　」の会話文や引用文の末尾の終止に「。」が打たれることは多くない。大新聞の用字用語集では」の直前の「。」は打たないとしているし、現代の純文学でも「。」を打つ著者は少数派である。

明治晩期から昭和初期にかけての出版物では、「　」内の会話文末尾に「。」を打っているものが多くみられる。ただし、新聞小説を書き出してからの夏目漱石のように「。」なしで通す著者もいた。著者によっては、次の例のように、会話文を「と」で受けるときは「。」を打たず、それ以外のときに「。」を打つと使い分けている場合もある。

『それ御覧！　どうするつもり』と、お鳥は泣き顔になつた。
『どうもしない、もツと書くの、さ。』かう云つて、義雄はおもてに元気を見せたが、〔…略…〕

——岩野泡鳴「発展」〈一九一二〉

❖（　）と句点

文のあとに注記・補足などの（　）が置かれる場合、「。」の扱いでは一般に次の三つの形がみられる。

(1)　……（……）。
(2)　……。（……）
(3)　……。（……。）

右のほか、「……（……。）。」という形も考えられるが、実際にはほとんどみない。

(1)は、直前の文で述べたことに関して、参考文献や参照先など簡単な語句を示す場合に多い。(2)も(1)と同様、簡単な語句を示す場合だが、直前の一文だけでなく、前述の事柄全体にかかわるときにこの形がとられる。(3)は、（この問題については後段でもう一度触れる。）のように、（　）内が文の形になっている場合の標準的な形である。

ただし、（　）内が文の形になっていても）の前には「。」を付けない習慣の著者は多い。(3)の形となるべき場合も(1)または(2)の形とすることが、一般の書籍ではしばしば行われている。(2)の形はあとに文が続く場合見た目の落ち着きが悪くなることから、段落の途中では(1)、段落の末尾では(2)と使い分けることもある。

第3章　括弧類

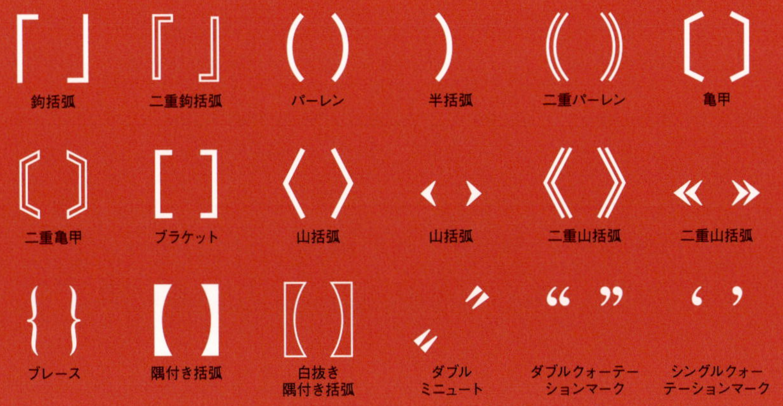

1　ここには（　）〔　〕［　］【　】や「　」など、広く「括弧」と呼ばれる符号のほか、引用符と呼ばれる〝〟“　”‘　’を集めた。

　引用符は、文中に会話や引用文・引用語句、また作品名などを示すときに用いられる符号で、「鉤括弧」の名称をもつ「　」も引用符の１つである。

2　括弧類には、引用符としての機能を主とするものと、挿入符としての機能を主とするものとがある。

　挿入符とは、文中に注記・出典などを挿入するさいに用いられる符号をいう。（　）〔　〕［　］などが挿入符としての機能を主とした括弧であるのに対して、「　」や《　》は引用符としての機能を主とした括弧である。

3　半括弧を除き、ここに集めた符号はいずれも「起こし」（始め）と「閉じ」（終わり）の組み合わせで用いられるが、印刷物では、「起こし」を行末に置くことと「閉じ」を行頭に置くことは避けられている(行末禁則と行頭禁則)。「起こし」が行末にきたり「閉じ」が行頭にきたりしてしまったときは、普通、その行や前の行の字間を詰めたり開いたりして、そうならないように調整される。句点や読点にみられる、欄外にはみだして打つやり方（ぶら下げ組み）は、一般に採用されない。なお、近年のワープロソフトやコンピュータによる組版では、行末禁則・行頭禁則の処理が自動的に行われるように初めから設定されている場合が多い。

4　括弧類に関する参考資料として、昭和21(1946)年文部省教科書局調査課国語調査室作成の「くぎり符号の使ひ方〔句読法〕（案）」、および昭和25(1950)年文部省編『文部省刊行物表記の基準』の「付録」を巻末に付した。

「 」

かぎかっこ【鉤括弧】

かぎ／一重《いちじゅう》かぎ／ひとえかぎ／引用括弧／括弧／ひっかけ

入力方法

- 日本語ローマ字入力で「[{。「」「] }む」」→確定（ATOK14〜/IME2003〜）
- 日本語ローマ字入力で Shift+「8（ゆゅ」「9）よょ」（ATOK14〜/IME2003〜）または「,〈ね、」「.〉る。」（IME2003〜）を押す→変換→選択
- 仮名入力でShift+「[{。「」「] }む」」→確定（ATOK14〜/IME2003〜）
- 「かっこ」（ATOK14〜/IME2003〜）または「きごう」（IME2003〜）と入力→変換→選択
- 文字パレットなどを使って入力

コード入力

JIS 2156·2157　シフトJIS 8175·8176　（半角）00A2·00A3
区点 00154·00155
ユニコード 300C·300D　（半角）FF62·FF63　（縦組み用）FE41·FE42

1 他人や自分が話したり書いたりした言葉を文章中に示すときに用いる。 類似用法 『 』の1 〈 〉の2 《 》の2 〝 〟の1

A 話された言葉、会話を示す。

用例 楼婢「マア善《い》いぢやァ御坐いませんか明日になさいませ 国「イヤ〳〵急に用事が出来たから徐々《ゆるゆる》しては居られぬ」時に帳場にて時計の十二時を報ずる音チン〳〵〳〵〳〵 （末広鉄腸「雪中梅」〈1886〉）

†右の例は、会話文を「 」の形で示した比較的初期の例とみられるが、あとに会話が続く場合は、江戸時代の滑稽本などと同様、」で閉じずに次に続けている。また、会話の前に発話者を示しているのも滑稽本などの習慣を踏襲したもの。参照 コラム「近代小説にみる会話文の変遷1・2」

B 他からの引用文・引用語句であることを示す。

用例 〔…略…〕夫れ文三は親孝行なり、そは文三が幼少の時「年齢に増せた事を言ひては両親に袂を絞らせた」事お政より小言を頂戴する時「母親と聞いて萎れ返ツた」事〔…略…〕等の事実に由ツて証するを得るなり （石橋忍月「浮雲の褒貶」〈1887〉）

用例 〔…略…〕「私の文章を変改して引用し、悪しざまに云つた、故意に基づくこと明らかな批評に接した時には」という語気からすれば、氏はそのときも、やはり即座に、やはり怒り心頭に発してそれを書いたのではなかろうか。〔…略…〕批評にあたつて、島木氏の「文章を変改して引用し」、あきらかに「故意に基づ」いて「悪しざまに」いつたとは下劣なやつである。（中野重治「島木健作氏に答え」〈1952〉）

†1センテンス以上の文を引用する場合、「 」などを使わず、引用文全体を1字ないし2字下げる形で示すこともある。この場合、本文との間を1行空けることが多い。

Ⓒ 小説・エッセイ、作文などで、登場人物や筆者の内面の思いを直接話法の形で示すのに用いられる。

用例　「嗚呼憐れむべし予れ何とかして助けてやらんもの」と思ひたれば〔…略…〕
（矢崎嵯峨の屋「無気味」〈1888〉）

用例　しかし彼女が彼の床を敷き、そして彼が床に就いた時、彼は彼女が次の室に寝てゐる事を意識せずにはゐられなかつた。「何故俺はこんな意識に許り囚はれるのだ。意識するのは止めやう。拘泥し過ぎることは却つて誘惑をより強くする丈けの事だ。」と思つた。　（長与善郎「陸奥直次郎」〈1918〉）

†会話の「　」と区別したい場合は『　』（　）〈　〉などが使われる。内面の思いの表現に「　」などの括弧類は特に必要としないことが多いが、近現代の小説では（　）を使った例もしばしばみられる。参照（　）の4

＊昭和21（1946）年文部省教科書局作成の「くぎり符号の使ひ方〔句読法〕（案）」では、「　」内で文が終止する場合は、「明日は雨になりそうだ。」のように原則として句点（。）を打つものとしている。学校の作文指導などは現在もこれに従っているが、一般書籍・雑誌などでは、「明日は雨になりそうだ」のように句点を省くことも多い。参照 コラム「括弧類と句点」

＊＊「　」で示された会話文や引用文のあとに「と言った。」「と書いている。」などが続く場合、
①「と」以下を改行せずに追い込む。
②改行して「と」以下を行の１字目から示す。
③改行して「と」以下を１字下げ、行の２字目から示す。
の３つの形がある。改行するかしないかは任意だが、学校の作文指導などでは、改行する場合②を標準とすることもある。

＊＊＊「　」内が長文で複数の小段落に分かれる場合、
①各小段落の開始部分にだけ「を付け、途中の小段落の終わりには」を付けない。
②すべての小段落の終わりと始めに」と「を付ける。
③途中の改行箇所には」も「も付けない。
の３つの形がある。かつては①の形がよくみられたが、現在は③が主流。②はかつても現在も少ない。

2　文中で他の語句と区別して示したい特定の語句を示すときに用いる。 類似用法 〈　〉の3《　》の3〝　〟の3

Ⓐ 作品名その他の固有名詞、また、章題などを示すのに用いる。

用例　鷗外漁史の「舞姫」が国民之友新年附録中に就て第一の傑作たるは世人の許す所なり　（石橋忍月「舞姫」〈1890〉）

用例　〔…略…〕さういへば「文藝春秋」などといふ雑誌がそんな観察を世人にさせるのかも知れないが、〔…略…〕　（佐藤春夫「秋風一夕話」〈1924〉）

用例　第一短編集『シャーロック・ホームズの冒険』には「ボヘミアの醜聞」以下十二の短編が収められている。

用例　その間の事情は巻末の「著者後ろ書き」に詳しい。

用例　私は一と頃土器類に凝つてゐた。巴町を歩いてゐると、「玉井」のショーウィンドーに実に雄大な縄文土器が出てゐた。　（小林秀雄「真贋」〈1950〉）

†一般には書名や雑誌名には『　』を使い、「　」は一編一編の作品名や章題などに使うことが多い。ただし文芸評論などでは、書名・雑誌名と個々の作品名を区別せず一律に『　』で示すことも行われる。参照『　』の2Ⓐ

††店の名などの固有名詞は、特に地の文と紛らわしくないかぎり、括弧類を付けないことも多い。

Ⓑ ある語・文字・記号を取り上げて述べるとき、地の文の語句とはっきり区別して示すために用いる。

用例 助詞「は」と「が」の使い分けがしばしば問題になるが、文法的には「は」は係助詞または副助詞、「が」は格助詞であって、その機能は本来異なっている。

用例 「休」は「人」と「木」からなる会意文字である。

用例 「一日中歌ったり、踊ったりして遊んだ。」の「、」は不要であろう。

用例 「私語」の「私」は「わたくし」でなく「ひそかに」の意味である。

Ⓒ カタカナ表記の文章で、外来語・外国人名・外国地名など（カタカナ語）を区別して示すのに用いる。

用例 彼等ノ説ク所ヤ往々ニシテ農芸化学ノ始祖タル「リービツヒ」ノ所説ト相符合スルモノアルガ如キハ奇ト謂フベシ。

（河上肇「徳川時代ノ経済学説ヲ論ズ」〈1903〉）

†一般にはカタカナ語の部分に傍線を引いて区別することが多い。また、カタカナ語を逆にひらがなで表記して区別するやり方も行われる。「嘗テぼーなーハまるさすヲ読マズシテ之ヲ批評スル者多キヲ慨シ、」（河上肇「まるさす人口論要領」〈1916〉） 参照 ｜（傍線）

Ⓓ 特定の用語を定義とともに最初に提示するときに用いられる。

用例 この法律において「公職」とは、衆議院議員、参議院議員並びに地方公共団体の議会の議員及び長の職をいう。 （公職選挙法第3条）

Ⓔ なじみのない語や新奇な語、特定の社会や集団の中だけで使われる語、また、筆者による造語などを文中で使うとき、「〜というもの」「〜といわれるもの」「〜とでも呼ぶべきもの」などの意味合いを含めて用いられる。

用例 その外《ほか》「ブランデ」「ワイン」や「シヤンパン」のむあみだぶつ〜

（仮名垣魯文「西洋道中膝栗毛」〈1871〉）

用例 大抵の女工は「織り前しらべ」ならその仕事だけを四台一時にやつてのけ、次ぎに「杼換え、管換え」の作業にとりかかるであらう。

（細井和喜蔵「女工哀史」〈1925〉）

Ⓕ その語を自分の言葉として使いたくない場合や、物事がその語本来の意味どおりのものであるか疑問があるような場合に、「言うところの」「いわゆる」という気持ちをこめて用いられる。

用例 彼らはオイディプスのように「本質」を認識するのではなく、人間には「本質」などないのだという認識を得るのである。 （柄谷行人「マクベス論」〈1973〉）

用例 蜘蛛膜下出血のため三月二十七日急逝した「左翼作家」〔？〕伊阿胡右の『春の襟巻』が載っていて〔…略…〕 （大西巨人「迷宮」〈1995〉）

†「括弧付きの近代」のように使われる「括弧付き」という語は、「　」のこの用法に由来する。

Ⓖ 文中で特定の語句を目立たせたり、キーワードとして示したりする場合に用いる。

用例 本来ならば、集団への帰属意識をきちんとした集団的規律へと上昇させていくためには、「討論」が必要である。また、個人的感情を人格にまで形成するには、それこそ〝考える葦〟として「思索」しなければならない。しかし、人格と帰属とがあまり明確になっていないのであるから、討論と思索という「言葉」の活動が貧しいものになってしまう。（西部邁「死生論」〈1994〉）

3 国語辞典などの解説で、見出し語の使用例を示すときに用いる。

用例 きん-さ【僅差】わずかの差。「—で負ける」

4 『 』の中でさらに引用符を使う場合に用いられる。

用例 『ここは、病院だ。いずれにしても、「郷に入っては郷に従う」だからな。』という感想に、彼は、さしあたり行き着いた。（大西巨人「深淵」〈2004〉）

5 印刷で、「 」の中でさらに鉤括弧を使う場合に、「 」のように縦の線（縦組みの場合の横の線）の短いものを用いることがある。引用する文や作品名そのものに「 」があるとき、原表記を尊重して、もともとの「 」を『 』に改変することを避けるために用いられる。

用例 渡辺が推定するところによれば、〔…略…〕「「芭蕉襍記」で、中野を「この柔しいアララギ風の歌人だった先鋭な理論か」（全集第四〇巻、七三頁）と呼んでいるのは、中野がわずかに第四高校時代の「交友会雑誌」に発表した短歌作品にまで保田が目を通していたことを示している」という。（絓秀実「1968年」〈2006〉）

補注

1 「 」の中にさらに引用符を使いたい場合、5のやり方も行われるが、一般には『 』〝 〟、〈 〉などを用いることが多い。新聞社などの表記ルールでは、和文の引用符を二重、三重に使う場合は「『〝 〟』」とするとしていることが多い。

2 「 」で括った会話や引用文・語句などを改行で示す場合、「 は行頭から１字分下げるのが標準の形とされる。ただし、書籍や雑誌では、「 を行頭から半字分だけ下げる形（全角どり下詰め）をとることも多い。また、「 を行頭から1.5字分下げる形もみられる。

3 改行によらずにたまたま「 が行頭（折り返し行頭）に来た場合は、「 を行の最上部に付ける形（天付き《あたま》）と、半字分下げる形（全角どり下詰め）とがある。ただし、改行しての「 を半字下がりとした場合（２参照）は、それとの区別の必要上、折り返し行頭の「 は天付きにする。

4 縦書きの﹁と形の似たものに、論理記号の¬（…でない、全否定）と、ヿ（「こと」の意を表す一種の表意文字）がある。参照 ¬（否定） ヿ（こと）

『 』

にじゅうかぎかっこ【二重鉤括弧】

二重《にじゅう》かぎ／ふたえかぎ／二重《にじゅう》ひっかけ／袋かぎ括弧／引用括弧

入力方法

- 日本語ローマ字入力で「[{。「」「]}む」」を押す→変換→選択（ATOK14〜/IME2003〜）
- 日本語ローマ字入力でShift+「8（ゆゅ」「9）よょ」（ATOK14〜/IME2003〜）または「,〈ね、」「.〉る。」（IME2003〜）を押す→変換→選択
- 仮名入力でShift+「[{。「」「]}む」」を押す→変換→選択（ATOK14〜/IME2003〜）
- 「かっこ」（ATOK14〜/IME2003〜）または「きごう」（IME2003〜）と入力→変換→選択
- 文字パレットなどを使って入力

コード入力　JIS 2158·2159　シフトJIS 8177·8178　区点 00156·00157
ユニコード 300E·300F　（縦組み用）FE43·FE44

1 他人や自分が話したり書いたりした言葉を文章中に示すときに用いる。Ⓐ Ⓑは、現在は『　』でなく「　」を使うのが普通。類似用法 〈　〉の2 《　》の2 〝　〟の1

Ⓐ 話された言葉、会話を示す。

用例 一日《あるひ》瀧口は父なる左衛門に向ひ、『父上に事改めて御願ひ致し度き一義あり』。左衛門『何事ぞ』と問へば〔…略…〕　（高山樗牛「瀧口入道」〈1894〉）

Ⓑ 他からの引用であることを示す。

用例 『やは肌のあつき血潮にふれも見で 寂しからずや道を説く君』――この名歌に於て、あつき血潮にふれて見ることの、大なる人生的意義を強調してゐるのは有難い。　（生田長江「新貞操論」〈1925〉）

Ⓒ 小説・エッセイなどで、人物の内面の思いを直接話法の形で示すときに使われる。

用例 『じゃ、高杜さんは、いま西海地方の鏡山にいるのか。』と麻田は思った。　（大西巨人「深淵」〈2004〉）

Ⓓ 「　」などによる会話文と区別して、記憶の中の会話、仮想の会話、電話など通信機器を通しての会話、幻聴などを示すときに使われる。

用例 「はいもしもし〜。鈴木でございますが」完全よそゆきの声色だ。すると、相手もかしこまった。『あ……鈴木さんですか？　佐々木といいますが……』　（矢口史靖「スウィングガールズ」〈2001〉）

Ⓔ 一般的な引用と区別して、書かれた言葉をある表象・意味を帯びたものとして示すときに使われる。

用例 ぼくの席の正面の壁には、会社のポスターがはってある。机についているかぎり、いやでも目に入る。そこにあるキャッチフレーズはこうだ。
『ビッグマザーとして、あなたの生活によりそいます』
（本間洋平「セレモニー」〈1990〉）

用例 そのかわり見積もりと一緒にメモが載っていた。『昼食後、医療機関へ回ります。PM2:30帰』（荻原浩「メリーゴーランド」〈2004〉）

2 文中で他の語句と区別して示したい特定の語句を示すときに用いる。Ⓑ～Ⓔは、現在は『 』でなく「 」や〝 〟、〈 〉を用いるのが普通。

Ⓐ 作品名・書名・雑誌名や店の名などの固有名詞を示すのに用いる。

用例 〔…略…〕私は太陽に『露骨なる描写』といふ一文を掲げた年だ。〔…略…〕
（田山花袋「東京の三十年」〈1917〉）

用例 電話の相手は『飛鳥組』の社長、多田政邦だ。
（荻原浩「メリーゴーランド」〈2004〉）

†一般には、個々の作品名や章題には「 」を使い、『 』は書名や雑誌名に使うとされている。しかし作品の題名自体に「 」を含む場合、たとえば（「城の崎にて」など）という題名の一編の評論作品を「 」で括るとすると、「「城の崎にて」など」のように「「 と「 が重なることになる。この場合、中の鉤括弧を線の短いものにして差異を付けることもできるが、「 」を『 』に変えて「『城の崎にて』など」とすることが多い。しかし、原著の表記を尊重するという考え方から、こうした改変をしないですむように、作品名・書名・雑誌名を問わず一律に『 』を使うやり方も行われる。

††店の名などの固有名詞は、特に地の文と紛らわしくないかぎり、括弧類を付けないことも多い。

Ⓑ 文中で他の語句と紛れやすい語句や記号などを示すときに用いる。

用例 だが、もとより、それまで『ゐさふらふ』をしてゐた遠縁の親類のほかに、帰る家のあるわけではない彼女は、〔…略…〕（宇野浩二「あの頃の事」〈1920〉）

Ⓒ なじみのない語や新奇な語、特定の社会や集団の中だけで使われる語、また、筆者による造語などを文中で使うとき、「～というもの」「～といわれるもの」「～とでも呼ぶべきもの」などの意味合いを含めて用いられる。

用例 泥鰌に太いの（大きい）のと細いの（小さい）のと二種類あるが、商売人は、太いのを『さき』といひ、細いのを『まる』と呼んでゐる。『まる』は、丸のままで泥鰌汁の実にする方であるから、ほとんど手がかからないが、『さき』は、蒲焼にする物で、割かねばならないので、〔…略…〕（宇野浩二「器用貧乏」〈1938〉）

Ⓓ その語を自分の言葉として使いたくない場合などに、「言うところの」「いわゆる」という気持ちをこめて用いられる。

用例 〔…略…〕当年の『矯激』なる自由民権論の頭《かしら》を砕きたる者は迫害と干渉に非ずし

て欽定憲法にあり。選挙権の『賦与』にあり。斯《かく》の如き歴史の誇りを有する日本の政府が、社会政策或は国家社会主義の『賦与』を以て『矯激』なる社会主義運動の頭《かしら》を砕く可き武器なりと信ずるに至りしは、極めて自然の勢と謂ふ可し。

（山川均「社会政策と社会主義鎮圧」〈1907〉）

Ⓔ　文中で特定の語句を目立たせたり、キーワードとして示したりする場合に用いる。

用例　政府が言論を圧迫するのは如何にも愚だが、是れが『権力』と言ふものゝ本来性だから、今更真赤になつて立腹するの必要も無ければ　価値も無い、〔…略…〕

（木下尚江「廃刊を祝す」〈1908〉）

3　「　」の中でさらに引用符を使うときに用いる。

用例　「冬」が訪ねて来た。

〔…略…〕

「お前が『冬』か。」

「さういふお前は一体私を誰だと思ふのだ。そんなにお前は私を見損なつて居たのか。」

と「冬」が答へた。　（島崎藤村「飯倉だより」〈1922〉）

＊『　』の代わりに〝　〟、〈　〉などを用いることも多い。補注の２参照。

4　国語辞典などの解説で、見出し語の使用例を示すときに用いる。

用例　撓《たわわ》　枝や茎がしなうほどに実をつけたさま。『撓に実った蜜柑《みかん》』

（「ウソ読みで引ける難読語辞典」〈2006〉）

5　箇条・章節などの番号・記号などを囲む。現在ではまれ。

用例　『四』ビスマルクの鎮圧　（山川均「社会政策と社会主義鎮圧」〈1907〉）

補注

1　写植やDTPでは、『　』と『　』のように、縦の線（縦組みの場合の横の線）の長いタイプと短いタイプとがある。

2　『　』の中にさらに引用符を使いたい場合は一般に「　」や〝　〟などを用いる。新聞社などの表記ルールでは、和文の引用符を二重、三重に使う場合の順序を「『〝　〟』」としていることが多い。

3　段落替えなど改行して行頭に『がくる場合、また改行によらずにたまたま『が行頭にくる場合（折り返し行頭）の扱いは、「に準じる。参照　「　」の補注２・３

( )

パーレン（英 paren.）

括弧／丸括弧／小括弧／挿入符

入力方法

- ◆ 日本語ローマ字入力でShift＋「８（ゆゅ」「９）よょ」→確定（ATOK14～/IME2003～）
- ◆ 日本語ローマ字入力でShiftキー＋「,〈ね、」「.〉る。」を押す→変換→選択（IME2003～）
- ◆ 仮名入力で Shift＋「［｛。「」「］｝む」」（ATOK14～/IME2003～） または「８（ゆゅ」「９）よょ」（IME2003～）を押す→変換→選択
- ◆ 英数入力でShift＋「８（ゆゅ」「９）よょ」
- ◆ 「かっこ」（ATOK14～/IME2003～）または「きごう」（IME2003～）と入力→変換→選択
- ◆ 文字パレットなどを使って入力

コード入力　JIS 214A·214B　シフトJIS 8169·816A　区点 00142·00143
ユニコード 0028·0029 （全角）FF08·FF09 （縦組み用）FE35·FE36

1 **前に記した語句について注記や説明を示すときに用いる。（＝　）と＝（等号）を入れる形もある。**

用例　元禄年間（1688～1704）

用例　被害者の身元は××県〇〇市の会社員、□山△男さん（44）と判明

用例　PTSD（心的外傷後ストレス障害）

用例　「その他特殊な用法」の項（P.377）を参照のこと。

用例　1960年、栃木県那須郡黒磯町（現在の那須塩原市）に生まれる。

用例　青砥稿花紅彩画（白浪五人男）

用例　「あーあ。ちゃんと一枚一枚の皿に分けんね。だいたい三切れ（身切れ）なんてふわ悪か（縁起が悪い）」（越智月子「きょうの私は、どうかしている」〈2006〉）

用例　小麦を作る一時間の労働も、リンネルを作る一時間の労働も、同じ価値（＝普遍性）を生産するという信憑（いわゆる「労働価値説」）が、ここで可能になる。
（絓秀実「1968年」〈2006〉）

2 **文中で、補足や限定のためにある事柄を書き加えるときに用いる。（　）でなく—（ダッシュ）を使って表現することも多い。** 参照 —（ダッシュ）の1

用例　しかるに何ぞ図らん、この不潔なる廃屋こそ実に予が貧民生活のあらゆる境界を実見して飢寒窟の消息を感得したる無類の（材料蒐集に都合よき）大博物館ならんとは。
（松原岩五郎「最暗黒の東京」〈1893〉）

用例　と後尾席に坐っていた一人の青年がよろけながら立ち上がつて来て（感情を包みかくすことができず、むきだしにしたまま機会をうかがつているようなその顔付）、娘たちの新しい仕事に加わり、やはり無言で上着をはぎ下着をひきずりおろしは

じめた。　(島尾敏雄「頑なな今日」〈1963〉)

用例 「モッキンバード」ってどんな鳥だっけと思って、一所懸命に考えたのでした。
モッキン→木琴→木を叩く……ああ、キツツキか!
モッキンバードはキツツキと憶えました。完全にまちがっていました。
(正解は自分でしらべてくださいね)
(糸井重里「小さいことばを歌う場所」〈2007〉)

3 会話文の中で、発話者が注意・補足などのため言葉を差し挟んだ様子を表すのに使われる。

用例 「ゴウは『ゆく』……」と鶴丸はいつた。「ラウンドは、(ランドぢやない、ラウンドですよ、)さあ、ラウンドは『まはる』ですな……。『たのしく、ゆく、まはる』です。」　(宇野浩二「苦の世界」〈1920〉)

4 小説・エッセイなどで、他人や自分が話したり書いたりした言葉を示すときに使われる。「　」や『　』と区別して示す場合に使われることが多い。

Ⓐ 会話や記憶の中の言葉、実際には発せられない言葉などを示す。

用例 しかし、誰彼となく、友人を摑まえ、(バット買うんだから、俺に一銭くれないか)とか、田島たちのお茶を飲みにゆくところを呼び止め、(オイ、この不景気に、お茶なぞ飲むのは、贅沢だぞ。十銭宛徴収する)なぞ、私たちは滅茶苦茶の方法で金を集めていたから、〔…略…〕　(田中英光「青春の河」〈1948〉)

用例 「御意に召しましたか。」　と突如《だしぬけ》に囁く。
〔…略…〕
(御意に召しましたか。)と星を貫《さ》されて。渋谷課長は悖然《どツきり》。然《さ》あらぬ体にてぎろりと山口に瞳を転じて。何《なに》とも言はずに微笑を含めば。山口は(で御座らうがね。)といふ面色《おももち》で。
「あの紺飛白《こんがすり》の…………今立ちました。彼《あれ》で…………。」
と扇子の尾《しり》で指せば。　(尾崎紅葉「二人女房」〈1892〉)

用例 唇の動きだけで(ファイト)と檄を飛ばしてきた。　(荻原浩「噂」〈2001〉)

Ⓑ 登場人物や筆者の思いを直接話法の形で示す。

用例 〔…略…〕(ああ、あの煙も、自分たちの努力によつて、やがて消えるのだ。)と俊輔は思つた。(そして、この町のこの港から、世界を巡歴する日本の大船が出帆する。さうだ、その時は、きつとくる。こさせねばならぬ!　この事業こそ、男児の事業ではなからうか?)　(林房雄「青年」〈1934〉)

用例 あそこに浮かんだ、あれはいったい何だろう。光なのか影なのかよくわからないような、あの大きな丸いものは。
(——月?)
そう気づいて思わず目をしばたたく。　(綾辻行人「鳴風荘事件」〈1995〉)

Ⓒ 書かれた言葉や歌の文句などを示す。

用例 　彼女を嫌つて逃げた夫から手紙が来た。二年ぶりで遠い土地からだ。

（子供にゴム毬をつかせるな。その音が聞えて来るのだ。その音が俺の心臓を叩くのだ。）　（川端康成「心中」〈1926〉）

用例　芝露月町の藤の湯とある長暖簾を推分けて。（浅くとも清き流の杜若《かきつばた》）と。出端《では》のありさうに顕れたる女子《むすめ》二人。　（尾崎紅葉「二人女房」〈1892〉）

5　文中で、他の語句と区別して示したい特定の語句を示すときに使う。現在は「　」や〝　〟などを用いるのが普通。

用例　女の字を二つ書けば（あらそふ）。三つは誰も知る（かしまし）で。　（尾崎紅葉「二人女房」〈1892〉）

6　「　」などの引用符の中にさらに引用符が入る場合に使われる。普通は『　』や〈　〉を用いる。

用例　「まだそれから、稲荷さんの言ははること、よう当りましたで。（この頃はちよつとましやろ、無茶飲み無茶食ひは止んだやろ。）て。――ぼんぼんにもさう見えまつか、今日は大人しいと。」　（川端康成「十六歳の日記」〈1925〉）

用例　「そりや、ピアノの（稽古所）といふ看板を出すくらゐだから、まづ（ざんぎり）だね。」　（川端康成「浅草紅団」〈1930〉）

7　印刷物や文書で、本文に対して付随的な情報や編集上の注記、箇条・項目・見出しなどを示す場合にさまざまに用いられる。 類似用法　〔　〕の2　［　］の5　〈　〉の5

A　編集上の注記や項目・見出しなどを囲む。（上）（最終回）（承前）（原文２字欠）（例）（注）（付記）（鈴木）などの類。

用例　原文には今日では不穏当と見られる用語・表現も散見されるが、当時の時代状況・風潮を反映したものとして、すべて原文のまま再録した。（編者）

用例

	カルシウム（mg）	ビタミンC（mg）
レタス	20	6
トマト	10	18

B　戯曲・シナリオ・台本などで、ト書きに用いる。

用例　光長。（階下から上がって来る）峰先生……
峰。………………？（ふり返る）　（久保田万太郎「大寺学校」〈1927〉）

C　インタビュー記事や座談会・討論会の記録などで、その場の様子を示すのに用いる。（笑い）（一同爆笑）（拍手）（場内騒然）（ここでA氏退席）の類。

†大正時代に雑誌の対談記事に挿入されたのが最初という。

††電子メールや電子掲示板の文面で（笑）（藁）（爆）（泣）など気分を添えるのも、これに類似の用法。「さぁ、どうでしょうねぇ～（笑）」など。

D　辞書で、品詞・位相・分野や原語表記などの表示に用いられる。

用例 か·ける【×賭ける】(動カ下一)

用例 パラグラフ(英 paragraph) 文章の段落。

E 編集または引用した文章などで、その一部分を別途定義した事柄の該当箇所として示すのに用いる。

(a) 校訂本で、校訂者による挿入の箇所を示すのに用いられる。しばしば削除の〔 〕と組で使われる。

用例 凡例

一、( )は校訂者がその字・語句を補ったことを示す。

例…… おうら(や)ましい事だよのう

一、〔 〕は校訂者がその字・語句を削るべきものと判断したことを示す。

例…… せめて御婚礼までお着申さ〔せ〕うと存ぢまして

一、右の( )〔 〕は次のように併用される。

例…… 打〔遣〕(遣)ツておきなせぇ

(b) 国語辞典の見出しの漢字欄で、省いてもよい送り仮名を示すのに用いられる。〔 〕が使われることもある。

用例 とり-かか·る【取(り)掛(か)る】〘動ラ五(四)〙

F 箇条書きの条項、章節、設問、選択肢、注などに通し番号や通し記号を付けるとき、番号や記号を囲むのに使われる。

用例 (第一) 議会召集して而して其の開会を延期するは憲法の旨義に背かざる乎

(第二) 之を負かずとせば其延期は無制限なるか別言せば帝国は議会なしに一ケ年を空過し得る乎

〔…略…〕 (河上肇「憲法に対する一疑義に答ふ」〈1898〉)

用例 Ⅲ 下線アの文の空所に入るもっとも適切な語を下の(a)〜(e)から1つ選べ。

(a) have (b) was (c) had (d) has (e) is

†算用数字・カタカナ・ローマ字などを囲む場合、主に横括弧( )で使うが、縦組みでは縦括弧︵︶で使うことも多い。

††写植やDTPの印刷物では、㈠⑴㈀など、文字とパーレンが1文字(全角)になった記号(番号)も使われる。

†††(1)(2)は普通「かっこいち」「かっこに」と読む。山形などの一部の地域では、「いちかっこ」「にかっこ」と読む方言形もみられる。

G 試験問題・アンケートなどで、解答・回答を書き込む箇所を示したり、埋めるべき空白箇所を示したりするのに使われる。

用例 問7 次の①〜④の文について、内容が正しければ○、誤っていれば×を( )の中に書きなさい。

① カエルは爬虫類である。 ( )

② 花崗岩は深成岩である。 ( )

③ 日本で2番目に標高の高い山は飛騨山脈の穂高岳である。 ( )

④ 昭和元年は1925年である。 ( )

用例 問4 次の文章の(1)〜(4)に入る語をあとのア〜エから1つずつ選

びなさい。

用例 1. 性別 （ア. 男　イ. 女）

2. 年齢 （ア. 10代　イ. 20代　ウ. 30代　エ. 40代　オ. 50代以上）

8 数学で用いる。

A 数式で、中の数が1つのまとまりとして扱われることを表す。

用例 5×(3+4)=35

用例 $(ab)^n=a^n \cdot b^n$

†入れ子構造になった数式ではもっとも小さなくくりを示し、（ ）｛ ｝［ ］の順に計算を行う。「小括弧」と呼ばれる。参照 ｛ ｝の1 ［ ］の6

B 関数で、独立変数であることを表す。

用例 $y=f(x)$

C 座標の点である実数を表す。

用例 x 軸上の点（2, 0）を通り y 軸に平行な直線

9 1つの組や群をなすものをまとまりとして示すときに使われる。 類似用法 〔 〕の5 ｛ ｝の3

用例 ここで$E_{123,4}$というのは全体を（1・2・3）の一組と（4）の一組に分けた場合のAで、$E_{12,34}$というのは全体を（1・2）の一組と（3・4）の一組に分けた場合のEです。

（渡辺慧「認識とパタン」〈1978〉）

用例 水酸化カルシウムの化学式は$Ca(OH)_2$で表される。

10 電話番号で、局番、特に市内局番を示すのに使われる。

用例 03（3230）＊＊＊＊

＊（ ）を使わず、03 - 3230 - ＊＊＊＊、03·3230·＊＊＊＊のようにハイフンまたは中点でくぎることも多い。

11 メモ書きなどで、疑問や思いつき、心覚えなどを書き添えるときに使われる。

用例 10月5日ごろ入金ある予定（確実か？）

用例 （以上とりあえず文庫本から引用、あとで底本確認要）

補注

1 「……（……）。」というように（ ）が文末に置かれる場合の句点（。）の扱いについては、コラム「括弧類と句点」を参照。

2 和文用のパーレン（ ）と欧文用のパーレン( )とは形が異なる。欧文ではディセンダライン（ベースラインの下）まで使う文字（g j p q y）があるため、欧文用のパーレンは和文用に比べてやや位置が低く、また中央部の線が少し太くなっている。なお、縦書き・横書きとも、和文に欧文が交じる場合は和文用パーレンで統一するほうが落ち着く。

3 パーレンは（ ）と組みで使うのが原則だが、主に横書きで閉じのパーレン ）だけを

くぎりに使う場合もある。参照)(半括弧)

4　辞書では、見出しの漢字表記欄で、常用漢字表にない漢字に (を付けるなど、一方の (　だけを特定の意味を表す記号として使った例もみられる。

5　名称の「パーレン」は英語 parenthesis の略。parenthesis は本項の (　) のことで、英語で括弧類を総称する場合は bracket という。

)

はんかっこ【半括弧】

片括弧／閉じ括弧

入力方法

- 日本語ローマ字入力でShift+「9)よょ」→確定 (ATOK14〜/IME2003〜)
- 日本語ローマ字入力でShift+「.〉る。」を押す→変換→選択 (IME2003〜)
- 仮名入力でShift+「」}む」」(ATOK14〜/IME2003〜)または「9)よょ」(IME2003〜)を押す→変換→選択
- 英数入力でShift+「9)よょ」
- 「かっこ」(ATOK14〜/IME2003〜)または「きごう」(IME2003〜)と入力→変換→選択
- 文字パレットなどを使って入力

コード入力　JIS 214B　シフトJIS 816A
区点 00143　ユニコード 0029　(全角)FF09

1　閉じのパーレンをくぎりに使ったもの。主に横書きで、箇条書きの条項、注、設問、選択肢などに通し番号や通し記号を付けるとき、番号・記号と内容とをくぎるのに用いる。

用例　a)　特殊文字　特殊文字は,和字間隔,記述記号,ダイアクリティカルマーク,仮名又は漢字に準じるもの,括弧記号,学術記号,単位記号,及び一般記号からなる。

1)　和字間隔　和字間隔1文字の名前及びビット組み合わせは,附属表4表1による。

2)　記述記号　記述記号18文字の名前及びビット組み合わせは,附属表4表2による。　(JIS X 0208 : 1997)

用例　問8　次の植物のうち落葉樹でないものを1つ選び、記号で答えなさい。

ア)ブナ　イ)カラマツ　ウ)カシ　エ)ポプラ

2　主に横書きで、見出し・題目などと本文とをくぎるのに用いる。

用例　追伸)先日お借りした本、いましばらく貸しておいてもらえませんか？

補注

縦書きで使われることは少ない。

⦅ ⦆

にじゅうパーレン【二重パーレン】

二重《にじゅう》括弧／ふたえ括弧／二重《にじゅう》丸括弧／ふたえ丸括弧

入力方法

◆ 文字コードはあるが、パソコンの通常のフォントでは実装されていないことが多い。（と）を２つずつ打って代用とすることはできる

コード入力

JIS 2256･2257　シフトJIS 81D4･81D5

区点 00256･00257　ユニコード FF5F･FF60

1 （ ）など他の括弧と区別して注記・補足の括弧を使いたい場合に用いられる。一般の文章では、現在は〔 〕や〈 〉を使うことが多い。

A （ ）などの中でさらに括弧を使う場合に用いられる。

用例 ⦅桃は第一幕よりもなほ美しく咲いてゐる。第二幕より十数年後。男、東家で琴《他のものでもいゝ》を弾じてゐる。老人登場、静かに桃を見る。男琴を弾じをはり、老人に気がつきおどろいて立ちあがり、うれしげに声かける⦆

（武者小路実篤「桃源にて」〈1923〉）

B （ ）などと区別して、それと性質の異なる事柄・内容を示すのに用いられる。

用例 ――おみよが言ふ。

「今日、この間見て《占つて》もらひにいた《行つた》ことを話しました。そしたら（よういて来とくれた。その時分には、何でも二口に食べなんだのをぼんやり覚えてる。なんぼでも飲めたのを覚えてるやうや。）て。」

（川端康成「十六歳の日記」〈1925〉）

用例 「《博多》織」,「売上《高》」などのようにして掲げたものは,《 》の中を他の漢字で置き換えた場合にも,この通則を適用する。

（内閣告示「送り仮名の付け方」〈1981〉）

†最初の川端康成の例は、会話の「 」の中でさらに示される会話の部分に（ ）を使ったため、それと区別して著者による注を⦅ ⦆で示したもの。

C 辞書などで、特定の事柄を表示するのに用いられる。

用例 お‐かず【▹御数・▹御▹菜】《数々取り合わせる意から。もと女房詞》副食物。お

菜《さい》。　（「大辞泉」〈1995〉）

用例　［あか-はじ　赤恥　あかはぢ］《あかっぱじ》「恥」を強めた言い方。ひどい恥。『赤恥をかく』　（「現代国語例解辞典」〈1985〉）

†上の例のように、「大辞泉」では語源・語誌的な注記の表示に、「現代国語例解辞典」では見出しの語形と異なる語形の表示に使われている。

2　話されたり書かれたりした言葉、内面の思いなどを示すのに使われる。「　」など他の引用符と区別して使われることが多い。

用例　《やーッ伯父上か》涙声。
《小四郎…………珍らしや》これも涙声。
（尾崎紅葉「二人比丘尼色懺悔」〈1889〉）

用例　彼は寝床の上で耳を澄ませた。《ふむ、こんどこそあの男だ！》彼は、すると、待ち受けるようにその軀をおこしたのであった。
　入り口の影は、仄暗い部屋のなかに彼の姿をたしかめるように、いつまでも凝っと佇んでいた。その軀はゆっくりと屈められた。
　――お前さんかね。
　と、彼にかまわず、その陰険な男は呟いた。　（埴谷雄高「洞窟」〈1960〉）

3　文中で他の語と区別して示したい語を囲む。特に、問題となる名辞や固有名詞・略称などを何度も取り上げて示すような場合に使われる。

用例　《新明解》は「男以上に」《角川》は「男にもまさる気性」とはっきり言い切っていますが、《岩波》と《新選》では程度を示すややぼかした表現になっています。
（ことばと女を考える会「国語辞典における女性差別」〈1985〉）

〔　〕

きっこう【亀甲】

亀甲括弧／亀甲パーレン／袖括弧／角括弧

入力方法

- ◆ 日本語ローマ字入力でShift＋「8（ゆゅ」「9）よょ」（ATOK14～/IME2003～）または「,〈ね、」「.〉る。」（IME2003～）を押す→変換→選択
- ◆ 仮名入力でShift＋「［｛。「」「］｝む」」を押す→変換→選択（ATOK14～/IME2003～）
- ◆ 「かっこ」（ATOK14～/IME2003～）または「きごう」（IME2003～）と入力→変換→選択
- ◆ 文字パレットなどを使って入力

コード入力

JIS　214C・214D　シフトJIS　816B・816C
区点　00144・00145　ユニコード　3014・3015　（縦組み用）FE39・FE3A

1 **文中で、注記や補足のため語句・文を挿入するときに用いる。(　) 内でさらに注記・補足の括弧を使う場合や、注記・補足の括弧を複数使い分けたい場合に、(　)や〈　〉と区別して用いられることが多い。** 類似用法 ［　］の4 〈　〉の4

用例 夫人と、子ども三人と、侍女・下女が一人ずつ、それに雑掌〔執事のごときもの〕に元盛という男がいた。　（桑原武夫編「日本の名著」〈1962〉）

用例 （もっとも演劇について言えば、創造のなかには劇作家と俳優と舞台装置家の三者の働きが統合されているから、舞台だけが創造空間とは言えない〔劇作家の創作は別のときに別のところで為された〕ということにもなるが、この問題にはいま立ち入らないことにする。）　（中埜肇「空間と人間」〈1989〉）

用例 また、たとえば『漢和広辞典』第十巻〔極東房一九九〇年刊〕は、「蝸角之争（蝸牛角上之争）」を次ぎのように説明する。　（大西巨人「深淵」〈2004〉）

用例 10 本書における(　)括弧は原典のそれに対応する。〈　〉括弧は、例えば〈自己〉のごとく名詞化された一概念であることを示すのに用いる。〔　〕括弧は、言い換えや補説の際に使用する。　（廣松渉編「ヘーゲル」まえがき〈1976〉）

用例 我々の最初の〔考察〕対象は無媒介に〔考察〕対象として与えられる〔ものでなければならないが、そういう〕知は〔何かと言うと、それは〕それ自身無媒介の知でなければならない。それはつまり無媒介のものについての知であり、すなわち存在しているものについての知であ〔り、これが感性的確信であ〕る。
（牧野紀之訳「精神現象学 上巻」〈1987〉）

＊翻訳の哲学書などでは、上の最後の用例のように、難解な原文に訳者・編者が補足を挿入するとき〔　〕がよく使われる。

2 **印刷物や文書で、本文に対して付随的な情報や編集上の注記、箇条・項目・見出しなどを示す場合にさまざまに用いられる。** 類似用法 (　)の7 ［　］の5 〈　〉の5

A 編集上の注記や項目・見出しなどを囲む。〔連載第三回〕〔編集部〕〔以下略〕〔例〕〔図 1〕〔原注〕など。

用例 〔付記〕第一首については、かつて拙文「河上肇と中国の詩人たち（二）」（『ちくま』一九七七年六月号）で紹介したことがある。〔…略…〕
（一海知義「河上肇詩注」〈1977〉）

用例 「モグ」
〔前提的特徴〕〈対象物が形の上で別の本体の一部でありながら，一応独立して見えるもの。大きさは片手，あるいは両手でとらえることのできる程度。〉
〔本来的特徴〉〈(刃物を用いないで)引っぱったり，回したりして切り離す〉
（國廣哲彌「意味論の方法」〈1982〉）

B 戯曲などでト書きに使われる。普通は（　）を用いる。

C 辞書で、品詞・位相・分野・原語表記や、語源・語誌的な注記などの表示に用いられる。

用例　たらちね-の【垂乳根の】〔枕〕「母」「親」にかかる。

用例　バッター〔batter〕野球で、打者。

用例　いぬ（名）|犬|狗|〔鳴声か、わんわん、いさむ、あさむ（諫）〕

（「大言海」〈1932〉）

D　編集または引用した文章などで、その一部分を別途定義した事柄の該当箇所として示すのに用いる。

(a)　校訂本などで、衍字《えんじ》や誤記とみなされる箇所、異本との間で差異のある箇所などを示すのに用いられる。

用例　一、〔　〕は校訂者がその字・語句を削るべきものと判断したことを示す。

例……　せめて御婚礼までお着申さ〔せ〕うと存ぢまして

(b)　国語辞典の見出しの漢字表記欄で、省いてもよい送り仮名を示すのに用いられる。

用例　おこ・す【起〔こ〕す・興す】〘動他サ五（四）〙

†(b)は（　）を使うことが多い。

E　箇条書きの条項、章節、設問、選択肢、注などに通し番号や通し記号を付けるとき、番号や記号を囲むのに使われる。

用例　〔一〕総説

用例　〔C〕次の英文を読んで、あとの問いに答えよ。

†横組みでは〔一〕のように番号や記号を横に囲む。縦組みでは、横に囲む場合と、㊀のように縦に囲む場合とがある。

F　試験問題・アンケートなどで、解答・回答を書き込む箇所を示したり、埋めるべき空白箇所を示したりするのに使われる。

用例　問３　次の①〜④の文について、内容が正しければ○、誤っていれば×を〔　〕の中に書きなさい。

①　シカはウマと同じく奇蹄目に属する。〔　〕

②　日本語の「綺麗だ」は形容詞である。〔　〕

③　1/25000地形図で細実線の等高線の間隔は標高差10mである。〔　〕

④　イギリスはEUに加盟していない。〔　〕

†一般には（　）が使われることが多い。デザイン上の配慮や他の括弧類と区別する必要などから、〔　〕や［　］などが適宜使われる。

3　国語学などで、言語音を示すのに用いる。

用例　〔…略…〕これらの場合は、現代の私たちの音韻における五つの母音〔ɑ・i・u・e・o〕のほか、奈良朝にはさらに〔ï・ë・ö〕に近い三つの母音があつたことを意味します。

（福田恒存「私の国語教室」〈1960〉）

＊言語学・音声学では普通［　］や/ /を用いる。

4　「　」や『　』に準じ、引用符として使われる。

A　「　」や『　』と区別して別種の引用をするときに使われる。

用例 いま、こころみに手もとの辞書をひいて見ると、
〔散歩——ぶらぶら歩きまわること。そぞろ歩き〕
とある。 （池波正太郎「散歩」〈1975〉）

†忠実な引用と区別して、ある論議や主張の内容を概念的に示すときに〔 〕が使われることがある。

（井上ひさし「私家版日本語文法」〈1981〉）

用例 二十世紀の言語学は「音声中心、音声第一主義」、ソシュールが唱えた〔言語学のただひとつの対象は話される言葉である。文字は音声の写しであるから第二義のものにすぎない〕を護符がわりに展開されてきた。 （井上ひさし「私家版日本語文法」〈1981〉）

Ⓑ 店の名、作品名などの固有名詞や、特定分野の言葉などを示すときに使われる。

用例 以前に私が書いた〔同門の宴〕という小説で、中年の侍が二人、若いころの恋人たちに再会し、浅草の駒形堂の近くの〔和田平〕という鰻屋で、食事をする場面がある。 （池波正太郎「時代小説の食べ物」〈1983〉）

用例 来月号の〔少年冒険ブック〕から、新連載を始めることになっているのだが、〔…略…〕 （山本甲士「ALWAYS 三丁目の夕日」〈2005〉）

用例 粋な食べ物といえば、〔小鍋だて〕だね。 （池波正太郎「江戸の味」〈1982〉）

Ⓒ 文中で特定の語句を目立たせたり、キーワードとして示したりする場合に使われる。

用例 そのオフィスへウェイン演ずるウィード少佐が訪ねてくると、監督がステッキに仕込んだウイスキーをすすめるシーンがある。これもフォード自身の〔生活〕なのであろう。 （池波正太郎「食卓の情景」〈1973〉）

用例 いわば前者は〔相手に合わせての自分定め〕、後者は〔相手との共同の縄張りづくり〕というべきものであるが、〔…略…〕 （井上ひさし「私家版日本語文法」〈1981〉）

Ⓓ 分析的な記述で、ある内容を要素・概念として取り出し提示するときに使われる。

用例 〔…略…〕辞書において「飛行機」や「タカ」の項には〔＋飛行性〕という特性を指定し、「犬」には〔－飛行性〕という特性を指定しておけば、「犬が飛ぶ」という文は生成されなくなる。 （川本茂雄「ことばの色彩」〈1978〉）

†上の用例で、＋は有または肯定、－は無または否定を表す。

5 1つの組・群をなすものをまとまりとして示すときに使われる。 類似用法 （ ）の9 ｛ ｝の3

用例 他方、二音節のことばが助詞群（一音が多い）で繋がれ、〔2・1・2〕、あるいは〔2・2・1〕で、五音となる。 （井上ひさし「私家版日本語文法」〈1981〉）

用例 図に即して言えば、〔a・b〕、〔c・d〕、〔e・f〕、〔g・h〕が属のランクの分類群、〔a・b・c・d〕、〔e・f・g・h〕が科のランクの分類群である。 （池田清彦「分類という思想」〈1992〉）

補注

1 「きっこう」の名称は、亀の甲のように六角形が並んだ文様の「亀甲形《きっこうがた》」に形が似ると

ころから。

2 鉤《かぎ》の部分が開いていない［　］はブラケットで、別の括弧。

〘　〙 にじゅうきっこう【二重亀甲】

入力方法

- ◆ 文字パレットなどを使って入力

コード入力　JIS 2258·2259　シフトJIS 81D6·81D7　区点 —　ユニコード 3018·3019

辞書で、品詞・位相・分野などを表示するときに用いられる。類似用法 〔　〕の2Ⓒ（　）の7Ⓓ

用例　うつ・る【映る】〘動ラ五（四）〙

用例　car·bon [kɑ́ːrbən] *n.* 1 Ⓤ〘化〙炭素．記号C.

補注

辞書の類以外、一般にはほとんど使われない。

［　］ ブラケット（英 bracket）

角括弧／大括弧／スクエアブラケット（英 square bracket）／箱パーレン

入力方法

- ◆ 英数入力で「［｛。「」「］｝む」」
- ◆ 日本語ローマ字入力でShift+「８（ゆゅ」「９）よょ」（ATOK14～/IME2003～）または「,〈ね、」「.〉る。」（IME2003～）を押す→変換→選択
- ◆ 仮名入力でShift+「［｛。「」「］｝む」」を押す→変換→選択（ATOK14～/IME2003～）
- ◆ 「かっこ」（ATOK14～/IME2003～）または「きごう」（IME2003～）と入力→変換→選択
- ◆ 文字パレットなどを使って入力

コード入力　JIS 214E·214F　シフトJIS 816D·816E
区点 00146·00147　ユニコード 005B·005D　(全角)FF3B·FF3D

1 **欧文での用法。引用文や校訂本などで、誤記・脱字・衍字《えんじ》などの箇所を示したり、それに訂正を施したりするときに用いる。また、(　) と同様、簡単な注記や補足説明を示す。**

用例 We buried his corps[e]. (“corps”〔部隊〕は “corpse”〔遺体〕の誤りとする。《訳》我々は彼の部隊［遺体］を埋めた。)

2 **欧文で、戯曲や台本のト書きに用いられる。**

用例 VIVIE.　[*coolly*] Why?　She knows the way.
PRAED. [*disconcerted*] Er—I suppose she does. [*he sits down*]
〔＝ヴィヴィー　(冷ややかに)なぜ？　母は道を知ってますよ。
プレッドー　(うろたえて)そ、それはそうだろうけど。(座る)〕
(Bernard Shaw, “Mrs. Warren's Profession”)

3 **言語学·音声学で、音声記号を囲んで音声を表記する。** 類似用法 ／(スラッシュ)

用例 **break** [breik] *v.*
用例 カナは「ア」なら [a] なのでで問題ないのだが、これが「カ」だと [ka] となり、IPAだと二つ分になる。　(黒田龍之助「はじめての言語学」〈2004〉)

＊/ /のように半角スラッシュで囲んで示すこともある。

4 **文中で、注記や補足のため語句・文を挿入するときに用いられる。(　) 内でさらに注記・補足の括弧を使う場合や、注記・補足の括弧を複数使い分けたい場合に、(　)や〈　〉と区別して使われることが多い。** 類似用法 〔　〕の1 〈　〉の4

用例 妥馬が、「『アリガトウナラ、メハニジュウ［蟻が十なら、目は二十］。』か。」と言っていたずらっぽい目つきをした。　(大西巨人「深淵」〈2004〉)

5 **印刷物や文書で、本文に対して付随的な情報や編集上の注記、箇条・項目・見出しなどを示す場合にさまざまに用いられる。** 類似用法 (　)の7 〔　〕の2 〈　〉の5

A 編集上の注記や項目・見出しなどを囲む。[原文四字欠][例][表1][原注]など。

用例 源 実朝　みなもとの・さねとも　［一一九二—一二一九］　二十七歳
(山田風太郎「人間臨終図巻Ⅰ」〈2001〉)
用例 ［注意］全問同じ記号で答えた場合は採点しない。
用例 第七条［定義］

＊六法全書などでは、法令原文にある (　) 囲みの見出しと区別して、編者の付けた見出し

に［　］【　】などが使われる。

Ⓑ　辞書で、品詞・位相・分野や原語表記などの表示に用いられる。

用例　ブレース［英 brace］中括弧。｛　｝の形のもの。

Ⓒ　箇条書きの条項、章節、設問、選択肢、注などに通し番号や通し記号を付けるとき、番号や記号を囲むのに使われる。

用例　［イ］懲罰制度

女工の虐待を第一期工場法発布前と、第二期工場法発布後に分けて考へるならば、此の「懲罰制度」は第一期に行はれたものである。〔…略…〕

（細井和喜蔵「女工哀史」〈1925〉）

Ⓓ　試験問題・アンケートなどで、解答・回答を書き込む箇所を示したり、埋めるべき空白箇所を示したりするのに使われる。

用例　問４　文中の［　Ｃ　］に当てはまる語を答えなさい。

6　数学での用法。

Ⓐ　入れ子構造になった数式で、もっとも大きなまとまりを表す。「大括弧」と呼ばれ、（　）｛　｝［　］の順に計算を行う。参照　（　）の8Ⓐ｛　｝の6Ⓐ

Ⓑ　［ x ］のように実数を囲って、その実数を越えない最大の整数を表す。ガウス記号。

用例　［ 1.34 ］＝1

7　パソコンの操作法の説明で、メニューやコマンドを示す。

用例　［ファイル］メニューの［名前を付けて保存］をクリックします。

補注

鉤《かぎ》の部分が開いた〔　〕は亀甲《きっこう》で、別の括弧。

〈　〉《　》

やまかっこ【山括弧】

山形括弧／山形／山パーレン／三角括弧／楔形《くさびがた》括弧／山鉤《やまかぎ》／ギュメ（仏 guillemet）／ギメ／一重ギュメ／フランスパーレン（和製語 France

3　括弧類　［　］　〈　〉‹　›

paren)／アングルブラケット（英 angle bracket)／アングルクォーテーションマーク（英 angle quotation mark)

入力方法

- ◆ 日本語ローマ字入力でShift＋「８（ゆゅ」「９）よょ」（ATOK14〜/IME2003〜）または「,〈ね、」「.〉る。」（IME2003〜）を押す→変換→選択
- ◆ 仮名入力でShift＋「［｛。「」「］｝む」」を押す→変換→選択（ATOK14〜/IME2003〜）
- ◆ 「かっこ」（ATOK14〜/IME2003〜）または「きごう」（IME2003〜）と入力→変換→選択
- ◆ 文字パレットなどを使って入力

コード入力

JIS （〈　〉）2152･2153　（‹　›）—
シフトJIS （〈　〉）8171･8172　（‹　›）—
区点 （〈　〉）00150･00151　（‹　›）—
ユニコード （〈　〉）3008･3009
（〈　〉縦組み用）FE3F･FE40　（‹　›）2039･203A

1 欧文での用法。ロシア語、ギリシア語、ノルウェー語、スペイン語などで、引用符«　»内でさらに引用符を使うときに用いる。

＊デンマーク語・ドイツ語・チェコ語・スロバキア語などでは › ‹ の形で用い、スウェーデン語やフィンランド語では › › の形で用いる。

2 （〈　〉）和文で、話されたり書かれたりした言葉を文章中に示すときに用いられる。小説・エッセイ・評論などで、「　」など他の引用符によるものと区別して、それと性質・レベルの異なる会話・引用に使われることが多い。類似用法 「　」の1『　』の1《　》の2〝　〟の1

用例 現行では「まくま」を見出し語に掲げ、〈「まくあい（幕間）」の誤読〉と記しているが、改訂版では別の項を立て次のように記述する予定という。
〈戦前に浅草演劇界の仲間内で使われていた言葉か〉
（石山茂利夫「今様こくご辞書」〈1998〉）

用例 五回目のコールで美香が出た。
「俺だ」
〈あ、お父さん……〉
　怒られるのを覚悟している声だった。（横山秀夫「真相」〈2003〉）

用例 「ああ、おいしい」
　キャサリンは楽しそうにいい、浜口に片目をつぶった。
〈残した食事は、どうするんですか？〉
　浜口がメモに書くと、キャサリンは旅行鞄からたくさんのプラスチック容器を出して、次々と詰めはじめた。（山村美紗「呪われた密室」〈1984〉）

用例 〈久しぶり。急にどうしたと？〉

自然に指が動いた。普段、喋るときには頭に浮かんだ言葉が口から出る前に、必ず何かに突っかかるのに、こうやってメールを打つときだけは、その言葉がすらすらと指先に伝わっていく。（吉田修一「悪人」〈2007〉）

3 （〈 〉） 文中で、他の語と区別して示したい語を囲む。 類似用法 「 」の2 《 》の3 〝 〟の3

Ⓐ 作品名、店の名などの固有名詞や、章題などを示すときに使われる。

用例 〈静かなドン〉の完訳は、私が学校を追い出されてから、ずっと後に出た。

（五木寛之「風に吹かれて」〈1967〉）

用例 四時に芝の家を出て、銀座の〈吉野屋〉に寄って頼んでおいた白とチョコレート色のコンビの靴を受け取り、〈丸善〉へ。

（久世光彦「一九三四年冬――乱歩」〈1993〉）

†作品名は普通「 」や『 』を用いる。店の名などの固有名詞は、特に地の文と紛らわしくないかぎり、括弧類を付けないことも多い。

Ⓑ ある語・文字・記号を取り上げて述べるとき、地の文の語句とはっきり区別して示すために、その語・文字・記号を囲む。

用例 ほかに、うまさ、うまみ、うまげなど、〈さ〉〈み〉〈げ〉といった接尾辞をうしろにつけて名詞になったり、〔…略…〕 （井上ひさし「私家版日本語文法」〈1981〉）

Ⓒ 特定の語句を囲み、その語句を目立たせ、またキーワードとして提示するときに使われる。

用例 嘘つきが〈嘘〉をつくのは、必ず自分の利益のためであり、その〈嘘〉は、たいていすべて直接間接に他者の「損失」ないし「迷惑」となる。

（大西巨人「迷宮」〈1995〉）

用例 〈象徴〉は、ソシュールにしたがえば、かえって有縁的であり、恣意的な〈記号〉と対立する。ソシュールにおいては〈象徴〉は〈記号〉に対立する。パースにあっては、〈象徴〉は写像・指標とともに、〈記号〉の一種である。

（川本茂雄「ことばとイメージ」〈1986〉）

Ⓓ なじみのない語や特定分野の用語などを示すときに使われる。

用例 ところで、ちかごろの音声学では、このンを〈通鼻音《つうびおん》〉といい、こういう定義が与えられている。 （井上ひさし「私家版日本語文法」〈1981〉）

Ⓔ 分析的な記述で、ある内容を要素・概念として取り出し提示するときに使われる。

用例 たとえば「人間」の意味を定義しようとする場合，それを無限定に行なえば，〈直立して歩く〉，〈言語能力がある〉，〈理性がある〉，〈笑ったり泣いたりする〉，〈創造力がある〉，〈絵をかく〉，〈地球外に飛び出す機械を作ることができる〉，……ととどまるところがない，というわけである。 （國廣哲彌「意味論の方法」〈1982〉）

用例 それからまた、事柄には「いつ」起きたのかという時間的な性質もあります。ですから、これに事柄が起きた時点を含めて表すと、次のようになります。

見る〈時点〉［主体＝X、 対象＝Y］
（町田健「まちがいだらけの日本語文法」〈2002〉）

Ⓕ その語本来の意味通りのものであるか疑問であるような場合に、「言うところの」「いわゆる」という意味合いを含ませて使われる。

用例 日本社会が〈経済的繁栄〉にかまけて怠ってきたのは、そのような点検・問いなおしと対し方の訓練ではなかったか。 （中村雄二郎「術語集Ⅱ」〈1997〉）

4 （〈 〉） 前に記した語句・文について注記・説明・訳などを示すときに用いる。（ ）内でさらに注記的な括弧を使う場合や、括弧を複数使い分けたい場合に、（ ）や〔 〕と区別して用いられることが多い。 類似用法 〔 〕の1 ［ ］の4

用例 そういう予告篇のなかでは、「犀吉はかれの困難な結婚生活のあいだ、この老人〈第二の妻の父親を指す〉にたびたび救われることになる。かれには老人に理解され愛される天性のごときものがそなわっていたのだ」という作者の説明だけは手ちがいになっていて、〔…略…〕 （平野謙「作家論集」〈1971〉）

用例 他の辞書には“His books were children of his brain”［UED］〈彼の著書はその脳髄から生み出したものであった〉という用例がある。
（國廣哲彌「意味論の方法」〈1982〉）

5 （〈 〉） 印刷物や文書で、本文に対して付随的な情報や編集上の注記、箇条・項目・見出しなどを示す場合にさまざまに用いられる。 類似用法 （ ）の7 〔 〕の2 ［ ］の5

Ⓐ 編集上の注記や項目・見出しなどを囲む。〈完〉〈中略〉〈図2〉〈訳注〉〈著者プロフィール〉など。

用例 ＊異端者の悲しみ(1917)〈谷崎潤一郎〉一「章三郎は会心の笑みを洩らして、ぐっと溜飲を下げた」 （「日本国語大辞典」第二版・用例〈2001〉）

Ⓑ 編集または引用した文章などで、その一部分を別途定義した事柄の該当箇所として示すのに用いる。

用例 5 底本の漢字で振仮名の施されてあるもの、またはそれに準ずべきものは、その振仮名に括弧〈 〉を附してこれを残した。
（例） 春や延寶《えんぽう》→春や 延寶《〈えんぽう〉》〔…略…〕
（日本古典文学大系49重友毅校注「近松浄瑠璃集 上」〈1958〉）

Ⓒ 辞書で、見出し語の表記、位相、分野などを示すのに用いられる。

用例 ジャーナル〈journal〉新聞・雑誌などの定期刊行物。

用例 **jiacan**【家蚕】〈虫〉カイコ。

Ⓓ 箇条書きの条項、設問、選択肢、注などに通し番号や通し記号を付けるとき、番号や記号を囲むのに用いる。

用例 問1 次の〈1〉～〈4〉の英文を和訳しなさい。

†❶は（　）が一般的。〔　〕［　］《　》【　】なども使われる。

補注

1　見出し右側に示した‹　›はアングルクォーテーションマークで、欧文の引用符である。ＪＩＳではコード化されていないが、ユニコードでは〈　〉を angle bracket、‹　›を angle quotation markと呼び、《　》がCJK symbols and punctuation（中国・日本・韓国のしるし物と句読点）のブロックに置かれているのに対して、‹　›はgeneral punctuation（一般句読点）のブロックに置かれている。つまり、和文で使われるのが〈　〉、主に欧文で引用符として使われるのが‹　›と区別できるが、〈　〉は‹　›に由来するもので‹　›の異形とみられることから、本書では同一項目として扱った。

2　数学で用いる不等号＜（より小）、＞（より大）とは異なる。しかし、印刷物やwebページでは山括弧〈　〉の代用として不等号＜　＞、<　>が使われることがある。

3　電子メールや電子掲示板で引用箇所の行頭に付けたり、「＞佐藤さん」のように返信の相手を呼ぶときに使われるのは「より大」の不等号。引用箇所の行頭には主に半角（>）、呼びかけには主に全角（＞）が使われる。

4　辞書では、見出しの漢字表記欄で、常用漢字表にない漢字に〈 を付けるなど、〈を特定の意味を表す記号として使った例もみられる。「かえ・す《かへす》【〈孵す】」（「日本語新辞典」〈2005〉）など。

《　》«　»

にじゅうやまかっこ【二重山括弧】

二重山括弧引用記号／二重山形／ギュメ（仏 guillemet）／ギメ／二重ギュメ／二重山パーレン／ダブルアングルブラケット（英 double angle bracket）／ダブルアングルクォーテーションマーク（英 double angle quotation mark）

入力方法

- ◆（《　》）日本語ローマ字入力でShift＋「８（ゆゅ」「９）よょ」（ATOK14〜/IME2003〜）または「,〈ね、」「.〉る。」（IME2003〜）を押す→変換→選択
- ◆（《　》）仮名入力で Shift＋「［｛。「」「］｝む」」を押す→変換→選択（ATOK14〜/IME2003〜）
- ◆（《　》）「かっこ」（ATOK14〜/IME2003〜）または「きごう」（IME2003〜）と入力→変換→選択

◆ （《　》）（«　»）文字パレットなどを使って入力

コード入力
JIS （《　》）2154・2155　（«　»）2928・2932
シフトJIS （《　》）8173・8174　（«　»）8547・8551
区点 （《　》）00152・00153　（«　»）—
ユニコード （《　》）300A・300B　（«　»）00AB・00BB
（《　》縦組み用）FE3D・FE3E

1 （«　»） フランス語、イタリア語、ギリシア語、ロシア語などで引用符として用いる。

用例 Loc. Rond comme une pomme. «Un joli enfant bien portant qui a des joues comme une pomme » (Hugo)
つまり、フランス語には«リンゴのように丸い»という慣用句があって、その用例としてヴィクトル・ユーゴーの作品から〈リンゴのような頰をした可愛い元気な男の子〉という文を引いている。　（鈴木孝夫「日本語と外国語」〈1990〉）

＊デンマーク語・ドイツ語・ハンガリー語・チェコ語・スロバキア語などでは »　« の形で用い、スウェーデン語やフィンランド語では »　» の形で用いる。

2 （《　》«　»） 和文で、話されたり書かれたりした言葉を文章中に示すときに用いられる。小説・エッセイ・評論などで、「　」など他の引用符によるものと区別して、それと性質・レベルの異なる会話文・引用に使われることが多い。 類似用法 「　」の1『　』の1〈　〉の2〝　〟の1

用例 《自主・民主・公開の平和利用三原則を守ろう！》というスローガンはどうした、というのがおれの殺し文句さ、ha、ha.
（大江健三郎「ピンチランナー調書」〈1976〉）

用例 石川啄木の歌「友が皆我より偉く見ゆる日よ花を買ひ来て妻と親しむ」を、吉本氏は《併しこの歌は「悟る」か意気地なしかでないと》詠めない歌と評していたのである。　（車谷長吉「なりの悪い男」〈2006〉）

3 （《　》«　»） 文中で、他の語と区別して示したい語を囲む。 類似用法 「　」の2〈　〉の3〝　〟の3

A 作品名、雑誌名、音楽ディスクのアルバム名、店の名などの固有名詞を示すのに使われる。一般には「　」や『　』を用いる。

用例 きみは中原中也の《含羞《はじらい》》という詩を知っているか？
（大江健三郎「空の怪物アグイー」〈1964〉）

用例 それは《近代文学》創刊号に掲載された本多秋五の『芸術・歴史・人間』のことだ。　（平野謙「わが戦後文学史」〈1969〉）

用例 この《天上界への上昇》は《地上の天国》と並び、《呪われた者の堕落》、《地獄》との、二つの対になった作品のひとつである。

（日本アートセンター編「新潮美術文庫ワボス」〈1975〉）

用例　後ろにあるスピーカーから《ホワイト・クリスマス》が流れはじめる。

（本間洋平「セレモニー」〈1990〉）

Ⓑ　特定分野の用語、また、特定概念を表す語句を示すときに使われる。

用例　〔…略…〕あれほど抽象的に思えたデリダの《エクリチュール》やバルトの《テクスト》こそがそれなのだ、と答えることができるように思われる。

（浅田彰「構造と力」〈1983〉）

用例　《同一性と非同一性の同一性》という観念が、青年期、イエナ期、体系期のヘーゲルをまっすぐに貫いている。（加藤尚武「ヘーゲル哲学の形成と原理」〈1980〉）

Ⓒ　特定の語を囲み、その語を目立たせたり、キーワードとして示したりするのに使われる。

用例　戦後最初に書かれた長編『十年』は、〔…略…〕《戦後》という時代を考える上で注目に値する作品であり、〔…略…〕　（本多秋五「『白樺』派の作家と作品」〈1968〉）

用例　田山花袋は「小説」を書いた。が、私の判断では、それは《文学》ではない。柳田国男の方に私は《文学》を感じる。　（柄谷行人「人間的なもの」〈1973〉）

Ⓓ 分析的な記述で、ある内容を要素・概念として取り出し提示するときに使われる。

用例　ここに基づいて，‘eat’ は《bird⇨》《horse⇨》《boy⇨》《girl⇨》は有するが，《flower⇨》《book⇨》は有しないという。　（國廣哲彌「意味論の方法」〈1982〉）

†上の用例の⇨は、その語が ‘eat’ を述語としてとりうることを表す。

4　（《　》«　»）印刷物や文書で、本文に対して付随的な情報や編集上の注記、箇条・項目・見出しなどを示す場合にさまざまに用いられる。

Ⓐ　辞書などで、注記や補説を示すときに使われる。

用例　**TWA**　〔外国企業〕アメリカのトランス=ワールド航空（Trans World Airlines）。《2001年アメリカン航空により買収、統合された》

（「アルファベット略語便利辞典」〈2006〉）

Ⓑ　項目や見出しの表示に使われる。

用例　《参考文献一覧》

Ⓒ　箇条書きの条項、設問などに通し番号や通し記号を付けるとき、番号や記号を囲むのに使われる。

用例　《1》当の患者を直接診察してでないと、涌井医師は、決定的な判断を下すことはできない。

《2》しかし、①旧症状の持続時間が、たいそう長いことと、新症状が、甚だめずらしい病例であることとの、二つの理由のため、〔…略…〕

（大西巨人「深淵」〈2004〉）

＊(　)が一般的。〔　〕[　]〈　〉【　】なども使われる。

補注

1　JIS X 0213では、《　》に「二重山括弧」、«　»に「二重山括弧引用記号」の名称を与え、《　》が日本語文脈で使用されるのに対し、«　»は欧文文脈でも使用されることを想定したものとしている。また、ユニコードでは《　》をdouble angle bracket、«　»をdouble angle quotation markと呼び、《　》がCJK symbols and punctuation（中国・日本・韓国のしるし物と句読点）のブロックに置かれているのに対して、«　»はLatin-1 supplement（ラテン1補助）のブロックに置かれている。つまり、和文で使われるのが《　》、主に欧文で引用符として使われるのが«　»と区別できるが、《　》は«　»に由来するもので«　»の異形とみられることから、本書では同一項目として扱った。

2　数学で用いる不等号≪（非常に小さい）、≫（非常に大きい）とは異なる。しかし、印刷物やwebページでは二重山括弧《　》の代用として不等号≪　≫が使われることがある。

3　辞書では、見出しの漢字表記欄で、常用漢字表にない読みに《を付けるなど、《を特定の意味を表す記号として使った例もみられる。「タバコ【《煙《草・《莨】」（「日本語新辞典」〈2005〉）など。

{ }

ブレース（英 brace）

中括弧／波括弧／カーリーブラケット（英 curly bracket）／こうもり

入力方法

- 日本語ローマ字入力でShift+「[{。「」「]}む」」（ATOK14～/IME2003～）
- 日本語ローマ字入力でShift+「8（ゆゅ」「9）よょ」（ATOK14～/IME2003～）または「,〈ね、」「.〉る。」（IME2003～）を押す→変換→選択
- 仮名入力でShift+「[{。「」「]}む」」を押す→変換→選択（ATOK14～/IME2003～）
- 英数入力でShift+「[{。「」「]}む」」
- 「かっこ」（ATOK14～/IME2003～）または「きごう」（IME2003～）と入力→変換→選択
- 文字パレットなどを使って入力

コード入力　JIS 2150・2151　シフトJIS 816F・8170　区点 00148・00149
ユニコード 007B・007D　（縦組み用）FE37・FE38　（全角）FF5B・FF5D

1　入れ子構造になった数式で、（　）で括られたまとまりよりも大きなまとまりであることを表す。「中括弧」と呼ばれ、（　）{　}の順に計算を行う。参照　（　）の8Ａ［　］の6Ａ

用例 $\{(5-3)\times(2+2)\}=8$

2 数学で、集合、また、無限数列を表す。「$Q=\{2,5,8,11,13\}$」「$\{a_n\}$」など。

3 複数の語・語句を1組のものとして文中などに示すときに使われる。一般にはまれな用法。

用例 たとえば「純粋」「格安」といった語は、「純粋{な／の}アルコール」「格安{な／の}品」のように、形容動詞の形でも名詞の形でも体言を修飾することができる。

用例 問3　次の文の{　}内の語を並べ替えて適切な英文にしなさい。

He {stay for was with family to Tom's going} two weeks.

4 注記や補足の文を書き加えるときに使われる。普通は（　）や〔　〕を用いる。

用例 **麻田**　「冤罪問題」？　そんなことはありません。

杉森　ははぁ、これは冤罪問題ではない、と秋山さんは言うのですか。

{杉森の表情・言葉付きは、いくぶん険しさを増している。}

（大西巨人「深淵」〈2004〉）

5 箇条書きの条項、設問、選択肢などに通し番号や通し記号を付けるとき、番号や記号を囲むのに使われる。縦書きの場合、縦組みで囲むことが多い。一般には（　）〔　〕〈　〉などが用いられる。

用例 {イ}酒田英夫・安西祐一郎・甘利俊一著『脳科学の現在』〔中央公論社一九八七年初版刊〕。

{ロ}"Memory and Amnesia ／an introduction" by Alan J. Parkin〔アラン・J・パーキン著『記憶および健忘／概説』B・ブラックウェル一九八七初版刊〕。

{ハ}保崎秀夫筆『記憶障害の臨床』〔『臨床精神医学』第十七巻第九号（一九八八年）「特集／記憶の障害—最近の進歩」所載〕。

〔…略…〕　（大西巨人「深淵」〈2004〉）

6 複数行にわたって行数分の幅をもつブレースを使う用法。片側だけに描かれることが多い。

Ⓐ 数行にわたって示した語句や文について、それらが組をなすもの、あるいは同一に扱われるものであることを表す。

用例

工　務　課 {紡　績　係 / 織　布　係 / 原　動　係} 各分担区域を二乃至三分し一区一人にて（附属部兼任又は二人位にて分担）

庶　務　課 / 用　度　課} 此の二課は分つて居らぬ処もある

〔…略…〕　（細井和喜蔵「女工哀史」〈1925〉）

Ⓑ 数学で、連立する複数の式を表す。

用例　$\begin{cases} 2x+3y=4 \\ x\ -y\ =7 \end{cases}$

Ⓒ　楽譜で、複数の五線を結ぶ。五線の左端、縦線の左に描かれる。

補注

昭和7 (1932) 年より刊行された国語辞典『大言海』では、「{」を「古キ語、或ハ、多ク用ヰヌ語、又ハ、其注ノ標。」とし、「{あか-ね-さす (枕)」のように古語の見出しの頭や、「うつ-く・し〔…略…〕(一) {ウルハシ。アテヤカナリ。ツヤヤカナリ。奇麗ナリ。〔…略…〕」のように、古くからある語義の冒頭に付けている。

【　】　すみつきかっこ【隅付き括弧】

隅付きパーレン／太きっこう／黒きっこう／亀の子括弧／ゴシックパーレン (和製語 Gothic paren)／電報パーレン

入力方法

- 日本語ローマ字入力でShift+「8 (ゆゅ」「9) よょ」(ATOK14～/IME2003～) または「, <ね、」「. >る。」(IME2003～) を押す→変換→選択
- 仮名入力でShift+「[{。「」「] } む」」を押す→変換→選択 (ATOK14～/IME2003～)
- 「かっこ」(ATOK14～/IME2003～) または「きごう」(IME2003～) と入力→変換→選択
- 文字パレットなどを使って入力

コード入力　JIS 215A·215B　シフトJIS 8179·817A　区点 00158·00159
ユニコード 3010·3011　(縦組み用) FE3B·FE3C

1　項目・見出しなどの表示に用いる。 類似用法　(　)〔　〕《　》〈　〉［　］〘　〙

用例　【解答】(1) イ　(2) ウ　(3) エ

【解説】(1)「ア」は形容詞、「ウ」は動詞、「エ」は形容動詞で活用がある。「イ」は連体詞で活用しない。

(3) 修飾－被修飾の関係にある熟語を探す。

用例　【出演】原節子・笠智衆・田中絹代・東山千栄子・左卜全ほか

用例　第一条　【国連の目的】国際連合の目的は、次のとおりである。(国際連合憲章)

用例　【編集稽古】01 どこかに、こんな文章が掲げられていたとする。これに句読点を打って、二つの意味を持つ文脈にしてほしい。

(松岡正剛「知の編集術」〈2000〉)

＊六法全書などでは、法令原文にある（　）囲みの見出しと区別して、編者の付けた見出し

に【　】［　］などが使われる。

2　**辞書で、見出し語の表記などを示すときに用いられる。**

用例　いわし【×鰯・×鰮】〔名〕魚の一種。

3　**新聞・雑誌などで、特定の事柄の表示、特に記事や写真のクレジットの表示に用いられる。**

用例　【モスクワ—××特派員】

用例　【テヘラン＝14日ロイター】

4　**書籍・電子掲示板などで、書名やタイトルを目立たせるのに使われる。**

用例　【増補改訂版】HTML入門

5　**箇条書きの条項、章節、設問、注などに通し番号や通し記号を付けるとき、番号や記号を囲むのに使われる。一般には（　）〔　〕〈　〉などを使うことが多い。**

用例　【A】洟を啜る癖のある相手とは、恋愛する・いっしょに暮らす・結婚することができない。

【B】犬や猫などの愛玩動物を飼う相手とは、恋愛する・いっしょに暮らす・結婚することができない。　（大西巨人「深淵」〈2004〉）

6　**試験問題などで、問題文中の埋めるべき空所や設問の対象となる箇所などを示すのに使われる。**

用例　問５　次の英文を読んであとの問いに答えなさい。ただし文中の【　】で括った部分は語順を入れ替えてある。

7　**文中で特定の語を囲み、その語を目立たせたり、また、「　」と同様に「いわゆる」の意味合いを含ませたりするのに使われる。**

用例　特にこのシリーズの場合には【お蔵入り】は日常茶飯事であった。

（平山夢明「東京伝説」〈2006〉）

補注

7のほか、引用文中の注記に【　】を使った例などもみられるが、【　】が一般の文章中で〈　〉や〔　〕のように引用符・挿入符として使用されることは少ない。

〖 〗

しろぬきすみつきかっこ【白抜き隅付き括弧】

隅付き括弧（白）／白抜き隅付きパーレン

入力方法

◆ 文字パレットなどを使って入力

コード入力 JIS 225A・225B　シフトJIS 81D8・81D9
区点 —　ユニコード 3016・3017

1 辞書で、見出し語の表記などを示すときに用いられる。特に、【 】による表示と区別して示す場合に使われることが多い。

用例 バイオグラフィー〖biography〗伝記。伝記文学。（「大辞泉」〈1995〉）

＊「大辞泉」では、漢字表記を【 】、欧米由来の外来語の原綴を〖 〗で示している。

2 箇条書きの条項、設問、注などに通し番号や通し記号を付けるとき、番号や記号を囲むのに使われる。一般には（ ）〔 〕〈 〉などを使うことが多い。

用例 〖1〗次の英文を和訳しなさい。(20)

3 引用または編集した文章で、その一部分を、別途説明・定義した事柄の該当箇所として示すのに使われる。

用例 また、たとえば『米英文芸辞林』第二版〔論攷書院一九六〇年刊〕は、「サッコ＝ヴァンゼッティ事件」を次ぎのように記述し、同書第三版〔同上一九八四年刊〕は、〖 〗内のように補足する。

第一次世界大戦後～一九二〇年代のUSAに現出した保守反動時代を象徴する裁判事件。〔…略…〕

USA内外の自由主義者たち・国際的な運動が、激しく抗議し、公正な審理を求めたものの、実らず、一九二七年、ついに刑は、執行された。〖しかし、一九七七年、マサチューセッツ州知事は、再審の結果を踏まえて、裁判が不公正であったことを公式に認めた。こうして二人の無罪は、ようやく刑死後五十年にして確定した。〗（大西巨人「深淵」〈2004〉）

補注

【 】に準じて使われるが、一般の書籍や文章で使用されることは少ない。

〝 〟

ダブルミニュート
（和製語 英 double＋仏 minute）

ノノかぎ／ちょんちょん括弧／ひげ括弧／鷹の爪／猫の爪

入力方法

- ◆「かっこ」（ATOK14〜/IME2003〜）または「きごう」（IME2003〜）と入力→変換→選択
- ◆ 日本語ローマ字入力でShift＋「2"ふ」を押す→変換→選択（IME2003〜）
- ◆ 仮名入力でShift＋「2"ふ」を押す→変換→選択（IME2003〜）
- ◆ 文字パレットなどを使って入力

コード入力

JIS	2D60･2D61	シフトJIS	8780･8781
区点	—	ユニコード	301D･301F　（左上詰め）301E

[1] 話されたり書かれたりした言葉を文章中に示すときに用いる。「　」と性質の異なる会話文・引用に用いられることが多い。 類似用法 「　」の[1]『　』の[1]〈　〉の[2]《　》の[2]

用例 発売は十一月十五日でした。当日の新聞広告には、
〝日本文化と民族のこころを伝える 真の国語辞典、誕生〟
というコピーが大きく扱われて、井上靖氏の次のような推薦文が添えられていました。　（倉島長正「「国語」と「国語辞典」の時代」〈1997〉）

＊〝　〟内で文が終止する場合の句点の扱いなどについては「　」に準じる。「　」の[1]の注記、およびコラム「括弧類と句点」を参照。

[2]『　』「　」などの中でさらに引用符を使うときに用いる。

用例 「今夜ここで、その『贋の住所氏名』が難なく出て来た、という『無意識的想起現象』、ひいては『〝なにせ、〈アキヤマ・ノブオ〉という名前と自分自身とは無縁ではない〟というような、依然として君に残存する情調』には、よほど重大な意味がありそうだよ。〔…略…〕」　（大西巨人「深淵」〈2004〉）

＊「　」に次いでは『　』を使うのが標準だが、新聞社などの表記ルールでは、引用符は「『〝　〟』」の順で使うとすることが多い。
＊＊上に挙げた大西巨人の会話文の例では「『〝〈　〉〟』」という四重の構造になっている。

[3] 文中で、他の語と区別して示したい語を囲む。 類似用法 「　」の[2]〈　〉の[3]《　》の[3]

Ⓐ 作品名・書名その他の固有名詞や、章題などを示すのに用いられる。

用例 銅国際会議十月初旬開催か／〝エコノミスト〟廿九日附論評

（大阪毎日新聞 1934.10.1見出し）

用 例　この、次第に成り下がり、感心できない王が出てくる過程、これが『史記』の〝本紀〟の出発点となっているのであります。　（武田泰淳「司馬遷『史記』」〈1969〉）

用 例　バチスカーフタイプの〝わだつみ〟は方式こそアメリカの〝アルミノート〟や、フランス・ベルギーが共同開発した〝リチウマリン〟タイプより古いが、〔…略…〕
（小松左京「日本沈没」〈1973〉）

Ⓑ なじみのない語や新奇な語、また、筆者による造語などを文中で使うとき、「～というもの」「～とでも呼ぶべきもの」などの意味合いを含めて用いられる。

用 例　近畿〝空の停留場〟を愈々阪神間に設置　（大阪毎日新聞 1933.6.9見出し）

Ⓒ その語を自分の言葉として使いたくない場合や、物事がその語本来の意味どおりのものであるか疑問があるような場合に、「言うところの」「いわゆる」という意味合いを含めて用いられる。

用 例　そして文法授業の教室は、それ以後、暗記力にしか誇るところのないひと握りの〝優等生〟たちだけのものになるのである。
（井上ひさし「私家版日本語文法」〈1981〉）

Ⓓ 文中で特定の語句を目立たせたり、キーワードとして示したりする場合に用いられる。

用 例　視覚を変えていえば、庶民は嚮《さき》に規定した〝絶対的余剰〟を収奪され尽していて、〔…略…〕　（廣松渉「生態史観と唯物史観」〈1991〉）

補注

1　用例はすべて横組みで示したが、本来は縦組み用の引用符で、縦組みでは見出しのように〃 〃の形になる。
2　横組みでは起こしと閉じを〃　〃または〃　〃と組み合わせることもある。
3　“　”は欧文の引用符（ダブルクォーテーションマーク）で、別の符号。
4　欧文の“　”にならって日本で作られた符号で、昭和初年代後半から使われはじめたとみられる。
5　新聞社の表記ルールでは、「かぎカッコを優先させ、かぎカッコとの使い分けに意味がある場合だけ使う。」（「【最新版】毎日新聞用語集」〈2002〉）としている。

“　”　ダブルクォーテーションマーク（英 double quotation mark）

ダブルクォート（英 double quote）／クォーテーションマーク（英 quotation mark）／ダブルクォーテーション

／クォーテーション／ダブル引用符／二重引用符／
引用符／引用符号

入力方法

- ◆ 英数入力でShift＋「2"ふ」
- ◆ 日本語ローマ字入力でShift＋「2"ふ」（ATOK14～/IME2003～）または「7'や」（ATOK14～）を押す→変換→選択
- ◆ 仮名入力でShift＋「2"ふ」を押す→変換→選択（IME2003～）
- ◆ 「かっこ」（ATOK14～）または、「いんようふ」あるいは「きごう」（IME2003～）と入力→変換→選択
- ◆ 文字パレットなどを使って入力

コード入力 JIS 2148･2149 シフトJIS 8167･8168
区点 00140･00141 ユニコード 201C･201D

1 欧文や現代中国語で用いられる引用符の１つ。和文の「　」にあたる。“＿＿”の形は主にアメリカ英語やスペイン語・ポルトガル語など、„＿＿“の形はドイツ語や中東欧系の言語など、„＿＿”の形はオランダ語やポーランド語、”＿＿”の形はスウェーデン語・フィンランド語などで用いられる。

A 会話文に用いる。

用例 “I'll go with you if you want me to,” said Tom.
“No, thanks,” Susie replied. “I don't want you to.”
〔＝「お望みなら一緒に行くよ。」とトムが言った。
「いいえ、ありがとう。」スージーは答えた。「そこまでしてもらう気はないの。」〕

用例 He shouted, “What luck !”〔＝彼は叫んだ。「なんて運がいいんだ！」〕

†上の例に見るように、英文では、会話・引用文に属するピリオド・コンマをクォーテーションマークの中に打ち、地の文のカンマ・ピリオドを重複して打つことはしない。？ や ！ の場合は、それが会話・引用文だけに属するか文全体に属するかで位置が決まるが、クォーテーションマークの内に入る場合も ” のあとに改めてピリオドを打つことはしない。

B 文章や語句の引用に用いる。

用例 “To be or not to be: that is the question” is a famous phrase in *Hamlet* written by Shakespeare.〔＝「生きるべきか死ぬべきか、それが問題だ」はシェイクスピアの『ハムレット』にある有名な文句である。〕

用例 Theodore Dreiser was often called “the American Zola.”〔＝セオドア・ドライザーはしばしば〝アメリカのゾラ〟と呼ばれた。〕

†アメリカ英語ではBの第２例のように、引用語句でなく文全体に属するピリオドも文末のクォーテーションマークの中に打つことが多い。

C その語を自分の言葉として使いたくない場合や、対象がその言葉どおりのものである

か疑問があるような場合に、「いわゆる」 という気持ちを込めたり、皮肉な意味を添えたりして用いる。

用例 What "luxurious" dishes those were !〔=なんと〝豪華〟な料理だったことだろう。〕

D ある語句や記号を取り上げて述べるとき、地の文と区別するために用いる。

用例 The word "happy" is an adjective.〔=happyという語は形容詞である。〕

E 作品名や章の題名に用いる。

用例 *The Adventures of Sherlock Holmes* is a collection of twelve stories, which contains "A Scandal in Bohemia" and others.〔=『シャーロック・ホームズの冒険』は、「ボヘミアの醜聞」その他12の物語を収める短編集である。〕

†上の例のように、英文では、書籍名や雑誌名を表すとき、クォーテーションマークを使わずにイタリック体で表記するのが普通。

F 日本語をローマ字で表記するときに、引用符として使う。

用例 "Ohayô." to aisatu suru.

2 シングルクォーテーションマークで囲んだ中でさらに引用符を使うときに用いる。

用例 'His answer was "No,"' Jane said. 〔=「彼の答えは『ノー』だったわ。」とジェーンは言った。〕

*この場合、三重の引用では ' " ' ' " ' となる。
**ダブルクォーテーションマークを最初の引用符として使った場合は、" ' ' "、" ' " " ' "となる。

3 和文中で、欧文の会話・引用文・作品名や特殊な欧文文字列などを示すときに用いられる。本文が縦組みでも、欧文の部分は横組みで示す。

用例 "Yes, come in."と言つたら宿の亭主がニコニコして這入つて来た。
（夏目漱石「倫敦消息」〈1901〉）

用例 〔…略…〕柳田君はパウル・ブウルジエの "Pastel of man" と "Portrait of women"の中の話などをしてきかせた。 （田山花袋「東京の三十年」〈1917〉）

用例 小文字のうち，x-hightより上に出る "bdfh" などをアセンダ文字，ベースラインより下に出る "gpqy"をディセンダ文字といいます．
（モリサワ編「文字組版入門」〈2005〉）

*和文中では、クォーテーションマークなしで欧文の会話や引用文が示されることも多い。上の例に示した「倫敦消息」でも、「Thank you, Mr. Natsume, thank you. と言つてニコニコ笑つた。」のようにクォーテーションマークを付けていない箇所がみられる。また、あまり一般的でないが、クォーテーションマークでなく「 」を使って示すこともある。
**外国語による会話を日本語による会話と同列に示す場合は、普通に「 」が使われる。
用例 「……Gotta goodie, Doi? 」

というメリケンスラングが聞こえた。
「None, none, everything's bad !」　　（堀田善衛「広場の孤独」〈1951〉）

＊＊＊引用や作品名としてでなく和文中に欧米語を原綴で示したり、原綴のまま使ったりする場合は、クォーテーションマークを付けないことが多い。

用例　聖者と崇められた尼なんぞには、実際性欲を perverse の方角に発揮したに過ぎないのがいくらもある。献身だなんぞという行《おこなひ》をした人の中には、Sadist もいれば Masochist もいる。　　（森鷗外「ヰタ・セクスアリス」〈1909〉）

＊＊＊＊学術論文で外国語文献に言及する場合は、英文での用法に準じ、論文名を“　”、収録雑誌・書籍名をイタリック体で示すのが標準。

4　和文で、「　」や〝　〟（ダブルミニュート）に代えて日本語の引用符として使われる。

用例　“符号化文字集合”と“符号”とは，交換可能な用語である。例えば“７ビット符号化文字集合”と“７ビット符号”とは，同じ意味である。
（JIS X 2013〈2000〉）

用例　待ち合わせ時間を少し過ぎた頃タクヤからメールが来た。
“遅れてごめんね、着いたよ!!”
（めぐみ「心の鍵」〈2007〉）

用例　小澤のすごいところは、まだ二十歳を過ぎたばかりだというのに、書店の店員から”何が売れるか“の調査を怠らなかったことだ。
（櫻井秀勲「戦後名編集者列伝」〈2003〉）

＊JISの規格表（横書き）では引用符は“　”を使うとしている。
＊＊ふつう横書きで使うが、上の例のように縦書きで使われることもある。

5　インターネットの検索エンジンで、キーワードの文字列と完全に一致する語句を含む情報だけ検索したいとき、そのキーワードを囲む。

＊検索エンジンによってはこの機能がないこともある。

補注

1　タイプライターでは起こし・閉じとも同形の " が使われた。パソコンでも、機能の限られたエディターの場合、半角英数入力では、「２"ふ」を押しても " か 〃 しか入力できないことがある。

2　欧文印刷では、クォーテーションマークとその内側の文字との間は空きを設けず、外側の文字との間には、その行の語間と同じ幅の空きを設けるのが普通である。

3　横組みの和文印刷では、起こしの“と前の文字との空き、閉じの”とあとの文字との空きは、それぞれ半角空きとすることが多い。ただし、JISの規格表では空きを設けずに前後の字との間を詰めている。

‘ ’

シングルクォーテーションマーク（英 single quotation mark）

シングルクォート（英 single quote）／クォーテーションマーク（英 quotation mark）／シングルクォーテーション／クォーテーション／シングル引用符／引用符／引用符号

入力方法

- ◆ 英数入力でShift＋「7'や」
- ◆ 日本語ローマ字入力でShift＋「2"ふ」「7'や」（ATOK14〜/IME2003〜）または「2"ふ」（ATOK14〜）を押す→変換→選択
- ◆ 仮名入力でShift＋「2"ふ」を押す→変換→選択（IME2003〜）
- ◆ 「かっこ」（ATOK14〜）または、「いんようふ」あるいは「きごう」（IME2003〜）と入力→変換→選択
- ◆ 文字パレットなどを使って入力

コード入力

JIS	2146･2147	シフトJIS	8165･8166
区点	00138･00139	ユニコード	2018･2019

1 欧文で用いられる引用符の１つ。和文の「　」にあたる。主にイギリス英語で使われ、アメリカ英語やヨーロッパ大陸の言語などでは、一般に“　”（ダブルクォーテーションマーク）が使われる。参照 “　”の1

2 ダブルクォーテーションマークで囲んだ中でさらに引用符を使うときに用いる。ダブルクォーテーションマークに準じて、ドイツ語などでは ‚____‘、オランダ語などでは ‚____’、スウェーデン語などでは ’____’ の形となる。参照 “　”の2

用例 “Her answer was ‘No,’ ” Bill said. 〔＝「彼女の答えは『ノー』だったよ。」とビルは言った。〕

＊この場合、三重の引用では“　‘　“　”　’　”のようになる。
＊＊シングルクォーテーションを最初の引用符として使った場合は、‘　“　”　’、‘　“　‘　’　”　’となる。

3 和文中で、欧文の会話・引用文・作品名や特殊な欧文文字列などを示すときに用いられる。縦組みであっても、欧文の部分は横組みで示す。参照 “　”の3

用例 「文 ‘p’ が真ならばその否定文 ‘−p’ は偽であり、文 ‘p’ が偽ならばその否定文 ‘p’ は真である」。　（沢田允茂「現代論理学入門」〈1962〉）

用例　それ以前にも麻田の知ってはいた ‘esplanade’ という単語が、彼の心に刻みつけられたのは、〔…略…〕
（大西巨人「深淵」〈2004〉）

④ **和文で、「　」や〝　〟に代えて日本語の引用符として使われる。** 参照　“　”の④

用例　‘中とびら’ の指定では，使用活字・字割・字下がり，左右の位置関係などの指定をする．
（藤森善貢「出版編集技術」〈1978〉）

用例
おいもといって、みんながすぐに思い浮かべるのはやはり‘やきいも’でしょう。（あかぎかんこ「本の探偵事典 ごちそうの手がかり編」〈2005〉）

＊ふつう横書きで使うが、右の例のように縦書きで使われることもある。

補注

1　閉じのシングルクォーテーションマークはアポストロフィと位置・形が同じ。

2　タイプライターでは起こし・閉じとも同形の ' が使われた。パソコンでも、機能の限られたエディターの場合、半角英数入力では、「7 ' や」を押しても ' しか入力できないことがある。

3　欧文印刷では、クォーテーションマークとその内側の文字との間は空きを設けず、外側の文字との間には、その行の語間と同じ幅の空きを設けるのが普通である。

4　横組みの和文印刷では、起こしの ‘ と前の文字との空き、閉じの ’ とあとの文字との空きは、それぞれ半角空きとするのが普通。

近代小説にみる会話文の変遷 1

❖「 」（鉤括弧）に類似の符号はわが国で江戸時代からみられ、外国語などなじみのない語を囲んだり他書からの引用を示したりするのに使われた。「江戸詞の「から」をわらひなはるが」（式亭三馬『浮世風呂』）など、ある言葉そのものを取り上げて示すのに使った例もある。

会話文でも、滑稽本や歌舞伎脚本などで「に類似の符号が使われることはあった。しかし会話文の場合は、頭の「だけがあって閉じの」がないこと、また、〽のような形が多いことから、前記の「 」とは異なり、〽（庵点《いおりてん》）が変形したものとも考えられる。

現在のように会話を示すのに「 」で前後を囲む形式が一般的になったのは、明治二十年代以後である。明治に入ってからも、「…」の形が定着するまではさまざまな会話文の形式がみられた。

❖明治初期の戯文や滑稽小説では〽（庵点）を使った会話がみられる。次は明治五（一八七二）年刊行の仮名垣魯文『胡瓜遣』の例。

人力〽へい有りがたうモシお茶屋まで参りやせう◐〽イヤそれにやァおよばねへ⧖〽ヲイ〳〵尽《ちん》てきが這入て行ぜ彼奴《きやつ》何処へあがるか跡をつけて見やうじやねへか

〽の上の「人力」や◐、⧖は発話者を示すもので、江戸時代の滑稽本などに多い形式である。

❖明治一八（一八八五）年から翌年にかけて刊行された坪内逍遥の『当世書生気質』では、冒頭に発話者を（ ）で示す形で連続する会話を描いている。

引用中の「は現在の鉤括弧《かぎかっこ》でなく、鉤画《こうかく》と呼ばれる一種のくぎり符号。

待兼たりける守山友芳一寸たちあがりて会釈をなし（友）小町田君。その後は暫く「小町田も礼をかへし（小）こなたこそ久しく失敬を（倉）マアそんな事は後にして。守山君。出やうじやアないか。どうせ例の一件は。此処じやア話せないヨ（友芳）さうですネエ。それじや直《すぐ》にでかけませう。〔…略…〕

❖＝（二重ダッシュ）の項に挙げたように、明治二〇年前後には山田美妙、巌谷小波などの小説で、会話や心内語などの引用語句を＝で挟んで示す形もみられた。次は明治一九年刊の山田美妙『少年姿』の例。

佐藤兵衛武任は、〔…略…〕其儘傍《かたへ》に馳来り、＝平田様か＝と問蒐《とひか》けし　声に顧る三五郎。＝這《こ》は武任か。勇ましや。清家殿は何処に＝…と　言ひつ、件の武任が、担ぎし物をよく視れば、紛ふ方無き清家なり。

❖明治二二年刊の単行本『初時雨』所収のエッセイで尾崎紅葉は、西洋の“ ”を紹介しながら、現在の日本文で“ ”に当たるものに「があるとし、ほかに『・（ ）・＝を挙げている。明治二〇年前後は現在主流の「……」の形が始まったばかりであり、＝……＝も引用符として「とほぼ同等に認識されていたようである。他に（ ）を使った会話文も、この時代の山田美妙や尾崎紅葉にみられる。

近代小説にみる会話文の変遷2

❖明治一九（一八八六）年刊の末広鉄腸の政治小説『雪中梅』では、「近代小説にみる会話文の変遷1」に挙げた魯文・逍遙・美妙などの例よりも、会話の部分に「を使って現在に近い形になっている。

「チョイト貴君《あなた》少し御発《おはっ》しなさいな△「三味線《さみせん》は騒がしくて話をすることが出来ん少し止《や》めて呉れんか」芸者玉助三絃《さみせん》を側《わき》へ置き「ケツコウ私《わたく》しも先刻からさう仰《おつ》しやつて下さるだらふト思つて居りましたよ松田さん一拳願ひませう●

「オイキタシヤン〳〵〳〵そら勝《かつ》たシヤン〳〵又勝《またかつ》たサア飲まぬか〔…略…〕

『雪中梅』では、会話がすぐあとに続く場合や、「と言って」などの「と」に続く場合は閉じの」を付けないが、地の文が「と」で前の会話を受けていない場合は、右のように閉じの」が使われている。

❖言文一致体で書かれ、近代写実小説の先駆とされる二葉亭四迷の『浮雲』は、明治二〇（一八八七）年に第一編が刊行された。『浮雲』第一編では、

お勢が笑ひながら「そんなに真《ま》地目《じめ》にお成《なん》なさるとかうするからいゝ」とくすぐりに懸ッた其の手《て》頭《さき》を払ひ除けて文三が熱気《やっき》となり「ア、我々の感情はまだ習慣の奴隷だお勢さん下へ降りて下さい」といつた為にお勢に憤《おこ》られたこともあッたが……〔…略…〕

のように、地の文に織り込まれた会話文は「…」の形になっている。しかし、直接に会話を改行で示した箇所では、

「彼奴《あいつ》はいかん彼奴は馬鹿だからいかん

「何故

「何故と言つて彼奴は馬鹿だ課長に向つて此間のやうな事を言ふ所を見りア弥《いよ〳〵》馬鹿だ

と、閉じの」がない。

❖明治二一年刊の山田美妙『ぬれころも』初編は、1で引いた明治一九年の『少年姿』とは打って変わり、地の文も会話文もきわめて近代的なものとなっている。

男の子は疵口を見やうとしますと女の子は鼻声でこれを差止めます。

「否《いや》だよゥ。痛いよゥ」。

「何故？　痛くは為《し》ないよ」。

「痛くするから否だよゥ」。

「決して痛くは為ないから。早く手当を為ないじやァ……御見せだから痛くは為ないよ」。

改行される会話文で句点が「」」の外にあるのは、明治期にしばしばみられた形。

❖明治二十年代前半は会話文の形式の過渡期であり、以後も「」でなく（）や( )を使ったり、発話者の名を示したりする形がしばらく行われ、また、幸田露伴や樋口一葉のように、引用符を使わず会話文を地の文に織り込んで示す古典的な形も長くみられた。しかし、明治二十年代後半になると「…」の形が小説の会話文として次第に広まり、明治三十年代には一般的な形式として定着するに至った。

第4章　くりかえし符号

ヽ	ヾ	ゝ	ゞ	〱	〲
一の字点	一の字点	一の字点 （平仮名用）	一の字点 （平仮名用）	くの字点	くの字点
々	〻	〃	仝		
同の字点	二の字点	ノノ点	どう		

1　ここには同じ文字や語句をくりかえすとき、文字に代えて使われる符号を集めた。このうち「ヽ(ヾ)」「ゝ（ゞ)」「〱（〲)」「々」「〻」は一般に「踊り字」と総称される。「重ね字」「送り字」「畳字《じょうじ》」などとも呼ばれる。また、「踊り字」のうち仮名に使われる「ヽ（ヾ)」「ゝ（ゞ)」は「揺すり仮名」とも呼ばれる。

これらの「踊り字」が、言葉を書き表すとき仮名や漢字に代えて使われる符号であるのに対して、「〃」は前に示された事柄そのもののくりかえしを表す符号で、「踊り字」とは用法が異なる。「〃」は「踊り字」に含めないのが普通である。

「仝」は漢字「同」の異体字で、符号でなく漢字だが、「〃」と用法に共通するところがあるため取り上げた。

2　現在、公用文や新聞などの表記ルールでは、「々」以外は、固有名詞の表記（「金子みすゞ」など）を除き、原則としてくりかえし符号を使わないとしている。

3　印刷物・出版物では、「ヽ(ヾ)」「ゝ(ゞ)」「々」「〻」を行頭禁則として、行頭に置かないことが多い。ただし、古い出版物や原著者の表記を尊重する建前の出版物では、行頭に置かれることもしばしばある。

4　くりかえし符号に関する参考資料として、昭和21（1946）年文部省教科書局調査課国語調査室作成の「くりかへし符号の使ひ方〔をどり字法〕（案）」と、昭和25（1950）年文部省編『文部省刊行物表記の基準』の「付録」を巻末に付した。

いちのじてん【一の字点】

ヽ ゛

一つ点／カタカナ返し／カタカナ送り／カタカナ繰り返し符号

入力方法
- 「おなじ」「くりかえし」（ATOK14〜/IME2003〜）「おどりじ」（ATOK14〜）のいずれかを入力→変換→選択
- 文字パレットなどを使って入力

コード入力
- **JIS**　（濁点なし）2133　（濁点付き）2134
- **シフトJIS**　（濁点なし）8152　（濁点付き）8153
- **区点**　（濁点なし）00119　（濁点付き）00120
- **ユニコード**　（濁点なし）30FD　（濁点付き）30FE

1 同じ仮名がくり返されるとき、仮名に代えて第2字以下に用いる符号。現在は、同じカタカナがくりかえされるときに用いる。清音のあと濁音が続く場合は「ヾ」とする。濁音がくりかえされる場合は「ヾ」が使われることが多い。 参照 ヽ（次項）

用例 一寸ヽ、のおばアさんに用がありましたから。（坪内逍遥「妹と背かがみ」〈1886〉）

用例 （又云ク親ト主人ハ無理ヲ云フモノナドヽ、テ或ハ人ノ権利通義ヲモ枉ク可キモノ、ヤウ唱ル者アレドモ　　　　（福沢諭吉「学問のすゝめ」〈1873〉）

＊「ヽ」「ヾ」は1つの語の中で使うのが原則とされているが、実際には、上の福沢諭吉の例のように文節中の付属語にわたってもしばしば使われる。

2 「ヽ」をいくつも連ねて、欠文・判読不能の箇所や省略箇所を示すのに使われる。

用例 況んやだらしのない人間が、だらしのない物を書いてゐるのが古今の文壇の、ヽヽヽ　　　　　　　　　　　　　　　　　　　　（終）
二葉亭が申します。此稿本は夜店を冷やかして手に入れたものでござりますが、跡は千切れてござりません。　　　　　（二葉亭四迷「平凡」〈1908〉）

＊普通は「…」（三点リーダー）や「‥」（二点リーダー）を用いる。

補注
1 「ヽ」「ヾ」とも、子どもの名付けに使うことはできない。
2 「ヾ」は「カタカナ返し濁点」などともいう。

ゝ ゞ

いちのじてん【一の字点】(平仮名用)

一つ点／平仮名返し／平仮名送り／平仮名繰り返し符号

入力方法

- ◆ 「おなじ」「くりかえし」(ATOK14～/IME2003～)「おどりじ」(ATOK14～)のいずれかを入力→変換→選択
- ◆ 文字パレットなどを使って入力

コード入力

JIS	(濁点なし)2135	(濁点付き)2136
シフトJIS	(濁点なし)8154	(濁点付き)8155
区点	(濁点なし)00121	(濁点付き)00122
ユニコード	(濁点なし)309D	(濁点付き)309E

同じ仮名、特に平仮名がくりかえされるとき、仮名に代えて第２字以下に用いる符号。清音のあと濁音が続く場合は「ゞ」とする。「学問のすゝめ」「えい、まゝよ。」「問いたゞす」「金子みすゞ」「あはゝゝゝ」など。濁音がくりかえされる場合は、「ぢゝばゝ」または「ぢゞばゞ」と、「ゝ」「ゞ」のいずれも使われる。参照 、(前項)

用例 「棄狗《すていぬ》ツて……誰かゞ棄《すて》てツたのさ。」　(二葉亭四迷「平凡」〈1908〉)

＊昭和21(1946)年文部省教科書局作成の「くりかへし符号の使ひ方」などでは、「ゝ」「ゞ」は１つの語の中で使うのが原則とされているが、実際には、上の二葉亭四迷の例のように文節中の付属語にわたってもしばしば使われる。

＊＊「くりかへし符号の使ひ方」では、濁音がくりかえされる場合は「ぢゝ」のように濁点を打たずに使うことを「準則」としている。参照 巻末付録

補注

1　「ゝ」「ゞ」とも、子どもの名付けに使うことができる。ただし名前の１字目に使うことはできない。

2　「ゝ」は、「〻」(二の字点)を簡略にした形に由来するという。参照 〻

3　「ゞ」は「平仮名返し濁点」などともいう。

〳〵 〴〵

くのじてん【くの字点】

大返し／二倍送り

入力方法

◆ 文字パレットなどを使って入力

コード入力

JIS （上半分濁点なし）2233　（上半分濁点付き）2234
（下半分）2235

シフトJIS （上半分濁点なし）81B1　（上半分濁点付き）81B2
（下半分）81B3

区点 （上半分濁点なし）—　（上半分濁点付き）—
（下半分）—

ユニコード （濁点なし）3031　（濁点付き）3032　（上半分濁点なし）3033
（上半分濁点付き）3034　（下半分）3035

1 縦書きで、2字以上の仮名、または仮名交じりの文字・語句をくりかえすとき、字に代えて用いる符号。くりかえし部分の頭の音が「さま〴〵」のように濁音に変わる場合は「〴〵」とし、「ぎざ〳〵」のように濁音を含む部分がくりかえされる場合は普通、「〴〵」でなく「〳〵」とする。「わっしょい〳〵」「キョロ〳〵」「代わる〴〵」「しば〳〵」など。

用例 此牛肉はがうぎに佳味《うめへ》ゼ。食《やっ》てごらん〳〵
（仮名垣魯文「西洋道中膝栗毛」〈1872〉）

2 転じて、漢字だけで書かれる語のくりかえしに使われる。

用例 〔…略…〕足取も次第〳〵に緩やかになつて〔…略…〕
（二葉亭四迷「浮雲」〈1887〉）

補注

1 昭和25（1950）年9月の『文部省刊行物表記の基準』では、「くりかえし符号は、「々」以外は、できるだけ使わないようにするのが望ましい。」としたうえで、「〳〵」を使用する場合でも、3字以上にわたるくりかえしには使わないとしている。参照 巻末付録

2 「〳〵」「〴〵」とも、子どもの名付けに使うことはできない。

3 Webページなど横組みの表記では、スラッシュ（／）やバックスラッシュ（＼）を使って「／＼」「／″＼」のように示すことがある。

々

どうのじてん【同の字点】

漢字返し／漢字送り／ノマ点／漢くり／くりかえし／おなじ

入力方法

◆ 「どう」「おなじ」「くりかえし」（ATOK14～/IME2003～）「おどりじ」（ATOK14～）のいずれかを入力→変換→選択

◆ 文字パレットなどを使って入力

コード入力 JIS 2139 シフトJIS 8158 区点 00125 ユニコード 3005

1 同じ漢字が同音または同訓でくりかえされるとき、第 2 字に代えて用いる符号。「人々《ひとびと》」「直々《じきじき》」「云々《うんぬん》」「前々回」「年々歳々」「戦々恐々」「佐々木さん」「代々木公園」など。

*「馬鹿々々しい」「謹聴々々」のように、2 字以上の漢字をくりかえすときに使われることもある。明治初期までは、「一軒々」と書いて「一軒一軒」と読ませるなど、「々」1 つで漢字 2 字をくりかえす使い方もされた。

**「常用漢字字体表」「大会会場」など、同じ字がくりかえされても 2 語にわたる字の重なりには使わない。また、「民主主義」のような複合語でも、語構成（「民主」＋「主義」）の切れ目では使わないのが普通。

2 揺すり点（〻（二の字点）2）の代用。「愈々《いよいよ》」「交々《こもごも》」「屢々《しばしば》」のように、1 字の漢字の訓にくりかえしがあることを示す。参照 〻の2

補注

1 「々」はきまった音をもたないことから、漢字でなく符号として扱われる。符号なので漢和辞典に載っていないこともある。

2 由来は、漢文で使われた「〻」（二の字点）が日本に入って変化したものとも、漢字「同」の異体字「仝」から変化したものともされる。参照 仝

3 子どもの名付けに使うことができる。ただし名前の 1 字目に使うことはできない。

4 学校の作文教育では、たとえば「人々」の「人」が行末、「々」が行頭となった場合など、行頭に「々」がきたときは、「々」を漢字に書き換えるものとしている。

5 印刷物・出版物でも「々」はしばしば行頭禁則とされるが、その場合、「人々」なら「人々」を 2 字まとめて次の行に送るか、句読点などの空きを詰めて「々」まで同じ行に収めるかして処理することが多い。また、原文の表記の改変を許容する編集方針の場合、行頭の「々」を漢字に書き換えるやり方を採用する場合もある。

6「ノマ点」は、「々」の形を「ノ」と「マ」に分解したことによる呼び名。

〻

にのじてん【二の字点】

二の字送り／揺すり点／ぴりぴり

入力方法

◆ 文字コードはあるが、パソコンの通常のフォントには実装されていないことが多い

コード入力 JIS 2236 シフトJIS 81B4 区点 — ユニコード 303B

1 縦書きで同じ漢字がくりかえされるとき、第2字に代えて用いる符号。2字以上の漢字をくりかえす場合にも使われる。「山〻《やまやま》」「悠〻《ゆうゆう》」「草〻《そうそう》」など。「々」に同じ。現在は普通「々」を用いる。

用例 〔…略…〕いづれ親方〻〻と多くのものに立らるゝ棟梁株とは、〔…略…〕

（幸田露伴「五重塔」〈1892〉）

＊古くは「甘〻露〻」と書いて「甘露甘露」と読ませる使い方もされた。

2 漢字1字に対する訓が畳語（同じ語または語根を重ねて一語とした語）であるとき、読みを明示するために漢字の右下に小さく添える符号。「各〻《おのおの》」「抑〻《そもそも》」「稍〻《やや》」など。読みを示すための補助的な符号であり、なくてもかまわない。「揺すり点」とも呼ばれる。

用例 こちらは愈〻《いよいよ》幼稚なものであつた。 （夏目漱石「正岡子規」〈1908〉）

＊上に挙げた例のほか、「旁《かたがた》」「交《こもごも》」「屡《しばしば》」「偶《たまたま》」「適《たまたま》」「熟《つらつら》」「益《ますます》」など、1字で畳語の訓をもつ漢字に使われる。

＊＊「々」で代用することもある。参照 々の**2**

補注

1 漢字「二」のくずし字に由来する符号。古くは漢代の木簡にみられる。漢籍では同じ字をくりかえすとき「二」や「＝」が使われることがあった。

2 見出しに掲げた形のほか、「〻」「〻」「〻」の形もある。同字をくりかえす用法では「〻」を、畳語としての読みを明示する場合は「〻」を用いるとする説もあるが、一般には区別なく使われている。

3 二の字点は子どもの名付けに使うことができない。

〃

ののてん【ノノ点】

ノの字点／同じく／同じく記号／ちょんちょん／
ディットー（英 ditto）／ディットマーク（英 ditto mark）

入力方法

- 「どう」「おなじ」「くりかえし」（ATOK14〜/IME2003〜）「おどりじ」（ATOK14〜）のいずれかを入力→変換→選択
- 文字パレットなどを使って入力

コード入力 JIS 2137 シフトJIS 8156 区点 00123 ユニコード 3003

主に帳簿や表などで、同じ日付・語句などが前行に続いてくりかえされるとき、次行の同じ位置に記して、前行と同内容であることを表す。

用例

総勘定元帳
現金

19年 月日	相手科目	摘要	借方	貸方	差引金額
	前頁より繰越		1,380,560	1,422,870	42,310
9/27	厚生費	コーヒー代		1,200	
〃	図書印刷費	書籍代		1,200	
〃	旅費交通費	タクシー代		680	
〃	××銀行	口座移行	100,000		54,610

用例

理事長	田中太郎
理事	鈴木次郎
〃	佐々木三郎
〃	山田四郎

＊上の簿記の例（貸方の「1,200」）のように、金額には使わないほうがよい。

仝

どう

入力方法

- 「おなじ」（ATOK14〜/IME2003〜）「どう」（IME2003〜）「おどりじ」（ATOK14〜）のいずれかを入力→変換→選択
- 文字パレットなどを使って入力

コード入力 JIS 2138 シフトJIS 8157 区点 00124 ユニコード 4EDD

漢字「同」の異体字。符号ではなく漢字で、「同右・同上」の意でよく使われる。

用例

各府県下売捌書林
東京日本橋区通三丁目 丸屋善七
仝 一丁目 大倉孫兵衛
仝 四丁目 牧野善兵衛
仝 仝 和田篤太郎
〔…略…〕
（末広鉄腸「雪中梅」広告〈1886〉）

補注

漢字が「形・音・意味」の3つの要素をもつのに対して、「々」のような符号は音をもたない（「踊り字」や「同の字点」は音でなく名称）。それに対し「仝」はドウという音をもつので漢字である。

小説作品にみる読点

❖大正・昭和期の小説家宇野浩二の後期の作品は、読点の多い文章で知られている。饒舌体と呼ばれる、息が長く脱線も多い初期の文体から、昭和初年代の大患後、宇野浩二の文体は、センテンスの長さはそのままに読点を多用する、枯れたような文体に変わった。

次は昭和十年代の名作「器用貧乏」〈一九三九〉の冒頭に近い一節。

> 丈三郎は、どこで手に入れたか、紙鑢《ペエパア》で、この二た棹の簞笥と茶棚ばかりでなく、——その頃は、同じ千束町ではあるが、精進揚げ屋の二階を借りてゐたのであるが、畳敷きは八畳で今より道具があったので、長火鉢、鏡台、お仙がちよつと髪結ひをした頃の名残の姿見、今はなくなつた針箱、——ざつと、これだけの物を、片つ端から、「きたない、きたない、」といひながら、ほとんど朝から晩まで、隙にあかして、木の面はもとより、金具までせつせと磨きにみがいた。はげしい時は、目がさめて気になると、夜中でも、みがいた。〔…略…〕

文を流れさせずにそのたび立ち止まらせるような読点の多用は、感傷を殺して、場面を場面として無造作に投げ出す効果を生んだ。それは市井の生活者を描いたこの作の内容と調和して、生きることの哀れが淡々と丸ごと取り出されたような印象を与える。

❖戦後の評論家・英文学者吉田健一もセンテンスの息が長い文章の書き手だが、宇野浩二とは対照的に読点が極度に少ない。

次は小説「金沢」〈一九七三〉の一節。

> 併しそこの持主は一人の男で又その家を密議の場所に使っているのでもなければ必ずしもそこに住んでいるともいえなかった。更にそこをそのように荒れた感じにして置く為にもかなりの手が掛けられていたので本当にそのままほうって置けば何れ家も門も倒れて木も草も茂り放題になるのを適宜に食い止めて入り口から覗いた印象だけは廃屋がその先に廃園を抱えていると見せるのがそうしたことを心得た出入りの大工や植木屋の苦労しての狙いだった。今時そんな酔狂なと言ってもそれを本気で望む人間がいればその指図で仕事をする人間も現在でもまだ集められない訳ではない。そして手間が掛かる仕事にはそれだけ手間賃というものも出る。〔…略…〕

語句がどこへどう続くのか、どこに意味の切れ目があるのか、一読しただけでは全体のつかみがたいところがあって、読みやすさという点では読者に余分の労を強いているといえる。しかし、読者はそうした労を強いられるうち、知らず知らず作者の世界に引き込まれる仕掛けになっていて、ひとたびその悠長なリズムに入り込んでしまえば、ゆったりと流れる、日常と別世界の時間を感得することができる。

❖「器用貧乏」は客観小説、「金沢」は一種幻想的な小説で、両者の作柄はまったく異なるが、読点の多用または不使用という文体上の技法が、作品世界と有機的にかかわって効果を上げている点で共通している。

詩歌作品にみる記号類

❖近現代の詩や短歌では、記号・符号の類を使って視覚や韻律の上の効果、また表現の重層化などをねらったさまざまな試みがみられる。

【窓】——窓●窓●窓●窓
　　　　窓　●
　　●窓
●窓
鉛貨よりも青つ白い空気●●流動する空気
戦慄する動脈
突走する血液
●斧！
VAG　WNG
●●●●●●●●●●●Eiiiiii
————EEii

これはそうした試みの初期のもので、一九二五（大正一四）年刊行の詩集『死刑宣告』中の一編「ラスコリニコフ」の一節。作者萩原恭次郎は第一次大戦後ヨーロッパの未来派やダダイズムの影響を受けていた。今日見れば単に鬼面人を驚かす体のものと思えなくもないが、それまで詩の題材となりえなかった事柄を強引に導き入れた点で、インパクトの強い標題ともども、『死刑宣告』を近代詩と現代詩を分かつ画期の詩集と評する文学史家もいる。

❖草野心平の「冬眠」と題する作品も黒い丸で知られる。

冬眠

●

この「詩」の本文は「●」ただ一つ。これを収めた草野心平の第一詩集『第百階級』〈一九二八〉には、「さむいね。／ああさむいね。／虫がないてるね。／ああ虫がないてるね。」（「秋の夜の会話」）や「るるり。／りりり。／るるり。／りりり。」（「おれも眠ろう」）など、各行末に句点「。」を付けた作品もみられる。詩の行末に「。」を打つことは当時ほとんど例がなかったという。

❖記号・符号類のことさらな使用によって在来の叙情性から脱しようとする試みは、現代短歌では枚挙にいとまがない。

もうずいぶんながいあいだ生きてるの、ばかにしないでくれます。ぷん（すぐそこを）（飛んでる）（眠れ）（どうやって）（蜘蛛が）（眠るな）（笑顔）（聞きたい）

——穂村弘『ラインマーカーズ』

暗がりの電子の路地を抜けてきた@かねこさんちの@クールなキャット

用賀
地下鉄の無人改札とおり抜け／／／ムンク展の看板

——加藤治郎『加藤治郎歌集』

新しい町で暮らせば新しい自分になれる（はずもないのに）

——松村正直『駅へ』

明治末年、土岐哀果や石川啄木の生活短歌は三行書きの形式を生んだが、これらの現代短歌も作品世界を意識的に日常化・散文化する試みとして、かつての生活短歌の衣鉢をはるかに継いでいるのかもしれない。

第5章　音声符号

ー	゛	゜	é	è	ê
長音符号	濁点	半濁点	アキュート アクセント	グレーブ アクセント	曲折 アクセント
ä	ç	ñ	ā	й	č
ウムラウト トレマ	セディーユ	チルダ	マクロン	ブリーブ	ハーチェク
ː					
長					

1　ここには言葉の音声に関係する符号のうち、日常目にする機会の多いものを集めた。「音声符号」はここでの便宜的な呼び名で、正式には、長音符号（ー）、濁点（゛）、半濁点（゜）は「音符」、アキュートアクセント（´）以下、ハーチェク（ˇ）までは「ダイアクリティカルマーク」（diacritical mark）、最後の長（ː）は「音声記号」にそれぞれ分類される。

音符は国語学上の概念で、濁点、半濁点、長音符号のほか、一の字点（ゝ・ゞ）、同の字点（々）、くの字点（〱）などの反復記号（「踊り字」と通称される）、促音記号（っ）などの総称。

ダイアクリティカルマークは、主にラテン文字で表記される言語で、特定の文字の上や下に付けて音声上の区別を表したり、同じつづりの語を区別したりするための符号。言語によっては、ダイアクリティカルマークの付いた文字をもとの文字と別の字母として扱うこともある。

音声記号は、言語の発音を音声学的に記述するための記号。国際音声学会の定めた国際音声記号（IPA）などがある。普通［　］や/　/の中に入れて示す。

2　パソコンでダイアクリティカルマークの付いた文字を入力するには、「é」「à」「ö」のように合成済みの文字を使う方法と、合成可能のダイアクリティカルマークを使う方法と、２通りある。後者はたとえば「e」と文字を入力してそのあと合成可能の「´」を入力し、「é」と合成するもの。合成可能でないダイアクリティカルマークを使うと入力時に位置が前進するので、「e´」と別々に打たれることになる。

ー

ちょうおんふごう【長音符号】

長音記号／長音符／音引き／棒引き

入力方法

- 日本語ローマ字入力で「ー＝ほ」→確定（ATOK14〜/IME2003〜）
- 仮名入力で「￥｜—」→確定（ATOK14〜/IME2003〜）
- 文字パレットなどを使って入力

コード入力

JIS	213C	シフトJIS	815B	（半角）00B0
区点	00128	ユニコード	30FC	（半角）FF70

1 言葉を仮名で表記するとき、長音（母音を１拍分、引きのばした音）を表すのに用いる符号。現代日本語の標準的な表記法では、カタカナで表記される外来語・和製洋語・外国語・外国人名・外国地名で長音を表すのに用いる。「スキー」「ルール」「アンケート」「アウトバーン」（以上西洋語から）、「チャーハン」（中国語から）、「チョンガー」（朝鮮語から）、「ナイター」（和製洋語）、「ルソー」（人名）、「ローマ」（地名）など。また、「らーめん亭」（店の名）、「とらばーゆ」（就職情報誌の誌名）のように、外来語・外国語を平仮名表記する場合の長音にも使われる。

用例
At what price will 箱《ハコ》ワ
エット ホワット プライス ウィル
you make the boxes ? 何程《イクラ》デ
ユー メーキ ヂ ボックシス
出来《デキ》マスカ（和英商賈対話集〈1859〉）

＊平成３（1991）年内閣告示「外来語の表記」は、「長音は、原則として長音符号「ー」を用いて書く。」（Ⅲ-3）としている。ただし、「バレエ（舞踊）」「ミイラ」など、「長音符号の代わりに母音字を添えて書く慣用もある。」と注記されている。

＊＊原語の音が[ei]や[ou]など二重母音である場合、外来語としては「ゲーム（game）」（[gei]→[ゲー]）、「トータル(total)」([tou]→[トー])のように長音[e:][o:]で表されることが多いが、「エイト(eight)」「レイアウト(layout)」「サラダボウル(salad bowl)」のように、連母音の表記が慣用化している語もある。上記「外来語の表記」は、こうした慣用のある場合は「ー」を使わず「エイ」「オウ」のように書くとしている。

＊＊＊工業製品の説明書などでは「エレベータ」「コンピュータ」のように語尾の「ー」がない表記を用いるが、これはJIS規格（JIS Z 8301:2005）に、複合語を除き、その言葉が３音以上の場合には語尾に長音符号を付けない、という原則があることによる。

2 その語や文字の発音を仮名を使って表音的に（実際の音に近づけて）示したい場合に、長音の表記に用いる。この場合、仮名はカタカナを用いるのが普通。

用例 中でも、「石油」など少数の単語は、会話体に限られるが、セキユとセキューとの間で揺れを生じているありさまである。

（城生佰太郎「ことばの未来学」〈1992〉）

用例 ああ‐いう〘連体〙アーユー｜ （「日本語新辞典」〈2005〉）

＊振り仮名などで漢字の音を示す場合、日本の漢字音については現代仮名遣い（現代仮名遣い施行以前は字音仮名遣い）で示すのが普通で、長音の表記に「ー」は一般に使われない。ただし、特に表音的に示したい場合には、「観自在菩薩《かんじーざいぼーさつ》。行深般若波羅蜜多時《ぎょーじんはんにゃーはーらーみったーじー》」（お経の振り仮名）のように「ー」が使われることもある。

3 広く、仮名書きされた和語・漢語の長音の表記に使われる。ただし、和語・漢語を仮名書きする場合の長音は、一般に「現代仮名遣い」に示されたきまりに準拠して、「かあさん(母さん)」「おにいさん(お兄さん)」「ふうふ(夫婦)」「ねえさん(姉さん)」「とうだい(灯台)」「おおかみ(狼)」のようにア行の仮名で書き表され、フォーマルな文書・文章で「ー」を使うことは少ない。

Ⓐ 擬音語・擬態語の長音の表記に使う。「グーグー寝ている」「猫がニャーと鳴く」「思い出してもゾーッとする」など。主にカタカナ書きの場合に使われる。擬音語・擬態語は平仮名書きもされるが、その場合は「ー」を使わず、現代仮名遣いによって長音を表記するのが普通。あとの注＊＊を参照。

用例 黒酢とにんにくをぎゅーっと濃縮。 （サントリー宣伝コピー〈2007〉）

Ⓑ 掛け声や感嘆の声、また、普通より音をのばして発せられた言葉などの、長音の表記に使う。

用例 「あーっ。ご、ご無礼を。」 （筒井康隆「魚藍観音記」〈1999〉）

用例 歌声 （ものうく）あーぶくたった、にいたった……、にえたかどうかたべてみよ。

（別役実「あーぶくたった、にいたった」〈1976〉）

Ⓒ 方言や特定分野の語の長音の表記に慣用的に使う。「めんそーれー（＝いらっしゃいませ・琉球方言）」「ヨーソロ」（船員や海軍軍人の用語）など。

Ⓓ 和名のペンネーム・芸名・店名・商品名などで長音の表記に使うことがある。「サトウハチロー」(作詞家)、「キダ・タロー」(作曲家)、「イッセー尾形」(俳優)、「イチロー」(野球選手)、「トウカイテイオー」（競走馬）など。

†「ー」は子どもの名付けに使うことができる。ただし、名前の１字目に使うことはできない。

Ⓔ 口頭語・俗語や俗語っぽい言いまわしでの長音の表記に使って、それらしい感じを与える。

用例 チョーやばいよ。

用例 しょーがないじゃん！

Ⓕ あるニュアンスを含ませたりユーモラスな効果を与えたりするために和語・漢語をカタカナ書きする場合の長音の表記に使う。携帯電話を「ケータイ」と表記するなど。

用例　後世の好事な文学史家に、平野は伊藤整をヒョーセツしたといわれてもうまく弁解できないくらいである。　（平野謙「わが戦後文学史」〈1969〉）

†この場合は、「ヒョウセツ」のように、音引きを使わずに長音を表すことも多い。

Ⓖ　字面にハイカラな感じや童話的な感じなどを表したい場合の長音の表記に使う。

用例　まーるい、まーるい、お月さま。

Ⓗ　書き手が日本語を発音に忠実な仮名づかいで表記することを信条としている場合に長音の表記に使う。

用例　身分層によって言葉お差別し文字お独占した、封建制の野蛮な風習が、こーしてもー一度別の形で資本主義社会に持ち越された。

（高倉テル「日本国民文学の確立」〈1936〉）

＊昭和61（1986）年内閣告示「現代仮名遣い」では、和語・漢語を仮名書きする場合の長音の表記は、

・ア列の長音…ア列の仮名に「あ」を添える。例、おかあさん・おばあさん

・イ列の長音…イ列の仮名に「い」を添える。例、にいさん・おじいさん

・ウ列の長音…ウ列の仮名に「う」を添える。例、おさむうございます（寒）・くうき（空気）・ふうふ（夫婦）

・エ列の長音…エ列の仮名に「え」を添える。例、ねえさん・ええ（応答の言葉）

・オ列の長音…オ列の仮名に「う」を添える。例、おとうさん・とうだい（灯台）・かおう（買）・おはよう（早）

とするのが原則とされている。ただし、特例として、歴史的仮名遣いでオ列の仮名に「ほ」または「を」が続く語は、オ列の長音として発音されるか、オオ、コオのように発音されるかにかかわらず、オ列の仮名に「お」を添えて書くとし（「おおかみ（狼）」「こおり（氷）」「とおり（通り）」など）、また、「かれい（鰈）」「せい（背）」「えいが（映画）」「とけい（時計）」などは、エ列の長音として発音されるか、エイ、ケイなどのように発音されるかにかかわらず、エ列の仮名に「い」を添えて書くものとしている。

＊＊上記「現代仮名遣い」に、「この仮名遣いは、擬声・擬態的描写や嘆声、特殊な方言音、外来語・外来音などの書き表し方を対象とするものではない。」とあるように、「ぐうぐう」「にゃあ」「ぞうっと」といった和語の擬音語・擬態語の表記については明確な標準がない。「ぐうぐう」を例に取れば、「ぐうぐう」「グウグウ」「ぐーぐー」「グーグー」のいずれの表記も可能である。一般の国語辞典では「ぐうぐう」「にゃあ」「ぞうっと」のように、平仮名を使用し現代仮名遣いに準じた表記で見出しを示すのが普通。擬音語・擬態語専用の辞書では「ぐーぐー」「にゃー」のように平仮名と音引きで見出しを立てているものもある。

＊＊＊動物名・植物名をカタカナ書きする場合、和語・漢語由来の動植物名については、「オオカミ」「アオダイショウ」「シイタケ」「ハクサンフウロ」のように、「ー」を使わず現代仮名遣いに従って書くのが現在の標準。「チューリップ」など外来語の動植物名の長音には「ー」を用いる。

４　漢字のあとに置いて、のばした音を表す。本来、「ー」にない用法で、フォーマルな場面では使わない。「見ーちゃった、見ーちゃった」「射撃用ー意」など。

補注

1　写植印刷やDTPの長音符号は一般に同ポイントの全角ダッシュ（—）よりやや短く、マイナス記号よりは長い。明朝体の長音符号は、筆で書いたように先端が太くわずかに

5
音声符号
ー

曲がっているので、ダッシュやマイナス記号と区別できる。

2 「長音符号」「長音記号」「長音符」という用語は、広い意味では、ローマ字表記でTôkyô, Tōkyōのように用いる「 ̂ 」「 ̄ 」なども含む。

3 「ー」は江戸時代に外国語の長音を表すために使われたのが始めといい、和文で語尾の音をのばす記号として使われていた漢字「引」の縦棒に由来するという。

4 明治33(1900)年、文部省は小学校令施行規則第16条で、小学校では漢字の音や感動詞について歴史的仮名遣いでなく、「くわ」を「か」、「かう」を「こー」、「じふ」を「じゅー」というように表音式の仮名遣いで教授するよう定めたが、明治41(1908)年に廃止された。長音を「ー」で表記することから、この仮名遣いは「棒引き仮名遣い」と呼ばれる。

゛

だくてん【濁点】

濁り点／濁音符／てんてん

入力方法

- ◆ (濁点付き文字の入力) 日本語ローマ字入力では、その濁音を入力→確定。仮名入力では、仮名を入力して「@ ゛」→確定 (ATOK14～/IME2003～)
- ◆ (濁点だけを入力する場合) 日本語ローマ字入力でShift＋「2"ふ」を押す→変換→選択 (IME2003～)。仮名入力で「@ ゛」(ATOK14～/IME2003～)→確定
- ◆ (濁点だけを入力する場合)「だくてん」(ATOK14～/IME2003～)、または「てん」あるいは「きごう」(IME2003～)と入力→変換→選択
- ◆ 文字パレットなどを使って入力

コード入力

JIS 212B　シフトJIS 814A　(半角)00DE
区点 00111　ユニコード 309B　(半角)FF9E　(合成可能)3099

1 カ行・サ行・タ行・ハ行の平仮名・カタカナの右肩に付けて、濁音で読まれることを表す符号。「がつがつ」「ジャージ」「ビールびん」など。

＊現代仮名遣いでは「ぢ」「づ」の使用は限られる。「ぢ」「づ」を用いるのは、「ちぢみ(縮)」「ちぢむ」「つづみ(鼓)」のように、同音が続いて濁音となった場合か、「はなぢ(鼻血)」「ちゃのみぢゃわん」「こぢんまり」「もとづく」「ゆきづまる」のように、2語の連合によって「ぢ」「づ」となった場合(連濁)で、そのいずれにも当たらないものは原則として「じ」「ず」で書くこととなっている。

2 「ウ」に付けて「ヴァ・ヴィ・ヴ・ヴェ・ヴォ・ヴャ・ヴュ・ヴョ」と書き、英語やフランス語のv、ドイツ語のw、ロシア語のв(キリル文字)など、子音[v]の音を

もつ外来語・外国語の仮名表記に用いる。「ヴァイオリン」(violin)、「ヴィーナス」(Venus)、「ヴント」(Wundt、ドイツの心理学者)、「ナイーヴ」(naïve)、「ヴェール」(veil)、「ヴォルガ」(Волга、ロシアの川の名)、「レヴュー」(review、批評)、「スヴャトスラフ・リヒテル」(Святослáв Рúхтер、ウクライナのピアニスト) など。できるだけ原音 [v] に近く書き表そうとするときの表記法だが、国語辞典や新聞など一般には「バ・ビ・ブ・ベ・ボ・ビャ・ビュ・ビョ」で表記することが多い。

*「ヴァ・ヴィ・ヴ・ヴェ・ヴォ」と「ヴュ」は、平成 3 (1991) 年内閣告示「外来語の表記」の第 2 表で「外来語や外国の地名・人名を原音や原つづりになるべく近く書き表そうとする場合に用いられる仮名」として示されている。

**子音[v]を表す字母は言語によって異なり、また、つづりが v であっても音が[v]であるとは限らない。たとえばスペイン語では v は[b]の音となる。原音がはっきりしない場合は「バ・ビ・ブ・ベ・ボ……」で書いておくほうが無難。

***明治・大正・昭和戦前期には、「ヷイオリン」「レオナルド・ダ・ヸンチ」「ヹルレエヌ」「ヺルガ」のように、「ヴァ」を「ヷ」、「ヴィ」を「ヸ」、「ヴェ」を「ヹ」、「ヴォ」を「ヺ」とする表記もしばしばみられた。

****標準の表記法ではないが、「ゔぁ・ゔぃ・ゔ・ゔぇ・ゔぉ・わ゙・ゐ゙・ゑ゙・を゙」と平仮名で書かれることもある。「ゔぉーぐ」(ブティックの名称) など。

3 漫画・電子メール・ブログなどでは、上記1 2以外の濁音で読まない仮名に付けて使われることがある。鼻声を表した「ずびばぜーん、がぜびい゙でま゙ず」、間抜けな感じを表した「あ゙、やっでじま゙っだ…」、怒気または力を込めた感じを表した「ん゙!」など。読み手に読みの見当が付かないこともある。

補注

1 濁点「゛」は漢文の訓点に由来するとされる。もと声調を示すため漢字の四隅に付けられていた「声点《しょうてん》」が読みの清濁を区別するようになり、その際の濁音を表す「‥」が鎌倉時代ごろから仮名にも適用されて現在の濁点のもとになったという。歴史的には「﹅」と点1つのものや、白点2つの「゜゜」などの形もみられる。

2 「日本臣民ハ安寧秩序ヲ妨ケス及ヒ臣民タルノ義務ニ背カサル限リニ於テ信教ノ自由ヲ有ス」(大日本帝国憲法第28条) のように、第二次大戦前の法令文では濁点が用いられないことも多かった。

゜ はんだくてん【半濁点】

半濁音符／丸

入力方法

◆ (半濁点付き文字の入力) 日本語ローマ字入力では、その半濁音を入力→確定。仮名

入力では仮名を入力して「[{゜「」→確定（ATOK14～/IME2003～）
- ◆ （半濁点だけを入力する場合）仮名入力で「[{゜「」→確定（ATOK14～/IME2003～）
- ◆ （半濁点だけを入力する場合）「はんだくてん」（ATOK14～/IME2003～）、または「てん」「まる」「きごう」のいずれかを入力→変換→選択（IME2003～）
- ◆ 文字パレットなどを使って入力

コード入力　JIS 212C　シフトJIS 814B　（半角）00DF
区点 00112　ユニコード 309C　（半角）FF9F　（合成可能）309A

1 ハ行の平仮名、カタカナの右肩に付けて、半濁音で読まれることを表す符号。「ペット」「ぴりっとした寒さ」「いっぷう変わった人物」など。

＊半濁音を表す符号としての「゜」は、近世初期のキリシタン文献にみられるのが最も初期の例であるという。

2 辞書などで、カ行の仮名に付けてガ行鼻濁音で発音されることを表す。

用例　く-ぎかい　【区議会】〔名〕クキ゜カイ・クギカイ|
（「日本語新辞典」〈2005〉）

3 アイヌ語のカタカナによる表記で、特定のカタカナの右肩に付けて、特定の音で読まれることを表す符号。「パ・ピ・プ・ペ・ポ」（日本語の「パ・ピ・プ・ペ・ポ」にほぼ同じ音）のほか、「ト゜」「ツ゜」（いずれも「トゥ」のように発音される音）、「セ゜」（「チェ」のように発音される音）、「ㇷ゚」（音節末の子音［p］の音）が用いられる。

用例　アト゜イ　カタ　タム　スイエㇷ゚　ヘマンタ　ネ　ヤー？（海の上で刀を振るものなあに）
（平取町二風谷アイヌ語教室「やさしいアイヌ語」）

＊アイヌ語は独自の文字を持たなかったが、現在はカタカナまたはローマ字で表記される。

4 江戸時代の洒落本・滑稽本・人情本などで、「さ゜」「せ゜」の形で［ツァ］［ツェ］の音を表す。「おとつさ゜ん」「小《ちつ》せ゜へ」など。

補注
JIS X 0213 にはカ行鼻濁音表記用として「か゜・き゜・く゜・け゜・こ゜」（JIS2477～247B）と「カ゜・キ゜・ク゜・ケ゜・コ゜」（JIS2577～257B）、アイヌ語表記用として「セ゜・ツ゜・ト゜・ㇷ゚」（JIS257C～257E,2678）の半濁点付き文字がコード化されている。

´

アキュートアクセント

（英 **acute accent**）

アクサンテギュ（仏 accent aigu）／揚音符《ようおんぷ》／鋭アクセント

入力方法

- （符号付き文字の入力）文字パレットなどを使って入力
- （単独での入力）日本語ローマ字入力でShift＋「7'やゃ」を押す→変換→選択（IME2003～）
- （単独での入力）「てん」「だっしゅ」「きごう」のいずれかを入力→変換→選択（IME2003～）
- （単独での入力）文字パレットなどを使って入力

コード入力

JIS 212D （合成可能）2B5A
シフトJIS 814C （合成可能）8679
区点 00113 ユニコード 00B4 （合成可能）0301

1 主にラテン文字（ローマ字）で表記される言語で、特定の文字の上に付けて、音声上の区別を表したり、同じつづりの語と区別したりする符号の1つ。代表的なものとして次の用法がある。

Ⓐ フランス語では、e に付けてその e が [e] と発音されることを表す。“Amérique”（＝アメリカ）、“café”など。

Ⓑ チェコ語・スロバキア語・ハンガリー語などでは、主として母音字に付けて、長音で発音されることを表す。

Ⓒ スペイン語では、アクセントの位置が変則的な語の場合にアクセントのある母音字の上に付ける。“Japón”など。

Ⓓ ポルトガル語では、アクセントの位置が変則的な語の場合にアクセントのある母音字の上に付けたり、発音が変わることを表したりする。

Ⓔ イタリア語では、[e] と発音される e や、[o] と発音される o に付けるが、語尾にアクセントがある場合や同綴異義語を区別する場合などに限られる。

2 英和辞典などの発音表記欄で、第一強勢を表すのに用いられる。補注1を参照。

用例 **gy·ro·scope** [dʒáiərəskòup] *n.* ジャイロスコープ。回転儀。

3 中国語の拼音《ピンイン》（ローマ字表記）で用いられる声調符号の１つ。急上昇する声調（第二声）を示す音節の母音に付ける。

補注

1 国際音声記号（IPA） では、/ˈdʒaɪrəˌskoʊp/のように上付きの小縦線（ユニコードU+02C8）が第一強勢を示す符号として用いられる。しかし、英和辞典の発音表記欄では、アキュートアクセントが第一強勢を示す符号として用いられることが多い。

2 小文字ｉに付くときは通常、上部の点が省かれてíとなる。

3 「′」（分・プライム）とは異なる。参照 ′（プライム）

`

グレーブアクセント

（英 grave accent）

アクサングラーブ（仏 accent grave）／抑音符《よくおんぷ》

入力方法

◆ （符号付き文字の入力）文字パレットなどを使って入力

◆ （単独での入力）英数入力でShift＋「@`゛」

◆ （単独での入力）日本語ローマ字入力でShift＋「@`゛」を押す→変換→選択（IME2003～）

◆ （単独での入力）「てん」または「きごう」と入力→変換→選択（IME2003～）

◆ （単独での入力）文字パレットなどを使って入力

コード入力

JIS 212E （合成可能）285C

シフトJIS 814D （合成可能）867B

区点 00114 ユニコード 0060 （全角）FF40 （合成可能）0300

1 ラテン文字（ローマ字）で表記される言語で、特定の文字の上に付けて音声上の区別を表したり、同じつづりの語を区別したりする符号の１つ。

Ａ フランス語では、a・e・uの上に付ける。"la mère"（＝母）のようにeに付けてそのeが[ɛ]と発音されることを表し、また、la（女性定冠詞）とlà（英語のthere）、ou（英語のor）とoù（英語のwhere）のように同綴異義語を区別する。

Ｂ イタリア語では、"città"（＝都市）のようにアクセントが語尾にある場合にその母音字の上に付けたり、単音節の同綴異義語を区別したり、母音字e・oの発音を区別したりする。

2 英和辞典などの発音表記欄で、第二強勢を表すのに用いられる。補注１を参照。

用例 **play·ground** [pléigràund] *n.* 1 運動場. 2 行楽地. 保養地.

3 中国語の拼音《ピンイン》（ローマ字表記）で用いられる声調符号の１つ。急降下する声調（第四声）を示す音節の母音に付ける。

補注

1 国際音声記号（IPA）では、/ˈpleɪˌgraʊnd/のように下付きの下小縦線（ユニコード U+02CC）が第二強勢を示す符号として用いられる。しかし、英和辞典の発音表記欄では、グレーブアクセントが第二強勢を示す符号として用いられることが多い。

2 小文字ｉに付くときは通常、上部の点が省かれてìとなる。

^

きょくせつアクセント【曲折アクセント】

アクサンシルコンフレックス（仏 accent circonflexe）／

サーカムフレックスアクセント（英 circumflex accent）／

ハット（英 hat sign）

入力方法

- ◆（符号付き文字の入力）文字パレットなどを使って入力
- ◆（単独での入力）英数入力で「^～へ」
- ◆（単独での入力）日本語ローマ字入力で「^～へ」を押す→変換→選択（IME2003～）
- ◆（単独での入力）「きごう」と入力→変換→選択（IME2003～）
- ◆（単独での入力）文字パレットなどを使って入力

コード入力

JIS 2130 （合成可能）2B5F

シフトJIS 814F （合成可能）867E

区点 00116 ユニコード 005E （全角）FF3E （合成可能）0302

1 ラテン文字（ローマ字）で表記される言語で、特定の文字の上に付けて音声上の区別を表したり、同じつづりの語を区別したりする符号の１つ。フランス語ではａ・ｅ・ｏの上に付けてそれぞれ[ɑ] [ɛ] [o]と発音を確定し、また、ｉ・ｕの上に付けて同綴異義語を区別する。

＊小文字ｉ・ｊに付くときは通常、上部の点が省かれてî・ĵとなる。

2 日本語のローマ字表記（訓令式）で、ａ・ｉ・ｕ・ｅ・ｏの上に付けて長音であることを示す。「ôkami」(オオカミ)、「Satô」(佐藤)、「yûki」(勇気)など。

＊昭和29(1954)年12月の内閣告示「ローマ字のつづり方」では、「そえがき」で、「長音は母音字の上に＾をつけて表わす。なお、大文字の場合は、母音字を並べてもよい。」としている。一般には「ōkami」「Satō」「yūki」のように「¯」も用いられる。また、「okami」「Sato」「yuki」のように長音に符号を付けない表記、「ookami」「Satou」「yuuki」のように母音字を仮名表記の通りに並べる表記、「ohkami」「Satoh」とオーをohで表す表記なども行われている。

＊＊小文字ｉに付くとき、ｉの上部の点は省かない。

3 テキストファイルの文書などで、累乗の指数など上付き数字を表すことができないときに「^数字」の形で用いる。「2^4」を「2^4」としたり、電子メールで返信に対する返信を「RE^2:……」としたりするなど。

¨

ウムラウト(独 Umlaut)
トレマ(仏 tréma)

分音符／分音記号

入力方法

- ◆(符号付き文字の入力)文字パレットなどを使って入力
- ◆(単独での入力)「てん」または「きごう」と入力→変換→選択(IME2003〜)
- ◆(単独での入力)文字パレットなどを使って入力

コード入力

JIS 212F (合成可能)2B6D
シフトJIS 814E (合成可能)868D
区点 00115 ユニコード 00A8 (合成可能)0308

1 〔ウムラウト〕ドイツ語、スウェーデン語などで、母音字の上に付ける符号。この符号が付くと母音の発音が変わる。ドイツ語ではa・o・uに付けて前舌母音(舌全体が口腔の前方に出されて発音される母音)となることを表す。“Gelände”(＝土地)など。

2 〔トレマ〕フランス語などで、連続する母音字のそれぞれを別の母音として発音する場合に、2つ目の母音の上に付ける。フランス語の“Noël”(＝クリスマス)など。

＊英語でも“coöperation”(＝協力)のように連続する母音字を別の母音として発音する場合に用いることがある。英語ではこの「¨」をdieresis(ダイアレシス)と呼ぶ。

＊＊小文字ｉに付くときは上部の点が省かれてïとなる。

3 ロシア語やベラルーシ語で、キリル文字のЕ・еの上に付いてЕ・еに続く7番目の字母「Ë・ë」をつくる。「Ë・ë」は字母としては「ヨー」と呼ばれ、“Матрёшка”(マトリョーシカ=ロシアの人形の一種)のように [jo] の音を表す。

補注
横組みで「‥」と1字分の天地中央に打たれる符号は二点リーダーで、ウムラウト/トレマとは別物。

¸

セディーユ (仏 cédille)

セディラ (英 cedilla) /シディラ

入力方法
◆ (符号付き文字の入力)文字パレットなどを使って入力
◆ (単独での入力)文字パレットなどを使って入力

コード入力 JIS 292F シフトJIS 854E 区点 —
ユニコード 00B8 (合成可能)0327

ラテン文字(ローマ字)で表記される言語で、特定の子音字の下に付けて音声上の区別を表す符号の1つ。

Ⓐ フランス語、ポルトガル語などで、c の下に付けてその c が [s] と発音されることを表す。フランス語の "Comme Ça" (=こんなふうに、こうして)など。

Ⓑ トルコ語、タタール語、クルド語、アゼルバイジャン語などで、c・s の下に付けてその c・s がそれぞれ [tʃ]・[ʃ] と発音されることを表す。

~

チルダ (西 tilde)

ティルダ/ティルデ/ティルド/チルド

入力方法
◆ (符号付き文字の入力)文字パレットなどを使って入力
◆ (単独での入力)英数入力でShift+「^~へ」
◆ (単独での入力)日本語ローマ字入力でShift+「^~へ」を押す→変換→選択 (IME2003~)
◆ (単独での入力)文字パレットなどを使って入力

コード入力　JIS 2232　(合成可能)2B7D
シフトJIS 81B0　(合成可能)869D
区点 —　ユニコード 007E　(合成可能)0303

1　ラテン文字（ローマ字）で表記されるいくつかの言語で、特定の文字の上に付ける符号の1つ。同じ文字でもこの符号が付くと発音が変わる。

Ⓐ　スペイン語では、N・nの上に付いてN・nに次ぐ15番目の字母「Ñ・ñ」をつくる。「Ñ・ñ」は字母としては「エニェ」と読み、“señor”（セニョール＝旦那）、“señorita”（セニョリータ＝お嬢さん）のように、[ɲ]（ニャ行に近い音）の音を表す。

Ⓑ　ポルトガル語では、A・a、O・oの上に付いて鼻母音（呼気が鼻へも抜けて発せられる母音）として発音されることを表す。“pão”（＝パン）など。

2　コンピュータでの用法。UNIX系のオペレーティングシステムで、サーバに用意されたユーザー用のディレクトリ（ファイルの保管場所）を示すのに使われる。

補注
1　パソコンの入力で1字分の中央に打たれる「〜」（ユニコードU+FF5E）は、「全角チルダ（fullwidth tilde）」と呼ばれることもあるが、本書では「波形」として扱った。参照 〜（波形）
2　チルダは、パソコンのフォントによっては上付きでなく、半角サイズで波形のように行のほぼ中央に表示される場合もある。
3　古いタイプのパソコンやキーボードでは、「^へ」のキーに「〜」が記されていないか、記されていても実際には「˜」が打てないこともある。

¯　マクロン（英 macron）

長音符号

入力方法
◆　（符号付き文字の入力）文字パレットなどを使って入力
◆　（単独での入力）文字パレットなどを使って入力

コード入力　JIS 292B　(合成可能)2B5B
シフトJIS 854A　(合成可能)867A
区点 —　ユニコード 00AF　(全角)FFE3　(合成可能)0304

1　ラテン文字（ローマ字）の母音字の上に付けて長音であることを表す符号。ラトビア語、マオリ語、ハワイ語などの表記で用いられる。

2　日本語のローマ字表記で、a・i・u・e・oの上に付けて長音であることを示す。「Ōsaka」（大阪）、「Satō」（佐藤）、「yūki」（勇気）など。

＊昭和22（1947）年7月運輸公報の「鉄道掲示基準規程」では、ローマ字のつづり方に改修ヘボン式を採用し、長音の符号に「¯」を用いることとしている。
＊＊学校のローマ字教育では長音を表すのに「^」（曲折アクセント）を用いる。参照 ^

3　中国語の拼音《ピンイン》（ローマ字表記）で用いられる声調符号の1つ。高く平らにのばす声調（第一声）を示す音節の母音に付ける。

4　英語の綴り字の読み方の規則（フォニックス）の指導で、母音字の上に付けて、その文字が長音として読まれることを示す。

用例　{ hāte /heɪt/ ／ hăt /hæt/ }　{ ūse /juːs/ ／ ŭs /ʌs/ }

補注
「マクロン」の名称は「長い、大きい」の意のギリシア語 makros から。古代ギリシア語やラテン語の現代辞書では、長音を示す符号として用いられることがある。

˘

ブリーブ（英 breve）

ブレーヴェ／短音符

入力方法
- ◆（符号付き文字の入力）文字パレットなどを使って入力
- ◆（単独での入力）文字パレットなどを使って入力

コード入力
JIS 2A22　（合成可能）2B57
シフトJIS 85A0　（合成可能）8676
区点 —　ユニコード 02D8　（合成可能）0306

1　キリル文字で表記するロシア語やベラルーシ語、また、ラテン文字（ローマ字）で表記するトルコ語・タタール語・アゼルバイジャン語・ルーマニア語・エスペラントなどで、特定の文字の上に付ける符号の1つ。同じ文字でもこの符号が付くと発音上の変化がある。ロシア語では、и（イー）に付けてそのиが [j] と発音されることを表す。"Перестройка"（ペレストロイカ＝改革）など。

2 英語の綴り字の読み方の規則（フォニックス）の指導で、母音字の上に付けて、その文字が短音として読まれることを示す。

用例 pīne /pain/ ／ Pĭn /pɪn/ 　 fo͞od /fu:d/ ／ fo͝ot /fʊt/

補注

1 名称は「短い」の意のラテン語 brevis から。ラテン語や古代ギリシア語に関する辞書類では、長音を示す「¯」（マクロン）に対して、短音を示す符号として用いられることがある。

2 ˇ（ハーチェク）（次項）は別の符号。

ˇ

ハーチェク（チェコ haček）

ウェッジ（英 wedge）／キャロン（英 caron）

入力方法

◆ （符号付き文字の入力）文字パレットなどを使って入力

◆ （単独での入力）文字パレットなどを使って入力

コード入力

JIS 2A31 （合成可能）2B5E

シフトJIS 85AF （合成可能）867D

区点 — 　ユニコード 02C7 （合成可能）030C

1 チェコ語やスロバキア語などの言語で、Č・Ď・Š・Ť・Ž などのようにアルファベットの特定の文字の上に付ける符号。同じ文字でもこの符号が付くと発音が変わる。

＊チェコ語、スロバキア語では、Ď・Ť の小文字は d'・t' のようにアポストロフィに似た符号を付けて示される。

2 中国語の拼音《ピンイン》（ローマ字表記）で用いられる声調符号の 1 つ。低く抑える声調（第三声）を示す音節の母音に付ける。

補注

˘（ブリーブ）（前項）は別の符号。

ちょう【長】

ː

三角コロン／長音符号／長音記号

入力方法

◆ 文字コードはあるが、パソコンのフォントでは実装されていないことが多い

コード入力 JIS 2B55 シフトJIS 8674 区点 — ユニコード 02D0

1 国際音声記号や外国語辞書などの発音記号による音声表示で、長音を表す。

用例 two [tuː] *n.*

＊ワープロ文書やwebページではコロン（：）で代用されることがある。

2 店名の表記など、日本語のローマ字表記の中で長音を表すのに使われることがある。「KOːHIːKΛN」（喫茶店の看板の店名表記）など。

第6章　強調符号

1　ここには、読み手の注意を喚起するために文章中の特定の文・語句・文字に付けられる点や線を集めた。

2　圏点は「傍点」「脇点」ともいい、「、」（ゴマ点）「・」（黒点）「○」「◎」「●」「△」「▲」など、さまざまなしるしが使われる。どのしるしを使っても基本的な用法にほとんど差はないが、現代の横書きでは主に「・」が使われるなど、個々には使われ方に多少の差もある。そこで圏点は「ゴマ点」「黒点」「その他」と3つに分けて見出しを立てた。

3　傍線、下線は、汎用性の高い実線1本線のものを見出しに示したが、用法によっては二重線（═）や破線（-----）、波線（〰〰）も使われる。どのような場合にこれらの線形が使われうるかは、それぞれの補注で示した。

4　圏点は、句読点や括弧類には通常打たない。

5　他人の文章を引用して原文にない圏点や傍線を引用者が付けるときは、（傍点、引用者）などのように、引用文のあとにその旨注記するのが一般的である。

けんてん【圏点】（ゴマ点）

、
、
、

傍点／脇点

入力方法

◆ ワープロソフトなどの傍点付け機能を使って入力。傍点を付ける機能がないときは、ルビ付け機能を利用し、読点（、）をルビで打って代用することもできる。

コード入力 JIS 233E　シフトJIS 825D　区点 —　ユニコード FE45

縦書きの和文で、文中の特定の文・語句・文字に読み手の注意を引くために文字の右わきに打つ、読点「、」に似た形または同じ形の点。横書きの和文では文字の上に打たれるが、横書きの場合はゴマ点でなく黒点「・」を使うことが多い。

Ⓐ 重要箇所・要注意箇所として、その文・語句を強調する。

用例 第二ニ議員ニ人物ノ乏シキハ与論ノ之レガ名誉ヲ与エザルニ因ルナリ地方ニ於テ名望アリ智識アリテ議員トナルヲ欲セズ屢選挙ヲ受ケテ屢之ヲ辞スル者アリ
（末広鉄腸「雪中梅」〈1886〉）

用例 もう一つの山の上には翻訳小説がのっていた。が、すぐ下には、同じような厚みのある、少し小型の雑誌のようなものが積み重ねてあった。表紙が隠れているので何かわからなかった。（松本清張「点と線」〈1958〉）

Ⓑ 仮名書きの語句に打って、その印象度を強める。また、文字の続き具合から読み取りにくい語句に打つ。

用例 　伝吉は軽く淋しく笑ひ掛けしが、俄然耳をそばだて、其眼は四辺にきよろ付きぬ。（広津柳浪「変目伝」〈1895〉）

用例 船には屹度《きつと》腰蓑を着けた船頭が居て網を打つた。いなだの鯔《ぼら》だのが水際迄来て跳ね躍る様が小さな彼の眼に白金《しろがね》のやうな光を与えた。
（夏目漱石「道草」〈1915〉）

Ⓒ ある文や語句を取り上げて示すとき、問題となる箇所を指示する。

用例 ところが『雨ニモマケズ』は行数が三十なのに、通鼻音はわずかに、《……一日玄米四合ト／……ジブンヲカンジョウニ入レズニ／……行ッテ看病シテヤリ／……北ニケンクヮヤソショウガアレバ／……ミンナニデクノボートヨバレ／……》の七個だけだ。n音の少ないことが、この詩を否定や拒絶から遠ざけ、素直で清澄な祈りにしたのではないか。（井上ひさし「私家版日本語文法」〈1981〉）

Ⓓ 文中でカギ括弧などを付けずに引用語句や作品名などを示すとき、地の文と区別す

るために打つ。小説では、地の文に記憶の中の言葉などを挿入するとき、印象度を強めるために傍点が使われることがある。

用例　あの男の声だった。

　間違いない。菅野洋子を殺してくれてありがとう。あの声だ。守は驚いて耳を澄ませた。　（宮部みゆき「魔術はささやく」〈1989〉）

補注

1　ユニコードでもJISでも読点とは別のキャラクタとしてコード化されている。ただし、パソコンではワープロソフトなどの傍点付け機能によってしか入力できない場合が多い。

2　翻訳文では、原文のイタリック体の箇所を、訳文・訳語に「、」や「・」の圏点を打って示すことがある。イタリック体は、(a)強調、(b)作品名や特殊な用語、外国語などの表記、(c)人物の内面の思いの表現、(d)本文以外の注記的な記事、(e)問題となる語句や文字を取り上げて示す場合、(f)シナリオのト書き、などに使われる。

3　「﹆」（白点）が圏点に使われることもあった。参照 ﹆

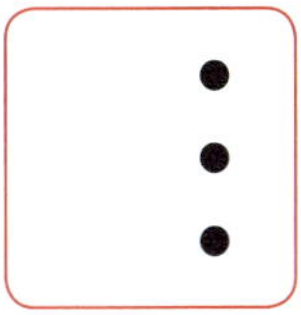

けんてん【圏点】（黒点）

傍点／脇点

入力方法

◆　ワープロソフトなどの傍点付け機能を使って入力。傍点を付ける機能がないときは、ルビ付け機能を利用し、中点（・）をルビで打って代用することもできる。

1　和文や漢文で、文中の特定の文・語句・文字に読み手の注意を引くために打つ点。縦書きでは文字の右わき、横書きでは文字の上に打つ。

A　重要箇所・要注意箇所として、その文や語句を強調する。

用例　第二は慷慨派也。慷慨と云へは、殊勝なれとも、彼等は涕涙の大安売をなす也。彼等は現時に満足せす。是れ実に彼等か蛇行派よりも一頭を抽《ぬきんづ》る処。

（徳富蘇峰「社会に於ける思想の三潮流」〈1893〉）

B　仮名書きの語句に打って、その語句を目立たせる。また、文字の続き具合から読み取りにくい語句に打つ。

用例　また，針金とじには平とじと中とじの2種類がある。

（藤森善貢「出版編集技術」〈1978〉）

C　ある文や語句を取り上げて示すとき、問題となる箇所を指示する。

用例　其人の説に、ミン、ケン、ヒン、チンの類《るゐ》のンは、東京のイと同《おな》じで、ミイちやんと謂《い》ふべきをミンソンと謂《い》ふ、〔…略…〕(尾崎紅葉「煙霞療養」〈1899〉)

Ⓓ　文中でカギ括弧などを付けずに引用語句や作品名などを示すとき、地の文と区別するために打つ。

用例　八景には信濃川秋月とあり、大河《だいが》の名月《めいげつ》は偉観《ゐくわん》も然《さ》こそと想《おも》はれたが、〔…略…〕(尾崎紅葉「煙霞療養」〈1899〉)

2　校訂本で、原文の伏せ字や欠字を復原して示す場合に、復原箇所であることを示すのに使われる。 類似用法　＊

補注

1　横書きの和文では、「、」でなく「・」を傍点に用いるのが普通。

2　出版物では、中点（・）と同じ大きさのものが使われている場合と、それよりやや大きい黒点（ビュレット）が使われている場合とがある。

3　横書きの現代中国文でも「・」の圏点を用いることがあるが、その場合は文字の下に打つ。

○　◎　●　△　▲
○　◎　●　△　▲
○　◎　●　△　▲

けんてん【圏点】(その他)

傍点／脇点

入力方法

◆　ワープロソフトではルビ付け機能を使い、○◎●△▲などをルビとして入力する

縦書きの和文や漢文で、文中の特定の文・語句・文字に読み手の注意を引くために文字の右わきに打つしるし。○◎●△▲などによる圏点は日本では明治・大正期の文章に多くみられる。

Ⓐ　重要箇所・要注意箇所として、その文や語句を強調する。

用例　光秀は能く忍びたり、終に忍びて道徳の桎梏《しつこく》を毀ち、本能寺に於て織田信長と称する一人の尾張武士を殺せり。(星野天知「明智光秀」〈1893〉)

用例　私は議会政策のみならず如何なる方法でも取つて一歩一歩紳士閥に肉薄するのが善いと思ふが、殊に此議会政策は権力階級紳士閥に対して最も有力なる一個のデモンストレーション（示威運動）の機会、場所、仕事であると思ふ。

(日刊平民新聞「田添鉄二氏の演説要領」〈1907〉)

用例　〔…略…〕近年農家の金肥使用の激増したるは何故である乎、米価の暴騰停止す

る所を知らざるは何故である乎、こは孰れも土地虐待の結果其生産力を消失したるが故ではない乎、〔…略…〕　（内村鑑三「モーセの十誡」〈1919〉）

Ⓑ　ある文や語句を取り上げて示すとき、問題となる箇所を指示する。

用例　「斯る田舎の片山里に」とあるを「斯る、でんしや、の、へんさんり、に」と読まれては迷惑なり「斯る、ゐなか、の、かたやまざと、に」と読むべし
（矢野龍渓「経国美談」凡例〈1883〉）

Ⓒ　文中でカギ括弧などを付けずに引用語句や作品名などを示すとき、地の文と区別するために打つ。

用例　（前号小説漸く起るの項参照）　（平田禿木「純美文界」〈1893〉）

用例　ニイチエが基督教は弱者道徳なりと喝破したのは、〔…略…〕
（長谷川天渓「自然派に対する誤解」〈1908〉）

ぼうせん【傍線】

脇線

入力方法

◆　ワープロソフトなどの傍線（下線）付け機能を使う。ワープロソフトでは、横組み画面の下線も、縦組みで表示・印刷すると右傍線に自動的に変換されることが多い

1　縦書きの和文で、文中の特定の文・語句のわき（通常、右わき）に引く線。次のような場合に使われる。

Ⓐ　重要箇所・要注意箇所としてその部分に読み手の注意を喚起する。主に、実務的・実用的な文書・記事・本、通信文、メモなどで使われる。

用例
問一　次の①〜⑳の設問について、それぞれア〜エの記号で答えよ。ただし、十問以上にわたって同じ記号で答えた場合は採点しない。

用例
そこで私は、「実験の本質は、自然であれ社会であれ、対象に対する正しい認識を得るために、対象に対して、予想・仮説をもって目的意識的に問いかけることにある」と考えています。
（板倉聖宣「新哲学入門」〈1992〉）

†この用途での傍線は、学習参考書や実用的性格の強い解説書・解説記事などを除いて、一般の書籍・雑誌で使われることは少ない。和文縦組みの書籍・雑誌の場合、強調には一般に圏点（傍点）やゴシック書体が使われる。

Ⓑ ある文や語句を取り上げて示すとき、問題となる箇所を指示する。

Ⓒ 外来語を地の文の仮名と同じ仮名で表記するとき、和語と区別するために文中の外来語に付ける。

Ⓓ 文章中で、外国人名・外国地名など特定の固有名詞に付ける。主に明治時代の文章にみられる。

†下の山田美妙の例では、人名を右傍線、地名を左傍線と区別しているが、一般には一本線と二重線の右傍線で区別することが多かった。

Ⓔ 語や文節の高く発音される部分に引いて、日本語の高低アクセントを示す。

Ⓑ 用例

机の上に辞書がいる。

と言えないのは、辞書が非情物であり、〔…略…〕

（井上ひさし「私家版日本語文法」〈1982〉）

用例

問五　文中の傍線3「ない」と品詞分類上同じものを次のア〜エから一つ選び、記号で答えよ。

ア、味も素っ気もない　　イ、しどけない格好

ウ、あまりおいしくない料理　　エ、彼の言うとおりかもしれない

Ⓒ 用例

ソノ頸椎ヤ腰椎ヲ矯正スルニハ寝台ヲ斜面ニシタ上ニ寝テ首ヲ上方ニ吊リ上ゲタリ、腰ニギプスデコルセットヲ作リ、当分ソレヲ嵌メル必要ガアルトモ云フ。

（谷崎潤一郎「瘋癲老人日記」〈1962〉）

Ⓓ 用例

今斯く親しく巴比陀より其名を呼ばれし一声は、令南の耳には微妙の音楽にも優りしなるべし、

（矢野龍渓「経国美談」〈1883〉）

用例

飛ぶやうな心もちで香港へ駈け付け、そこには西班牙から派遣された比律賓総督デスプホオルが居るところから直ちに刺を通じて対面し、〔…略…〕

（山田美妙「あぎなるど」〈1902〉）

Ⓔ 用例

キノウ　イラクハ　クウェートニ（またはクウェートニ）　シンコウシタ

〔…略…〕「文節」という概念なども、音声的側面から捕捉すれば、となり、一文節の内部では決してアクセントの「高」が、「低」を隔てて二か所以上にまたがって現れることはない、と定義づけることができる。

（城生佰太郎「日本語ちょっといい話」〈1991〉）

補注

1　Ⓐ・Ⓑ・Ⓒは横書きでは下線（アンダーライン）となる。Ⓔは、横書きの場合、文字の上に引くオーバーライン（ ‾ ）を用いる。

2　見出しには一本線の傍線を示したが、二重線（＿＿＿）や破線（-------）、またⒶ・Ⓑでは波線（～～～）が傍線に使われることもある。

かせん【下線】

＿＿

アンダーライン（英 underline）／アンダライン／アンダースコア（英 underscore）／アンダーバー（英 under bar）／ローライン（英 low line）

入力方法

- ワープロソフトなどの下線付け機能を使って文字や空白箇所に引く
- （単独での入力）英数入力でShift＋「_ろ」
- （単独での入力）日本語ローマ字入力でShift＋「_ろ」→確定（ATOK14～/IME2003～）
- （単独での入力）「きごう」と入力→変換→選択（IME2003～）
- （単独での入力）文字パレットなどを使って入力

コード入力　JIS 2132　シフトJIS 8151　区点 00118
ユニコード 005F　（全角）FF3F

1　横書きの和文や欧文で、読み手の注意を引くために、文中の特定の文・語句・文字の下に引く線。

Ⓐ　重要箇所・要注意箇所としてその部分に読み手の注意を喚起する。主に、実務的・実用的な文書・記事・本、通信文、メモなどで使われる。

用例　問題Ⅰ　次の①～⑳の設問について、それぞれア～エの記号で答えよ。ただし、10問以上にわたって同じ記号で答えた場合は採点しない。

†この用途での下線・傍線は、学習参考書や実用的性格の強い解説書・解説記事などを除いて、書籍・雑誌ではあまり使われない。和文横組みの書籍・雑誌の場合、強調には一般に圏点（傍点）「・」やゴシック書体が用いられる。また、欧米の書籍・雑誌では、強調箇所をボールド体やイタリック体などに書体を変えて示す方法が一般にとられている。

Ⓑ　ある文や語句を取り上げて示すとき、問題となる箇所を指示する。

用例　試みに右の歌を発音記号に書き改めてみよう。

o : umino isomo todoroni josuru nami
warete cudakete sakete tzirukamo

はじめのうち耳につくのはオという音である。

（井上ひさし「私家版日本語文法」〈1981〉）

用例　しかし次の（3）で用いられた「シバル」の代わりに「ククル」は用いにくいであろ

う。

(3) ただ，あのときもいまと同様，ベルトで体を縛った座席の下にかたく張りつめた気圧の層が感じられ，足を踏んばるたびに，その堅固な気圧で何となく自分の心まで絞め上げられている気分だった…（安岡章太郎『アメリカそれから』55）
（國廣哲彌「意味論の方法」〈1982〉）

2 欧文の手書きやタイプライターによる文書または原稿で、その箇所がイタリック体で示されることを表す。

3 横書きの申請書・申込書・契約書・試験問題などの文書で、書き込みを要する箇所であることを示す。印刷された書式の一定の箇所や文面中の空白箇所に引いておく。

用例 氏名：＿＿＿＿＿＿＿＿

用例 第４条　本契約の期間は平成＿＿年＿＿月＿＿日より平成＿＿年＿＿月＿＿日迄とする。

4 横書きの文書で、書面にアクセントを付けるため、題名・宛名などの下に引く。

用例

見積書

株式会社　◎□△ 御中

2007年9月18日

株式会社　××××

・・・・・・・・・・・につき、下記の通りお見積もりさせていただきました。宜しくご検討の程お願い申し上げます。

記

5 （半角）インターネットのURL、電子メールのアドレスなど、文字列中に空き（スペース）が使えない場合に、空きの代わりの記号として使われる。“kigou_hyappan@***.com”など。**

6 コンピュータの画面で、ファイル名、URL、メールアドレス、webページのタイトル、また、キーワードとなる語など、他のファイルとの間でリンクが設定されている文字列に引かれる。その文字列をクリックすると目的のファイルに画面が切り替わることを表す。

補注

1　半角の「＿」は普通「アンダースコア」と呼ばれる。

2　見出しには一本線の下線を示したが、2 5以外は二重線（＿＿＿）や破線（------）が使われることもある。また、1では波線（﹏﹏）が使われることもある。

6

強調符号

3　電子メールなどテキストファイルの文書では、文字と同じスペースに下線を入力することはできないため、和文ではオーバーライン（ ‾ ）を下の行に打って下線に見せる方法が取られることがある。欧文では下線を引くべき語句の左右を「_」で囲み、“_emphasis_”のように示す方法がとられる。参照 ‾（オーバーライン）

‾	**オーバーライン**（英 overline） オーバースコア（英 overscore）／ オーバーバー（英 overbar）

入力方法

◆（単独での入力）「きごう」と入力→変換→選択（IME2003〜）
◆（単独での入力）文字パレットなどを使って入力

コード入力　JIS 2131　シフトJIS 8150　区点 00117　ユニコード 203E

1　**横書きで、日本語の高低アクセントを示すのに用いる。語や文節の高く発音される部分の上に引く。**

用例　アクセント　はし〔端〕ハシ　〔箸・嘴〕ハ¬シ　〔橋〕ハシ¬　はじ〔恥〕ハジ¬
〔端〕ハジ　〔把持〕ハ¬ジ　（「現代国語例解辞典」第四版〈2006〉）

＊ 上の例にある¬は次の音が下がることを表す。「橋」のハシ¬、「恥」のハジ¬では、次に助詞の「が」「は」「を」などがきたとき、それらが低く発音されることを表している。それに対して、「端」のハシ 、ハジ では「が」「は」「を」は前の音から続いて高いまま発音される。

2　**数学・論理学で、補集合を表す。補集合とは、ある集合Aが全体集合Uの部分集合であるとき、ある集合Aを全体集合Uから除いたあとの集合のことで、$\overline{A}$と表す。**

3　**DTPで数学記号の根号の横線などに使う。また、電子メールなどテキストファイルの文書で、下線を付けたい文字の下の行に打って下線のように見せるのにも使われる。ただしこの場合、次の行には文字を打たないので行間が1行分空く。**

用例　なお住居表示は「横網」でなく「横網」です。
　　　　‾　　　　　　　　‾

よろしくお願いします。

補注
「¯」（292B）、「¯」（2B58）は音声符号の「マクロン」で、オーバーラインとは異なる。
参照 ¯（マクロン）

人名・会社名に使える符号

❖子どもが生まれたら戸籍に載せるために名前を決めて役所に届け出なければならないし、会社を設立したら社名（商号）を決めて登記をしなければならないことになっている。戸籍で子どもの名前に使える文字・符号、商業登記で商号に使える文字・符号は、それぞれ戸籍法施行規則、商業登記規則といった法規で決められていて、何でも自由に使えるというわけではない。

❖子どもの名前には現在、次の文字・符号が使える。

(1) 常用漢字二一三六字と人名用漢字八六三字。

(2) 「ゐ」「ゑ」「を」「ヰ」「ヱ」「ヲ」と濁音・半濁音を含む平仮名・カタカナ。ただし、変体仮名は不可。

(3) 直前の仮名の音を伸ばす「ー」（長音符号）。

(4) 直前の漢字をくりかえす「々」（同の字点）と、直前の仮名をくりかえす「ゝ・ゞ」（一の字点）。「ゝ・ゞ」はカタカナのくりかえしにも使える。

右のうち、(3)(4)は当然ながら名前の一字目には使えない。また、踊り字（くりかえし符号）で使えるのは「々」と「ゝ・ゞ」だけで、「〻」（二の字点）や「ヽ・ヾ」は使えない。

ローマ字、アラビヤ数字や、「。」（句点）、「、」（読点）、「・」（中点）、「-」（ハイフン）などの符号も不可なので、子どもにユニークな名前をと思って「ＹＵー」「1郎」「風太。」などと付けても役所で受け付けてもらえない。

❖商業登記上の商号（会社名や店名）では現在、次の文字・符号が使える。

(1) 漢字。使用できる漢字に特に明文化された規定はない。

(2) 濁音・半濁音を含む平仮名・カタカナ。

(3) 直前の仮名の音を伸ばす「ー」。

(4) 直前の漢字を繰り返す「々」と、直前の仮名を繰り返す「ゝ・ゞ」。

(5) ローマ字（大文字および小文字）。

(6) アラビヤ数字。

(7) 「&」（アンパサンド）、「'」（アポストロフィ）、「,」（コンマ）、「-」（ハイフン）、「.」（ピリオド）、「・」（中点）

また、ローマ字で複数の語を表記する場合にかぎり、語と語をくぎるために空白（スペース）を使用することもできる。「ー」は以前はカタカナとともにしか使えなかったが、現在では平仮名の音を伸ばす場合にも使える。

ただし、(3)(4)と(7)の符号は商号の一字目には使えない。(7)の「.」（ピリオド）以外の五つの符号は、字句のくぎり（日本文字を含む）として使用する場合にかぎって使えるもので、商号の末尾には使えない。

ローマ字、アラビヤ数字と(7)の符号は、二〇〇二年の商業登記規則等の改正により商号に使用できるようになったもの（中点だけはカタカナ語のくぎり符号として実際上認められていた）。それ以前は、会社の定款で社名をローマ字表記とすることは認められても、登記上はカタカナ表記とする必要があった。

第7章　矢印類

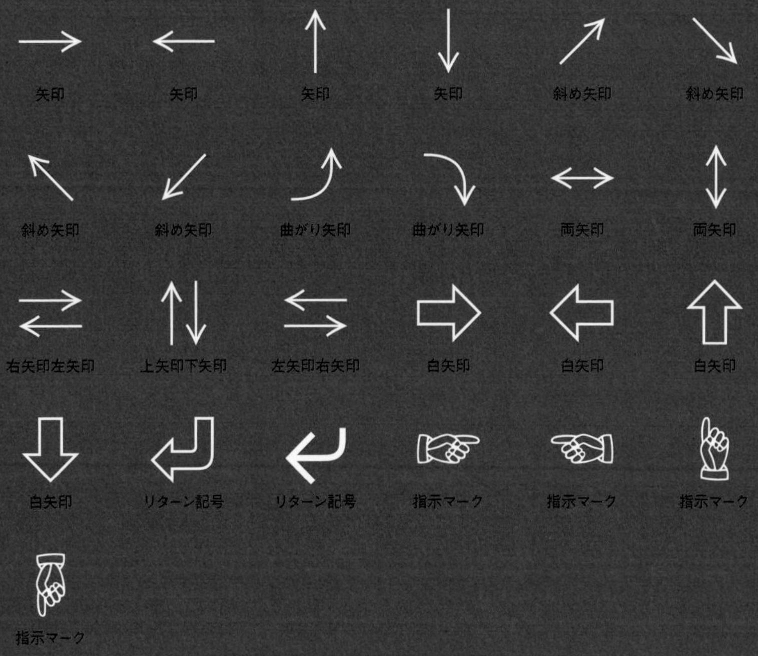

1　ここには、視覚的にある方向を示す性質をもつしるしを集めた。「☞」は形は矢印でないが、矢印と同様の性質をもつことからここに収めた。また、「⏎」「↵」はコンピュータのキーボード上で特定の意味付けがされた記号であるが、形の類似からここに収めた。

矢印類は、「目印・装飾類」としてまとめた「＊」「※」「☆」「◇」「○」「×」「♥」などとともに、印刷方面では「しるし物」と総称されることがある。JIS X 2013では、「＊」「※」「☆」「◇」「○」「×」「♥」などとともに「一般記号」に分類されている。

2　JISでコード化された矢印はすべて見出しを立てたが、矢印類は非常に種類が多く、ユニコードでは数多くの矢印がコード化されている。見出しに立てなかった矢印については、そのうちの主なものをユニコードのコード・名称とともに一覧の形で別に示した。

→←↑↓

やじるし【矢印】

右向き矢印／左向き矢印／上向き矢印／下向き矢印

入力方法

◆ 「やじるし」「みぎ（ひだり・うえ・した）」「みぎや（ひだりや・うえや・したや）」のいずれか（ATOK14〜/IME2003〜）、または「きごう」（IME2003〜）と入力→変換→選択

◆ 日本語ローマ字入力で「ー＝ほ」とShift＋「. ＞る。」（→）、Shift+「, ＜ね、」と「ー＝ほ」（←）と入力→変換→選択（IME2003〜）

◆ 文字パレットなどを使って入力

コード入力

JIS	（→）222A	（←）222B	（↑）222C	（↓）222D
シフトJIS	（→）81A8	（←）81A9	（↑）81AA	（↓）81AB
区点	（→）00210	（←）00211	（↑）00212	（↓）00213
ユニコード	（→）2192［半角］FFEB	（←）2190［半角］FFE9	（↑）2191［半角］FFEA	（↓）2193［半角］FFEC

1 動きや変化の方向を示すのに用いるしるし。矢の先に示された方へ向かうことを視覚的に表す。

A （→←↑↓）方向や道順を示す。

用例 ←至大阪　至東京→

用例 1月20日。上野発19.15（十和田）→青森着21日，9.09。
青森発9.50（青函連絡船）→函館着14.20。
函館発14.50（まりも）→札幌着20.34。　（松本清張「点と線」〈1958〉）

B （→←↑↓）物事の経過や進行の順序を示す。

用例 〈お買い物の流れ〉
商品をカートに入れる
↓
カートの中を確認する
↓
お客様情報の入力
↓
受取り・支払い方法を選ぶ
↓
注文の確定

Ⓒ（→←↑↓）そのように変化することや、結果としてそうなること、また、物事の因果関係を示す。

用例　SALE　フリル付き水玉ブラウス　¥3,800→¥2,450

用例　〔様→さん〕〔まじく→まじう〕など、音便現象はみな、日本人が声帯や口腔に楽をさせたことに原因があるが、〔…略…〕（井上ひさし「私家版日本語文法」〈1981〉）

用例　その作業はきわめて自然に、本能的になされるので、問いそのものについてあえて考える必要もないし、考えてもほとんど何の役にも立たない→むしろ邪魔になる、ということになる。　（村上春樹「小説家にとって自己とは何か」〈2001〉）

用例　・需要＞供給　→　価格上昇
　　　・供給＞需要　→　価格低下

Ⓓ（→←↑↓）その方へと作用や関係が及ぶことを示す。

用例
　　　　（転写）　　（翻訳）
DNA　→　mRNA　→　タンパク質

Ⓔ（→←↑↓）題目・項目とその説明や具体例とをつなぐ。

用例　(一)主語述語関係　AがBする、AがBだ、という関係から成り立つ熟語。
　例 → 地震（地が震える）・年長（年が長じている）・人造（人が造る）・国立（国が立てる）　（藤堂明保「漢文入門」〈1962〉）

Ⓕ（→←↑↓）印刷物などで、参照先、説明文に対応する写真や図の場所、また、図中の要所など、物事の位置を指示する。

用例　ヴィーナス〈Venus〉图　→ビーナス。　（「新選国語辞典」第八版〈2002〉）

用例　↑噴煙を上げる雲仙普賢岳

用例

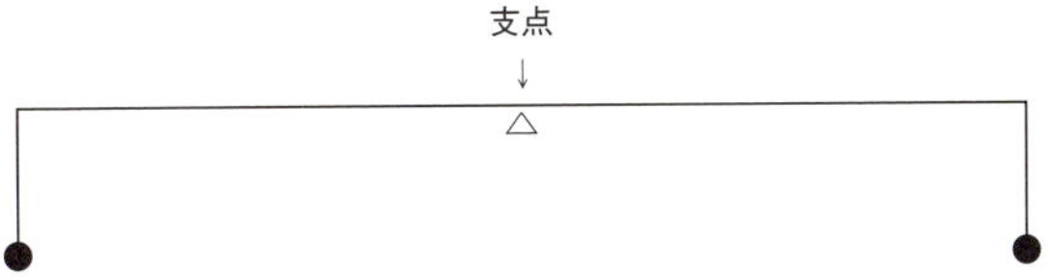

Ⓖ（→↓）競馬・競輪などの予想や配当の表示で、連勝単式（1・2着を着順どおりに当てるもの）の組み合わせを表す。たとえば「④→⑥」なら4番を1着、6番を2着とした組み合わせのこと。

†上の例で、逆目の6番→4番も押さえるという予想の場合は「④↔⑥」のように両矢印で示されることが多い。

††1・2着をその着順にかかわりなく当てる連勝複式では、多く「④—⑥」のようにダッシュを使って組み合わせが示される。

Ⓗ（→↑↓）景況・調子・成績・順位・数値などの変動を表す。↑を上昇または急上昇、→を現状と同じ、↓を下降または急下降を表すしるしとする。

用例　ニジンスキー　今回追切　栗D　63.5－49.7－37.5－11.9　一杯に追う　↑

前走追切　栗D　66.4－52.5－39.3－12.8　軽め　→

†上昇・上向きを「↗」、下降・下向きを「↘」で表す場合、「↑」は急上昇、「↓」は急下降を表す。

2 学術記号としての用法。

Ⓐ 化学反応式での用法。

(a)（→）不可逆反応（逆方向への化学反応が同時にはほとんど起こらないような化学反応）を表す。「$2H_2+O_2 \rightarrow 2H_2O$」など。

†可逆反応は右左両方向の矢印を合わせた記号「⇄」（JIS2329）で表される。

(b)（↑↓）↓で物質が析出されることを表し、↑で気体の発生を表すことがある。「$2CuO+C \rightarrow 2Cu\downarrow+CO_2\uparrow$」など。

Ⓑ（→）数学・物理学で、ベクトル（大きさと向きを持つ量）を表す。「$\vec{a}$」などと示す。

Ⓒ（→）数学で、ある値に限りなく近づくことを表す。たとえば、関数$f(x)$で独立変数xがaに限りなく近づいたときの極限値を「$\lim_{x \to a} f(x)$」のように示すなど。

Ⓓ（→）数学・論理学で、ある命題の仮定と結論p・qについて「$p \rightarrow q$」と示し、「pならばq」が成り立つことを表す。「⇒」（導出）に同じ。

Ⓔ（→）数学で、写像を表す。2つの集合A、Bがあって、Aの各要素aにBの1つの要素bを対応させる規則fをAからBへの写像といい、「f : A→B」と書く。

Ⓕ（↑）米国の数学者ドナルド・クヌースが考案した、タワー表記と呼ばれる指数関数の表記法で用いられる演算子。まず1本の↑を累乗を表す演算子として定義し、さらに↑2本を用いた「a↑↑b」を、a↑(a↑(a↑(a↑a)))……のように、aを累乗した積を冪《べき》指数とし、その累乗をb－1回繰り返すものとして定義する。たとえば3↑↑4であれば、3↑{3↑(3↑3)}で、3の7625597484987乗となる。以下同様に、a↑↑↑b＝a↑↑(a↑↑b)、a↑↑↑↑b＝a↑↑↑(a↑↑↑b)と定義し、こうして通常の記数法では書き表せない巨大数を表記する。

†かつてコンピュータでは累乗a^nを「a↑n」と↑を使って示すことが行われたが、現在は ^ を使って「a ^ n」と示すのが普通になっている。参照 ^（曲折アクセント）

3 （→↓）ギャル文字で、長音符号（ー）の代わりに使われる。

用例　携帯電話の小さなモニターに文字が浮き出ている。

『会ったよ。キンヨ→の夜。PM8:00　マツモトキヨシ。チョ→テンション高かった』

「キンヨ、矢印？　なんだこれ？」

ピンクがあんた馬鹿？という顔で小暮を見る。

「キンヨーだよ。月火水木金の金曜。のばしの棒びきにはふつう矢じるしを使うんだ」

（荻原浩「噂」〈2001〉）

補注

1　フォントによっては「→←↑↓」のようにやじりの形が異なるものもある。

2　「⇨⇦⇧⇩」の形の矢印（白矢印）は別項。また、「⇒」「⇐」「⇑」「⇓」のように矢柄の部分を２本線で描いたものもある。「白矢印」の項を参照。

3　図表中では、⟶ のように柄の部分を長く描いた矢印もしばしば使われる。

↗ ↘ ↖ ↙

ななめやじるし【斜め矢印】

右上向き矢印／右下向き矢印／左上向き矢印／左下向き矢印

入力方法

◆　「やじるし」「みぎ（ひだり・うえ・した）」「みぎや（ひだりや・うえや・したや）」のいずれかを入力→変換→選択（IME2003～）

◆　文字パレットなどを使って入力

コード入力

JIS	（↗）2325	（↘）2326	（↖）2327	（↙）2328
シフトJIS	（↗）8244	（↘）8245	（↖）8246	（↙）8247
区点	（↗）—	（↘）—	（↖）—	（↙）—
ユニコード	（↗）2197	（↘）2198	（↖）2196	（↙）2199

1　（↗↘↖↙）斜め上または斜め下の方向を視覚的に示すしるし。

用例　↖　5F
↙　3F（エスカレータの案内表示）

2　（↗↘↖↙）印刷物などで、参照先、説明文に対応する写真や図の場所、また、図中の要所など、物事の位置を指示する。また、雑誌などの記事で、段やページが変わって文章の続き具合が分かりにくいときに、続き先を示すのにも使われる。前の文章の末尾と続きの文章の冒頭に、縦組みでは「↖・↙」または「↘・↙」、横組みでは「↗・↘」または「↙・↘」のいずれかの組み合わせで矢印をしるし、つながりを示すことが多い。

3　（↗↘）「↗」を上昇、「↘」を下降として、話し言葉の音調（アクセントやイントネーション）を表す。

用例　③ キミ↗　シンガポールへ行ってきたんだって。↗　で、何買ってきたの。↗
と、まずはシッポの上がったイントネーションで語りかけてみよう。〔…略…〕
④　キミィ↘　シンガポールへ行ってきたんだってェ。↘　で、何買ってきたのォ。↘
などと、すべて尻下がりのイントネーションを使ってしまうと、〔…略…〕
（城生佰太郎「日本語ちょっといい話」〈1992〉）

＊国際音声記号では「↗」は「全体的上昇」、「↘」は「全体的下降」を表す。

4　（↗↘）「↗」を上昇、「↘」を下降として、景況・調子・成績・順位・数値などの変動を表す。参照　→の1Ⓗ

補注

1　フォントによっては「↗ ↘ ↖ ↙」のようにやじりの形が異なるものもある。

2　ユニコードには、矢柄の部分を２本線で描いた斜め矢印「⇖」（U+21D6）、「⇗」（U+21D7）、「⇘」（U+21D8）、「⇙」（U+21D9）もある。

3　辞書・事典類などで、別に項目が立っている場合に解説文中の用語に「↗」を付けて示し、参看の便とすることがある。

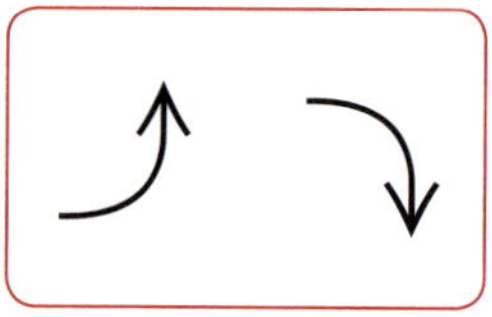

まがりやじるし【曲がり矢印】

曲がり矢印上がる／上向きカーブ矢印／
曲がり矢印下がる／下向きカーブ矢印

入力方法

◆　文字コードはあるが、パソコンのフォントでは実装されていないことが多い

コード入力		
JIS	（⤴）232E	（⤵）232F
シフトJIS	（⤴）824D	（⤵）824E
区点	（⤴）—	（⤵）—
ユニコード	（⤴）2934	（⤵）2935

1　斜め上方または斜め下方へのカーブを描いた動きを視覚的に表すしるし。

2　「⤴」を上昇、「⤵」を下降として、話し言葉の音調（アクセントやイントネーション）を表す。普通、横書きで用いられるが、縦書きで用いられることもある。

用例 ⑥「を」「は」「が」「に」などの助詞を伴った場合に、その助詞が低く発音される語には、その語尾に⤵を付けた。

あした【明＝日】〔名〕アシタ⤵|　（「日本語新辞典」凡例〈2004〉）

3 **携帯メールの絵文字で使われる。**

Ⓐ **（⤴）文末などに置いて、うれしい気分を表す。**

用例 マジすか!?やったあ⤴

Ⓑ **（⤵）文末などに置いて、落ち込んだ気分を表す。**

用例 ドタキャンするしかないみたい⤵ゴメン

↔ ↕

りょうやじるし【両矢印】

同等

入力方法

- 「やじるし」「さゆう」「じょうげ」のいずれかを入力→変換→選択（IME2003〜）
- 文字パレットなどを使って入力

コード入力

JIS	（↔）2271	シフトJIS	（↔）81EF
区点	（↔）—	ユニコード	（↔）2194　（↕）2195

1 **（↔ ↕）双方向性や相互作用などを示すのに用いるしるし。矢印の左右に示されたものについて、両地点間の往復や、それぞれが相互に関係しあうこと、また、両者の対立などを視覚的に表す。**

用例 赤羽 ↔ 新宿（定期券の券面）

用例 日本語↔フランス語の双方向翻訳ソフト

用例「ナガイ↔ミジカイ」が言及する線を、その線とは異なった方向に移動させると、その“軌跡”として平面ができる。この平面に言及するのが「ヒロイ↔セマイ」である。　（國廣哲彌「意味論の方法」〈1982〉）

＊辞書では対義語を示すときによく使われる。

2 **（↔ ↕）図表中で、それぞれの矢の先を両端として、範囲や長さ・幅を示す。**

用例

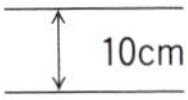

3 （↔）数学・論理学で、同値（同等）を表す。命題「p ならば q」（$p \to q$）とその逆「q ならば p」（$q \to p$）がともに真であるとき、p と q は互いに同値（同等）であるといい、「$p \leftrightarrow q$」と表す。「⇔」に同じ。

補注

1　フォントによっては「↔↕」のようにやじりの形が異なるものもある。

2　ワープロ文書・webページなどでは「⇔」が両矢印「↔」の代用とされることも多い。矢柄の部分を２本線でかいた「⇔」は、JIS X 2013では「同値」を表す学術記号とされている。「⇔」（同値）の項を参照。また、ユニコードにはそれを上下向きとした「⇕」（U+21D5）もある。

⇄ ⇅ ⇆

みぎやじるしひだりやじるし【右矢印左矢印】
うえやじるししたやじるし【上矢印下矢印】
ひだりやじるしみぎやじるし【左矢印右矢印】

入力方法

- 「やじるし」「さゆう」「じょうげ」のいずれかを入力→変換→選択（IME2003〜）
- 文字パレットなどを使って入力

コード入力

JIS （⇄）2329　シフトJIS （⇄）8248
区点 （⇄）―　ユニコード （⇄）21C4 （⇅） 21C5 （⇆）21C6

1 （⇄⇅⇆）双方向の関係や作用などを視覚的に表すのに用いるしるし。

用例
　　（御恩）
主君　⇄　臣下
　　（奉公）

2 （⇄）化学反応式では、特に可逆反応（もとの物質から生成物ができる正反応と、生成物からもとの物質を生じる逆反応とが、同時に起こる反応）を表す。「$N_2+3H_2 \rightleftarrows 2NH_3$」など。

補注

1　フォントによっては「⇄ ⇅ ⇆」のようにやじりの形が異なるものもある。
2　「⇋」(ユニコードU+21CB)、「⇌」(ユニコードU+21CC)の形もある。

⇨ ⇦ ⇧ ⇩

しろやじるし【白矢印】

白抜き矢印

入力方法

◆　「やじるし」「みぎ（ひだり・うえ・した）」「みぎや（ひだりや・うえや・したや）」のいずれかを入力→変換→選択（IME2003～）

◆　文字パレットなどを使って入力

コード入力

コード入力	JIS	(⇨) 232A	(⇦) 232B	(⇧) 232C	(⇩) 232D
	シフトJIS	(⇨) 8249	(⇦) 824A	(⇧) 824B	(⇩) 824C
	区点	(⇨) —	(⇦) —	(⇧) —	(⇩) —
	ユニコード	(⇨) 21E8	(⇦) 21E6	(⇧) 21E7	(⇩) 21E9

動きや変化の方向を示すのに用いるしるし。矢の先に示された方へ向かうことを視覚的に表す。→←↑↓とほぼ同じように使われる。

Ⓐ（⇨⇦⇧⇩）進行方向や道順を示す。

用例　順路 ⇨

Ⓑ（⇨⇦⇧⇩）物事の経過や進行手順を示す。

用例　〔昆虫の完全変態〕卵 ⇨ 幼虫 ⇨ さなぎ ⇨ 成虫

Ⓒ（⇨⇦⇧⇩）そのように変化することや、結果としてそうなること、また、物事の因果関係を示す。

用例　スキーリフト１日券　¥6,000　⇨　¥5,400

用例　為替相場と物価の関係

・円高　⇨　一般に物価は安くなる

・円安　⇨　一般に物価は高くなる

Ⓓ（⇨⇦⇧⇩）その方へと作用や関係が及ぶことを示す。

用例　　（認識）
主観　⇨　客観

❺ （⇨⇦⇧⇩）**印刷物などで、参照先、説明文に対応する写真や図の場所など、物事の位置を指示する。**

用例　マホメット【Mahomet】⇨ ムハンマド

用例　1794.7.27　テルミドール 9 日のクーデター　⇨図①
28　ロベスピエールらを処刑

❻ （⇨⇧⇩）**景況・調子・成績・順位・数値などの変動を表す。⇧を上昇または急上昇、⇨を現状と同じ、⇩を下降または急下降を表すしるしとする。** 参照 ↘の1❽

†上昇・上向きを「⬀」、下降・下向きを「⬂」で表す場合、「⇧」は急上昇、「⇩」は急下降を表す。

補注

1　ワープロ文書・webページなどでは「⇒」が「⇨」の代用とされることも多い。JIS X 2013では「⇒」は「ならば（含意）」を表す学術記号とされている。「⇒」（導出）の項を参照。

2　ユニコードには、矢筈に当たる部分が閉じていない「⇐」（U+21D0）、「⇑」（U+21D2）、「⇑」（U+21D3）の形もある。また、それと同形の斜め矢印「⇖」（U+21D6）、「⇗」（U+21D7）、「⇘」（U+21D8）、「⇙」（U+21D9）もある。

3　黒く塗りつぶした「➡⬅⬆⬇」も白矢印と同様に使われる。

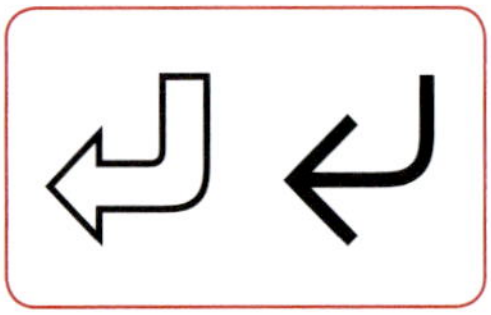

リターンきごう【リターン記号】

リターン（英 return）／エンター（英 enter）

入力方法

◆ 文字コードはあるが、パソコンのフォントには実装されていないことが多い

コード入力　JIS 277E　シフトJIS 849E　区点 —　ユニコード 23CE

1 （⏎↵）**パソコンのキーボードで「Return」または「Enter」の名称をもつキーにしるされるマーク。入力を確定したり文字列を改行したりする際にこのキーを押す。**

2 （⏎↵）**パソコンやソフトウェアの説明書で、1のキーを示すマークとして用いられる。**

用例　[終了]をクリックするか、⏎キーを押す。

7
矢印類

3 （↵）パソコンのワープロソフトの画面などで、改行の操作をした箇所に表示されるマーク。このマークは画面に表示されるだけで、通常の文書印刷では印刷されない。

⇒

どうしゅつ【導出】

⇒「数学・科学記号」の章

⇔

どうち【同値】

⇒「数学・科学記号」の章

☞ ☜ ☝ ☟

しじまーく【指示マーク】

フィスト（英 fist）／インデックス（英 index）／指差し記号／参照

入力方法

- 「て」「ゆび」「みぎ（ひだり・うえ・した）」のいずれかを入力→変換→選択（IME2003～）
- 文字パレットなどを使って入力

コード入力 JIS （☞）2D7E シフトJIS （☞）879E 区点 （☞）—
ユニコード （☞）261E （☜）261C （☝）261D （☟）261F

1 (☞☜) **矢印に準じて使われる装飾的なしるし。進行方向や道順などを示す。**

用例 化粧室 ☞

2 (☞☜☝☟) **印刷物などで、参照先、説明文に対応する写真や図の場所など、物事の位置を指示する。**

用例 [啊㊀] ā〔間〕賛嘆あるいは驚異を示す。〈～, 出虹了!〉あっ, にじが出た.
//㊁ á ☞本頁, ㊂ ǎ ☞本頁, ㊃ à ☞本頁, ㊄ a ☞本頁
(「簡約　現代中国語辞典」〈1986〉)

3 (☞☟) **題目・項目とその説明や具体例とをつなぐ。**

用例 ヒント☞ 因数分解の公式を使ってみよう。

4 (☞☟) **目印や装飾として、見出し・箇条・注記などの頭に付けて使われる。**

用例 ☞　憲法で使っている漢字はすべて常用漢字表に
(金武伸弥「新聞と現代日本語」〈2005〉)

5 (☜) **小説・エッセイなどで、行を空けて内容上のくぎりを示すときに使われる。村上春樹の長編小説『羊をめぐる冒険』**(1982)**で使われている。**

補注

1 ユニコードには他に「☚」(U+261A)と「☛」(U+261B)もある。

2 見出しには手の平を向けたデザインのものを示したが、4の用例のように手の甲を向けたデザイン「☞」もある。また、フォントによって袖口の付いていないものもある。

罫線一覧

印刷物で使われる主な罫線を挙げました。

表罫	リーダー罫(星罫)
裏罫	一点鎖線
中細罫	二点鎖線
双柱罫(二重罫)	波罫(ブル罫)
太双柱罫	太波罫(太ブル罫)
子持ち罫	無双罫
両子持ち罫	かすみ罫
三重罫(三筋罫)	太かすみ罫
破線(ミシン罫)	斜めかすみ罫

第8章　目印・装飾類

＊	⁂	†	‡	※	§
アステリスク	アステリズム	ダガー	ダブルダガー	米印	セクション
¶	〽	☆	★	◇	◆
段落記号	庵点	白星	黒星	白菱形	黒菱形
❖	□	■	△	▲	▽
四つ菱	白四角	黒四角	白三角	黒三角	逆白三角
▼	▷	▶	◁	◀	○
逆黒三角	右白三角	右黒三角	左白三角	左黒三角	白丸
●	◎	◉	⊙	◐	◑
黒丸	二重丸	蛇の目	蛇の目	半黒丸	半黒丸
◒	◓	•	◦	×	♤♠
半黒丸	半黒丸	ビュレット	白ビュレット	ばつ	スペード
♡♥	◇◆	♧♣	〓	〒	☎
ハート	ダイヤ	クラブ	下駄	郵便記号	電話マーク
卍	卐	⛩	∴	♨	
まんじ	右まんじ	鳥居マーク	史跡・名勝・天然記念物	温泉マーク	

1　ここには、印刷物・出版物・webページやさまざまな表示の中で、目印や装飾的なしるしとして使われるものを集めた。印刷方面では「しるし物」と総称されることがある。ここに収めたものの多くは、JIS X 2013では「一般記号」として分類されている。

「卍」は漢字であるとともに地図記号、「⛩（神社）」「∴（史跡・名勝・天然記念物）」「♨」は地図記号、「〒」は日本郵政グループのシンボルマークであるが、便宜上ここにまとめた。

なお、矢印の類も本来この「目印・装飾類」に含まれるが、種類が多く、またいずれも視覚的にある方向を示す機能をもつという点で特徴づけられることから、「矢印類」として別にまとめた。

2　「*」「†」「§」「¶」「〽（庵点）」などは、元来特定の用途に用いられ、特定の意味を表したものだが、次第に用法が拡張し、さまざまな場面で使われるようになった。

「☆」「◇」「□」「△」「○」「⊙」など図形によったものは、もともと特定の意味付けがされていたわけでなく、用法は多岐にわたり、それぞれの使用者によって任意に使われるという性格が強い。ただし、○はよい評価、△はそれより落ちる評価というように、ある意味付けが一般的に定着していることもある。したがって任意に使われるとはいっても、たとえば「△」を最上の評価、「○」をマイナス評価を表すものとしては使いにくく、その面からは、こうした図形によるしるしにも、ある「意味」が漠然と共通認識されているとはいえる。

3　目印・装飾類には、印刷物やwebページ・電子メールなどで、「☆★☆★オフ会のご案内★☆★☆」「＊＊＊＊＊＊＊＊＊＊＊」のように複数個連ねて飾り罫的に使われるものが多い。こうした飾り罫的な使い方については、顔文字での使用とともに、それぞれの項目でいちいち言及しなかった。

また、文章・文書の中で、行を空けて内容上のくぎりを示すときにこれらのしるしは装飾的に使われる。この使い方については可能なかぎり実際の使用例を挙げて、個々の項目で言及した。

4　地図記号は、「⛩（神社）」「♨」のように一般の表示・表現でも使われるものなどに限って見出しを立て、それ以外の地図記号は、国土地理院の地形図で使用される主要なものについて一覧の形で別に示した。

＊

アステリスク
（英 asterisk　仏 astérisque）

アスタリスク／アステリ／アステ／星印／星／星標／スター（英 star）／注／こんぺいとう

入力方法

◆ 英数入力でShift＋「:＊け」
◆ 日本語ローマ字入力でShift＋「:＊け」→確定（ATOK 14〜/IME2003〜）
◆ 仮名入力でShift＋「:＊け」を押す→変換→選択（IME2003〜）
◆ 「あすてりすく」（ATOK14〜/IME2003〜）または「あすたりすく」（ATOK14〜）、あるいは「ほし」「きごう」（IME2003〜）のいずれかを入力→変換→選択
◆ 文字パレットなどを使って入力

コード入力

JIS	2176	シフトJIS	8196　（半角）002A
区点	00186	ユニコード	002A　（全角）FF0A

1　文中の特定の語句に付けて、注記・解説など、その語句に関する説明が別にあることを表す。本文中で脚注を付した語句を示し、また、脚注の冒頭に付けるしるしとして欧米で使われてきた。日本ではそのページ内に注を示す場合だけでなく、章末や巻末に注をまとめる場合にも、注のある語句を示すしるしとして使われる。

＊欧米の書物では、1 つのページに複数の脚注が入る場合、「1 2 3…」のように数字を使わず、＊・†・‡・¶・§・‖・#などを順次用いて示すことがある。また、＊・＊＊・＊＊＊あるいは＊・⁑・⁂とアステリスクの数を増やしていく示し方もある。

＊＊「＊1 ＊2 ＊3…」と注の番号とともに使うことも多い。また、「＊」や「※」などのしるしによらず、「1 2 3…」「(1)（2）（3）…」（日本では「注一、注二、注三」など）のように数字を使って注を示すやり方は、外国でも日本でも多く採用されている。

＊＊＊文中の語句への＊の付け方は、欧米では、Set forward to Stowey* at half-past five. のように、注のある語句の末尾に上付きで付けるのが一般的。日本では、横組みなら当該語句の冒頭上付きか末尾上付き、縦組みなら冒頭右肩付きか末尾右隅付きで付ける。ただし「1」「(1)」「注一」など番号で注を示す場合は、当該語句の末尾に付けるのが、横組み・縦組みとも普通である。

＊＊＊＊文学全集などでは、「僕は*レオナルドや、*ミケルアンゼロや、*レンブラントの本物が見たくなった。」（集英社「日本文学全集」武者小路実篤集）のように、注解のある語句にすべて＊を付け、巻末の注解に「二〇二上　レンブラント　Harmensz Van Rembrandt (1606—1669) オランダの画家。……」と本文のページ数を示す形がよくみられる。

2　リストや表などで、特定の意味を表す記号として任意に使われる。たとえば、辞書で重要語の見出しに**や＊を付けるなど。

＊日本の競走馬の血統表では、「*サンデーサイレンス」のようにカタカナ表記した馬名の頭に＊を小さく付けて、表中に記された馬が（国産馬でなく）輸入馬であることを表す。

3 名称や語句・文字を明示しない場合に、文字に代えて使われる。

用例 "S**t!" he yelled.〔=「く＊＊たれ！」と彼はわめいた。〕

用例 〔…略…〕泰淳さんは、例の市ヶ谷台の事件のあと半年くらゐ経つてから、妙にしみじみした声で、

「三島君もおしまひのころは＊＊＊だつたねえ」

と語つたことがあつた。（ここの＊＊＊は、何しろあの人の声は低いし、入歯の具合は悪いし、よく聞き取れなかつたのですが、前後の関係からすると、「変」とか「奇妙」とか、大体そんな言葉らしかつた。）

（丸谷才一「犬だつて散歩する」〈1986〉）

＊コンピュータの画面でパスワードを入力したとき、パスワードの文字列を隠すため画面では＊＊＊＊のように表示されることがある。この用途では●も多く使われている。

4 欧文で、*と3つ連ねて、引用文の省略箇所を表す。和文での……に当たる。**

用例 T. S. Eliot wrote, "Tradition *** cannot be inherited, and if you want it you must obtain it by great labor."〔=T・S・エリオットは「伝統は……相続されるものでなく、それを求めようとすれば大いなる努力によって獲得するほかないものである。」と書いた。〕

＊省略箇所の表示にはピリオドを3つ連ねた... を用いることも多い。

5 （半角）コンピュータで、特定の文字列を検索するとき、任意の文字列または文字の代わりとなる記号の1つ。こうした記号は「ワイルドカード」と呼ばれ、これを使った検索方法を「ワイルドカード検索」という。

Ⓐ MS-DOSやWindowsなどのオペレーティングシステムで、ファイルの検索に用いる。たとえば、"ryokouki.*"というファイル名で検索をかければ、拡張子（「.×××」）の文字列が何であっても"ryokouki"というタイトルをもつファイルが検索される。

†ファイル検索に用いる「ワイルドカード」にはほかに半角の「?」があるが、アステリスクが1つで0を含めて任意の数の文字列に対応するのに対し、「?」は1字にしか対応しない。

Ⓑ インターネットでは、ワイルドカード検索の機能をもつ検索エンジンでワイルドカードに使われる。

6 （半角）コンピュータのプログラミングや表計算ソフトなどで、乗算記号として用いる。たとえば、表計算ソフトで、セルA2とセルB2の積をセルC2に表示させるとき、C2に"=A2*B2"と入力するなど。

7 言語学などでの用法。

Ⓐ 文法的・統語論的に成り立たない文（非文）の前に付け、その文が容認できないことを表す。

用例 ＊誰はそんなことを言ったのですか？

†必ずしも文として成り立たないわけではないが許容度の低い文には「？」を付ける。
参照 ？の6

Ⓑ 歴史言語学や語源学で、文献上でその語形が確認されていない推定形を示す。

用例 cow (OE cū < Gmc *kō(u)z)

8 校訂本で、原文の伏せ字や欠字を復原して示す場合に、文字のわきに付けて復原箇所であることを示すのに使われる。 類似用法 **圏点（黒点）**

用例 一　伏せ字だった部分は字数どおりおこしたそのかたわらに＊をつける。
（筑摩書房「中野重治全集」第1巻解題〈1978〉）

9 目印や装飾として、箇条・項目や文中の見出し、補足的な記事などの頭に付けて用いる。

用例 ＊　第十巻と第十一巻には著者のローマ字文が一つずつはいっているが、日本ローマ字社の岡野篤信氏にみていただいて正確を期した。
（筑摩書房「中野重治全集」第11巻月報〈1979〉）

10 文章・文書で、行を空けて内容上のくぎりを示すときに使われる。

用例 〔…略…〕……嗚呼、少女は何故に身を殺せしか。袖袂より滴り落る氷の如き冷たき水が涙の形見を示せるのみ。

＊　＊　＊

其年の末の八日、夫人は離縁となり、里へ戻りぬ。薄命なる少女が編みかけし手袋は今尚ほ夫人の手に残れり。〔…略…〕　（坪内逍遙「細君」〈1889〉）

11 キリスト教圏で、人の生年・生没年を示すとき、誕生年月日の前に付ける。死亡年月日の前に付ける†（ダガー）に対するもの。 参照 †の5

用例 Georg Friedrich Händel（* 23. Februar 1685 – † 14. April 1759 ）

＊もと、西洋の家系図で祖先の生年を示すしるしとして使われたのが、アステリスクの起こりという。

12 欧文の電子メールなどで、ある言葉を強調するとき、その言葉の前後に付ける。

用例 I need it *now*.

補注

1　名称は、ギリシア語asteriskos「小さい星」（aster「星」＋-iskos「小さい」）に由来する。

2　電話の押しボタンの左下隅にあるしるしは＊（「星印」「米印」などと呼ばれる）で、アステリスクを90度回転したもの。これは国際天気図で雪を表す記号としても使われている。

3　欧米では、アステリスクとして放射線が5本の＊も使われる。他にも小さな中心円から6本の短い放射線を出したものなど、異形は多い。

⁂

アステリズム（英 asterism）

アスタリズム／三つ星印

入力方法

◆ 「ほし」と入力→変換→選択（IME2003〜）
◆ 文字パレットなどを使って入力

コード入力 JIS 2C7E　シフトJIS 86FC　区点 —　ユニコード 2042

[1] 欧文で、注を付した語句などをアステリスクで示すとき、「***」または「*3」の意味で用いる。「**」または「*2」に当たるダブルアステ⁑（ユニコードU+2051）に次ぐもの。日本ではほとんど使われない。

[2] 文章・文書などで、行を空けて内容上のくぎりを示すとき装飾的に使われる。

用例　私の長い凝視に飽きた鶴川は、足もとの小石を拾つて、あざやかな投手の身ぶりで、それを鏡湖池の金閣の投影のただ中へなげうつた。

波紋は水面の藻を押してひろがり、たちまちにして、美しい精緻な建築は崩れ去つた。

⁂

それから終戦までの一年間が、私が金閣と最も親しみ、その安否を気づかひ、その美に溺れた時期である。　（三島由紀夫「金閣寺」〈1956〉）

†

ダガー（英 dagger）

短剣符／短剣標／剣標／オベリスク（英 obelisk）

入力方法

◆ 「だがー」（ATOK14〜/IME2003〜）または「きごう」（IME2003〜）と入力→変換→選択
◆ 文字パレットなどを使って入力

コード入力 JIS 2277　シフトJIS 81F5　区点 00287　ユニコード 2020

1 ＊（アステリスク）と同様、文中の特定の語句に付けて、注記・解説など、その語句に関する説明が別にあることを表す。

＊ 欧米の書物では、１つのページに複数の脚注が入る場合、「１２３…」のように数字を使わず、＊・†・‡・¶・§・‖・＃などを順次用いて示すことがあり、一般に、＊が最初の注、†は第２の注、‡は第３の注に用いられる。また、章末や巻末に注をまとめる場合に、「†1 †2 †3…」と注の番号とともに用いられることもある。

＊＊ ダガーはキリスト教圏では死者を表すことから、存命の人物の名に付すことは欧米では忌避される。日本でも避ける方が無難。本項目の5を参照。

2 リストや表などで、特定の意味を表す記号として任意に使われる。たとえば、現代語の辞書で古語の項目に † を付けて他の項目と区別するなど。

用例 ロ 古語には†印を付け、見出しを歴史的仮名遣いで示した。

†しづのを【×賤の△男】

†あをひとぐさ【青人草】　（「岩波国語辞典」第四版・凡例〈1986〉）

3 目印や装飾として、箇条・項目や文中の見出し、補足的な記事などの頭に付ける。

用例 †ある作家の辞書批判

ざっと四分の一世紀前、ある女性作家が文芸誌で、痛烈な辞書批判をしている。辞書のどんな点が不満だったのかと言えば、次のようなことである。

（石山茂利夫「今様こくご辞書」〈1998〉）

4 文章・文書で行を空けて内容上のくぎりを示すときに使われる。

用例 カキアゲにまみれてふたりは何処までも堕ちてゆく。

ムネヤケながら何処までも。

そう呟くと、あやしくときめくのだ。

†

一九八〇年代を通じて、人々の間に「お互いに高めあう恋愛」という考えが広まった。　（穂村弘「もうおうちへかえりましょう」〈2004〉）

5 十字架を表すしるしでもあることから、キリスト教圏で、人の死を表す。墓碑や人物解説などの生没年の表示で、死亡年月日の前に付ける。誕生を表す＊（アステリスク）と対で用いられることが多い。

用例 Johann Sebastian Bach

（* 21. März 1685 in Eisenach; † 28. Juli 1750 in Leipzig）

＊ 名称の英語dagger は短剣の意で、現在は短剣を図案化したような形のものが多く使われるが、本来は十字架を表すしるしであり、カトリックの典礼執行規程で司祭が十字を切るべき箇所を示したのが由来といわれる。フォントによっては、短剣でなく十字架そのものの形で表される場合もある。

6 5から派生して、系統図・一覧表などで、絶滅した生物種や廃止された事物などを表す。

7 チェスの棋譜で、チェック（王手）を表す。

‡

ダブルダガー（英 double dagger）

二重短剣符／二重短剣標

入力方法

◆ 「だぶるだがー」（ATOK14〜）または「だがー」あるいは「きごう」（IME2003〜）と入力→変換→選択
◆ 文字パレットなどを使って入力

コード入力 JIS 2278 シフトJIS 81F6 区点 00288 ユニコード 2021

1 欧文で、1つのページに複数の脚注が入り、かつ「1 2 3…」のように数字を使わずに注を示す場合、＊・†に次いで使われるしるし。本文中、注のある語句に付け、また、注の冒頭に付けてどの語句に対する注かを示す。参照 †の1

2 文章・文書で行を空けて内容上のくぎりを示すときに使われる。

用例 マスターが作ったあの自慢のスピーカーで。と心の中で言いかけたとたんに、僕は図らずも落涙した。Oさんが「そろそろ電車の時間だろ。行くか？」と言った。

‡

こうして双子座の僕は、二つの告別式を終えて、今帰ってきた。

（菊地成孔「歌舞伎町のミッドナイト・フットボール」〈2004〉）

3 チェスの棋譜で、チェックメイト（詰み）を表す。

※

こめじるし【米印】

こめ／星／星印《ほしじるし》

入力方法

◆ 「こめ」「ほし」（ATOK14〜/IME2003〜）または「こめじるし」「きごう」（IME2003〜）

のいずれかを入力→変換→選択
◆ 文字パレットなどを使って入力

コード入力 JIS 2228 シフトJIS 81A6 区点 00208 ユニコード 203B

1 文中の特定の語句に付けて、注記・解説など、その語句に関する説明が別にあることを表す。アステリスクと異なり、日本でつくられたしるし。和文で「アステリスク」の1と同様に使われる。参照 *の1

2 リストや表などで、特定の意味を表す記号として使われる。

用例 お祝い金の平均額〈出産の場合〉

	年代別			
贈り先	20歳代	30歳代	40歳代	50歳以上
勤務先関係	5000	6000	7000	8000
兄弟・姉妹	15000	21000	※	—

—は該当するサンプルがなかったもの。
※はサンプル数が少ないため集計できなかったもの。

3 目印や装飾として、箇条・見出し、補足的な記事などの頭に付けて用いる。

用例 ドリンク半額デー ※ボトルワイン・生ビールは除く。

用例 ～清掃活動のお知らせ～
日時：10月10日 午前8時集合 ※雨天決行
集合場所：森林公園正門

4 文章・文書で、行を空けて内容上のくぎりを示すときに使われる。

用例 もし指導者自らの精神生活において庶民の決意に遠く及ばないものがあるとしたら、その結果のおそるべきことは言を俟つまでもあるまい。

※

特に今日、もつとも重大を要するものは庶民に決意を促すことよりも指導者自体の中に決意の純正さが自覚され、自らの使命に身を挺する態度が立証されなければならぬといふことである。（尾崎士郎「決意について」〈1941〉）

補注
名称は、漢字「米」を45度傾けたような形から。

§

セクション（英 section sign）

節記号／鐇《びょう》鎖《さ》節《せつ》記号／節標

入力方法

◆ 「せくしょん」（ATOK14～/IME2003～）または「きごう」（IME2003～）と入力→変換→選択

◆ 文字パレットなどを使って入力

コード入力 JIS 2178 シフトJIS 8198 区点 00188 ユニコード 00A7

1 欧文の書物・論文などで、節や条項の番号あるいは見出しに付けるしるし。日本でも翻訳書・教科書・論文などで使われる。

用例 第二章　鋳物用金属材料（鉄鋼）
§1.　緒言　　（日本鉱物協会編「解説 鋳物技術」〈1950〉）

用例 すでに図25（§4.1）に示したように、〔…略…〕
（國廣哲彌「意味論の方法」〈1982〉）

＊参照先が複数の節にわたる場合は、“See §§7–10”（＝7節～10節を見よ）のように§を２つ連ねる習慣がある。この§§は「ダブルセクション」と呼ばれる。

2 欧文で、１つのページに複数の脚注が入り、かつ「１ ２ ３…」のように数字を使わずに注を示す場合、＊・†・‡・¶に次いで使われるしるし。本文中、注のある語句に付け、また、注の冒頭に付けてどの語句に対する注かを示す。

¶

だんらくきごう【段落記号】

パラグラフ（英 paragraph sign）／

ピルクロウ（英 pilcrow）／参照符号／段落標

入力方法

◆ 「だんらく」「ぱらぐらふ」「きごう」のいずれかを入力→変換→選択（IME2003～）

◆ 文字パレットなどを使って入力

コード入力 JIS 2279 シフトJIS 81F7 区点 00289 ユニコード 00B6

1 欧文で、段落の変わる箇所を明示するために段落の冒頭に置いたしるし。現在は、欧文のワープロソフトで、強制改行のさい画面の行末に表示される改行マークとして使われている。

＊和文で、引用した文章の改行１字下げの箇所を示すしるしとして使われることがある。

用 例 ¶半分板張りになっていて、向うの土間に、殿の乗馬足曳が、つないである。¶厩のように、馬と同居しているのですから、ムッとした臭気が鼻を襲う。
（呉幸栄「小説の地の文につかわれる「してしまう」文」〈2007〉）

2 欧文で、文中の特定の語句に付けて、注記・解説など、その語句に関する説明が別にあることを表す。

＊欧米の書籍では同じページ内に複数の脚注を入れる場合、「1 2 3…」のように数字を使わず、＊・†・‡・¶・§・‖・#などを順次用いて示すことがある。

3 外国語辞書で、語釈と用例などのくぎりに使われる。

用 例 **crow** [1] [krou] *n.* ①からす. ¶as black as a crow まっ黒で ②かなてこ.

補注

見出しに示した¶の形以外に、¶を左右逆にした形のもの（reversed pilcrow sign，ユニコードU+204B）など、さまざまな異形がある。

〽

いおりてん【庵点】

歌符号／歌記号／歌引っかけ

入力方法

◆ 文字コードはあるが、パソコンの通常のフォントでは実装されていないことが多い

コード入力 JIS 233C シフトJIS 825B 区点 — ユニコード 303D

1 謡本《うたいぼん》（能楽の台本）で、演じ手（主役〔シテ〕や相手役〔ワキ〕など）が代わるところの冒頭に示す。歌舞伎・舞踊劇などの台本でも用いられる。

2 文章中に歌詞を挟むとき、その頭に付けて用いる。類似用法 ♪

3 江戸時代の滑稽本などで、会話文の冒頭に付けて、会話を表す。明治初期の小説でも使われた。

1 用例
長唄
〽さて西岸は名にし負ふ、夕日が浦に秋寂《あきさ》びて、磯辺に寄するとゞろ浪。岩に砕けて裂けて散る、水の行くへの悠々と
〈坪内逍遥「新曲浦島」〈1904〉〉

2 用例
君子 そういえば、あの歌も題は、『戦友』っていうんでしたわね。
〽ここはお国を何百里
〈向田邦子「あ・うん」〈1987〉〉

3 用例
彼《かの》通次郎はかたへにひそみて、なにやらほんをよみながらひとりうなづくさまを見るより
弥〽ヲイ通さんコレサ通さんといつたら何を夢中になツてよんでゐるンだ 通〽ム、、コレカこりやア外国の新聞サ 弥〽新聞だか珍文《ちんぶん》だか、蚯蚓《みみず》の行列を見るやうなものをひねくりまはしておめへにばかりは面白からうが、此方等《こちとら》にやアさつぱりわからねへ。
〈仮名垣魯文「西洋道中膝栗毛」〈1871〉〉

4 江戸時代の辞書類で、語釈部分と区別するために、用例文の頭に付けて用いた。

5 和歌や連歌《れんが》（和歌の上の句と下の句を交代で詠みつらねるもの）などの優劣を判定するために、よいと思う作品の肩に判者《はんじゃ》が付けて用いた。

6 回文（昔の回覧文）で、読み手が内容を確認し承知したことを示すために、自分の名前が書いてある箇所の上に付けた。

補注
1 「庵点」の名称は、家の屋根の形をかたどった「庵形《いおりがた》」をしているところから。
2 5 6では「合点《がってん》」「鉤点《かぎてん》」とも呼ばれる。「合点」の名称は「鉤点」が変化したものともいう。

☆ ★

しろぼし【白星】
くろぼし【黒星】

星形／星印／星／スター（英 star）

入力方法

- ◆ (☆★)「ほし」「ずけい」(ATOK14〜/IME2003〜)、または「ほしじるし」(ATOK14〜)あるいは「きごう」(IME2003〜)のいずれかを入力→変換→選択
- ◆ (☆)「しろぼし」と入力→変換→選択 (ATOK14〜/IME2003〜)
- ◆ (★)「くろぼし」と入力→変換→選択 (ATOK14〜/IME2003〜)
- ◆ 文字パレットなどを使って入力

コード入力 JIS (☆) 2179 (★) 217A　シフトJIS (☆) 8199 (★) 819A
区点 (☆) 00189 (★) 00190　ユニコード (☆) 2606 (★) 2605

1 (☆★) **目印や装飾として、見出し・箇条・注記などの頭に付ける。**

用例 ☆持参するもの……身分を証明するもの,印鑑
☆受付時間 ………10:30 〜 12:00, 13:30 〜 15:00

用例 そのメモの内容は次のやうなものだつた。
★山田の脳卒中は脳内出血。
★出血の部位は視床。
★出血は脳実質を穿破して脳室内に及び、水頭症・脳室内血腫の形成が見られた。
〔…略…〕　(倉橋由美子「交歓」〈1989〉)

2 (☆★) **事物の価値や難易度などを判定し評価を下すとき、その評点を示すのに使われる。☆で満点を示してそのものへの評点は★で示すやり方、★を1点、☆を0.5点とするやり方、★または☆のいずれか一方だけで評点を示すやり方などがある。★★★は「三つ星」、★★★★★は「五つ星」などと読む。**

用例 ××温泉
泉質 ★★★★☆(アルカリ性単純泉、掛け流し、加水・加温なし)
設備 ★★★☆☆(内風呂・露天風呂、シャンプーなし)

用例 人気度 ★★★☆(満点は★5つ。☆は0.5点)

用例 総合評価 ☆☆(満点は☆3つ)

＊「ミシュランガイド」(赤ガイド)のレストラン評価を模倣した用法。実際の「ミシュランガイド」では✿の星形が使われる。

3 (☆★) **表・リスト・一覧などで、特定の意味を表す記号として任意に使われる。**

用例 実物について説明しよう。『千載』巻第三恋歌三。国歌大観番号795から807まで。＊は後白河院(『千載集』の下命者。今様を熱烈に好み、和歌には関心がなかつた)の作。☆は『百人秀歌』と『小倉百人一首』(前者は定家の撰、後者はほぼ定家の撰)の双方に選ばれてゐるもの。
冬の日を春より永くなすものは恋ひつつ暮らす心なりけり

8 目印・装飾類 ☆★

＊よろづ世を契りそめつるしるしにはかつがつ今日の暮ぞ久しき
＊今朝間はぬつらさにものは思ひしれわれもさこそは恨みかねしか
かねてより思ひしことぞふし柴のこるばかりなる嘆きせんとは
〔…略…〕
☆長からん心も知らず黒髪の乱れて今朝はものをこそ思へ
（丸谷才一「日本文学史早わかり」〈1978〉）

4 （☆★） 記録すべき事柄の回数を表す。

用例 営業スタッフ　今月の成約数
山 田　☆☆☆☆☆☆
鈴 木　☆☆
佐 藤　☆☆☆☆☆

5 （☆★） 勝ちを意味する「白星」、負けを意味する「黒星」を表す。

用例 培養の世代が出会う闘争は★★★★★★★《くろぼしつづき》吠えろ荻原！
（「加藤治郎歌集」〈2004〉）

6 （☆★） 地図への書き込みで、所在地・目的地など特定の地点を表す。×や■も使われる。

7 （☆★） 名称や語句・文字などを明示しないとき、文字に代えて使われる。

用例 ○○さんのお家には、チワワの☆☆ちゃんが住んでます。
（本田技研工業webページ〈2007〉）

8 （★） 写植やDTPの組み版で、必要な字や記号がないとき、そのスペースを仮に埋めておくのに使われる。活版印刷の〓に当たるもの。■や●を使うこともある。

9 （☆★） 文章・文書などで、行を空けて内容上のくぎりを示すとき装飾的に使われる。

用例 先生の笑顔に震え上がった私は、簡単に心を入れ換えた。そしてドミソもドファラもとうとう聴き取れないままに、その夏、出席ノートは果物のシールで一杯になった。

★

昭和五十六年七月。私は草鞋で水を跳ね上げながら、コビキ沢という沢の中を歩いていた。
（穂村弘「世界音痴」〈2002〉）

10 （☆★） 夜空に瞬く星を図案化した記号であることから、漫画・イラストなどで、きらきらと輝くようすを表す。

11 （☆）くだけた表現・文章で、うきうきしたうれしい気持ちや期待感などを表すのに使われる。類似用法 ♥♡ ♪

用 例 『イギリス行ってもみんなの写真見て頑張るよ☆』　（「週刊文春」2007.2.28）

12 （☆）芸名などの固有名詞で、視覚的効果や他との差別化などを意図して使われる。「つのだ☆ひろ」「劇団☆新感線」「漫☆画太郎」など。

補注

競馬の予想で、大穴（番狂わせで勝つかもしれない馬）を★で表すことがある。

◇ ◆

しろひしがた【白菱形】
くろひしがた【黒菱形】

菱形／ひし

入力方法

- 「しかく」「ずけい」（ATOK14～/IME2003～）または「ひし」「きごう」（IME2003～）、あるいは「ひしがた」（ATOK14～）のいずれかを入力→変換→選択
- 文字パレットなどを使って入力

コード入力

JIS （◇）217E （◆）2221　シフトJIS （◇）819E （◆）819F
区点 （◇）00194 （◆）00201　ユニコード （◇）25C7 （◆）25C6

1 （◇◆）目印や装飾として、見出し・箇条・記事・注記・段落などの頭に付ける。

用 例 ◆いぎ

異義　同音異義語

異議　異議をさしはさむ

＊「異義」は異なる意味。「異議」は異なる意見、特に反対意見や不服の意思表示をいう。　（「間違いやすい言葉の事典」〈1997〉）

用 例 ★校正者募集◇内勤◇経験2年上
◇50歳位迄◇時給1700円上◇歴送

＊新聞や雑誌の縦組みコラムで、いくつかの文からなる小段落を改行せず追い込む場合に、「……。………◆………。………◆………。」のように、小段落の冒頭に置いてくぎりとする使い方もある。

2 （◇◆）表やリスト・一覧などで、特定の意味を表す記号として任意に使われ

る。たとえば、◇を新聞の株式欄で「配当落ち」を表す記号とし、◆を時刻表で「運行日注意」を表す記号とする類。

3 （◇◆） 分布図で、○●■□▲△などとともに特定の物事を表すのに用いる。

4 （◆） 写植やDTPの組版で、必要な字や記号がないとき、そのスペースを仮に埋めておくのに使われる。 類似用法 〓 ★ ■ ●

5 （◇◆） 文章・文書で、行を空けて内容上のくぎりを示すとき装飾的に使われる。

用例　この一文は、右の講演の要旨を綴り直したもので尚ほ、学校だから政治上の事は余り述べなかつたが、こゝではそれを附け加えた。

◇

自由主義か、統制主義か、（政治の場合でいへば、議会政治か独裁政治か）といふことは、政治、経済、社会の上に於て極めて重要性を有つた題目である。

（鳩山一郎「自由主義者の手帳」〈1936〉）

6 （◇） 野球のスコアブックで用いられる記号の１つ。一般式記入法で用いる。

Ⓐ ファウルフライを表す。

Ⓑ 犠打（犠牲バント・犠牲フライ）を表す。失敗した送りバントは◆で表す。

7 （◇） 生物学で、雌雄不明体を表す。

補注

トランプの ◆◇（ダイヤ）は別項。

よつびし【四つ菱】

四つ割り菱／割り菱

入力方法

- 「しかく」と入力→変換→選択（IME2003～）
- 文字パレットなどを使って入力

コード入力 JIS 2D7D シフトJIS 879D 区点 — ユニコード 2756

1 目印や装飾として、見出し・箇条・記事・注記などの頭に付けて用いる。

用例 ❖定員に達し次第締め切らせていただきます。

2 表やリスト・一覧などで、特定の意味を表す記号として任意に使われる。

補注

紋所の四つ菱は甲斐の武田氏の家紋として知られ、武田菱ともいう。見出しに示した❖より左右に長い。

□

しろしかく【白四角】

四角／四角形

入力方法

◆ 「しかく」「ずけい」（ATOK14～/IME2003～）または「きごう」（IME2003～）のいずれかを入力→変換→選択

◆ 文字パレットなどを使って入力

コード入力 JIS 2222 シフトJIS 81A0 区点 00202 ユニコード 25A1

1 目印や装飾として、見出し・箇条・記事・注記・段落などの頭に付ける。

用例 □飲食物の持ち込みは固くお断りいたします。

＊明治・大正期の記事文・評論文などでは、段落冒頭に□■▲△◎○●などを付けることがしばしば行われた。

2 表・リスト・一覧などで、特定の意味を表す記号として任意に使われる。たとえば、新聞の株式欄で「新株落ち」を表すなど。

3 分布図で、◎△●■▲などとともに特定の物事を表すのに使われる。

4 歌舞伎などの脚本や近世の滑稽本などで、発話者を特定するために名無しの登場人物のせりふの前に付ける。類似用法 ■ △ ▲ ○ ● ◎ × 参照 ○の8

5 **相撲の星取表で、不戦勝を表す。不戦敗は■で表される。** 参照 ■ ○ ● △ ×

6 **原文の欠け字や判読不能の字を表す。印刷物では、写本・碑文などの欠け字、判読不能の字を□で示すのが一般的。**

用例 熊本県の江田船山古墳で出土した鉄刀の背には「治天下獲□□□鹵大王世…」の文字が銀で象嵌されている。

7 **名称や文字・語句を明示しないとき、文字に代えて使われる。「□□新聞のY氏」など。**

8 **試験問題などで、埋めるべき空白箇所を示すのに使われる。他の文字より大きめの□で示すことが多い。**

用例 問7　次の①～③の□には、それぞれ意味的に対をなす漢字が入る。□に漢字を1字ずつ書き入れて四字熟語を完成しなさい。

①□肉□食　　②□意□達　　③□床□夢

9 **申込書・アンケートなどで、必要事項・質問事項に対しチェック記号で答える場合の書き込み枠に使われる。**

用例

性別	□男	□女			
年齢	□10代	□20代	□30代	□40代	□50代以上
職業	□学生	□会社員	□公務員	□パート・アルバイト	
	□自営業	□会社経営	□主婦	□その他	

＊パソコンの画面で、チェック記号の有無によって「はい」「いいえ」を答えるチェックボックスにも、□の形が使われる。「□　以後このメッセージを表示しない。」

＊＊またパソコン画面では空白の○をクリックして、いくつかの選択肢から1つを選ぶ形式もあり、この○はラジオボックスと呼ばれる。

10 **編集・校正で、1字アキ、また、全角どりを指示する記号として用いる。**

用例 この窮状をいかに打開すべきか？いくら頭を巡らせても脱出路は見えてこなかった。

11 **転じて、印刷物やwebページで、文字1字分のスペースがあることを特に示すのに使われる。**

用例 〔…略…〕「渋谷公会堂□クラシックコンサート」と入力すると〔…略…〕

（創藝舎「グーグル完全活用本」〈2006〉）

12 **文章・文書で、行を空けて内容上のくぎりを示すとき装飾的に使われる。**

用例 〔…略…〕我々は熟考の末、かゝる事態を必然ならしめた根本原因の一つは、我々が無限の信頼を寄せてゐたコミンターンの政治及び組織原則そのものの中にあるを悟つた。

□

我々は従来最高の権威ありとしてゐたコミンターン自身を批判にのぼせる必要をみとめる。〔…略…〕（佐野学・鍋山貞親「共同被告同志に告ぐる書」〈1933〉）

13 「しかくい」または「かくい」と読ませ、角張ったイメージから四角四面・まじめ・堅苦しいなどの意を表すのに使われる。

用例 □い頭を○くする（日能研キャッチコピー）

■

くろしかく【黒四角】

入力方法

- 「しかく」「ずけい」（ATOK14～/IME2003～）または「きごう」（IME2003～）のいずれかを入力→変換→選択
- 文字パレットなどを使って入力

コード入力 JIS 2223　シフトJIS 81A1　区点 00203　ユニコード 25A0

1 目印や装飾として、見出し・箇条・記事・注記・段落などの頭に付けて用いる。

用例 ■欧州大戦乱の余波が、大正の世相に何の位の影響を及ぼして居るか、それは私の言ふべき領分では無い。（松崎天民「大正世相私観」〈1915〉）

＊明治・大正期の記事文・評論文などでは、段落冒頭に□■▲△◎○などを付けることがしばしば行われた。

2 表やリストなどで、特定の意味を表す記号として任意に使われる。たとえば、新聞の株式欄で「新株落ち」を表すなど。

3 分布図で、□▲△●○などとともに特定の物事を表すのに用いる。

4 地図への書き込みで、所在地・目的地など特定の地点を表す。×や★も使われる。

5 歌舞伎などの脚本や近世の滑稽本などで、発話者を特定するために名無しの

登場人物のせりふの前に付ける。 類似用法 □ △ ▲ ○ ● ◎ ×

6 相撲の星取表で、不戦敗を表す。 参照 □ ○ ● △ ×

7 名称や語句・文字を明示しない場合に、文字に代えて使われる。
用例 彼はさらに「あ、▲▲とりやめ、やっぱ■■」などと云ったりする。
（穂村弘「世界音痴」〈2002〉）

8 写植やDTPの組み版で、必要な字や記号がないとき、そのスペースを仮に埋めておくのに使われる。活版印刷の〓に当たるもの。●や★を使うこともある。

9 文章・文書などで、行を空けて内容上のくぎりを示すとき装飾的に使われる。

10 オーディオ機器などで停止ボタンを表すしるしとして使われる。

△ ▲

しろさんかく【白三角】
くろさんかく【黒三角】

三角／三角形／上向き三角／上向き白三角／上向き黒三角／白うろこ／黒うろこ

入力方法
- ◆ 「さんかく」「ずけい」（ATOK14～/IME2003～）または「きごう」（IME2003～）のいずれかを入力→変換→選択
- ◆ 文字パレットなどを使って入力

コード入力 JIS （△）2224 （▲）2225 シフトJIS （△）81A2 （▲）81A3
区点 （△）00204 （▲）00205
ユニコード （△）25B3 （▲）25B2 （▵）25B5 （▴）25B4

1 （△）数学で、三角形を表す。
用例 ∴△ABC≡△BCD

2 （△）○と×の中間で、中位の評価を表すしるしとして用いる。可もなく不可もないレベルであること、一部条件を満たしていること、よしとするにはやや問題があることなどを表す。
用例 ［きもいり］
△肝入り

○肝煎り

間に立っていろいろ世話をすること、また、世話をする人。〔…略…〕「肝を煎《い》る（心を悩ます、転じて、世話をする意）」からきた言葉で、近世以来「肝入り」とも書かれるが、語源的には「肝煎り」が正しい。

（「間違いやすい言葉の事典」〈1997〉）

3 **（▲△）競馬・競輪・競艇・オートレースなどの予想で、本命（◎）・対抗（○）に次いで上位に来る可能性のある馬や選手を表す。本命・対抗に次ぐ3番手評価の馬・選手（単穴《たんあな》と呼ばれる）を▲、4番手評価以下（連下《れんした》と呼ばれる）を△とすることが多い。** 参照 ◎の**2**

4 **（△）競技で、引き分けを表す。相撲の星取表では、痛み分けを表す。**

参照 ○ ● □ ■ ×

＊大相撲では、取組中に力士が負傷して続行不可能となった場合を痛み分けとしている。

5 **（△）表などで、数字の前に付けて、基準となる値に対しプラスであることを表す。マイナスを表す▼または▲と対で使われることが多い。**

用例 〔気温と湿度〕15日　カッコ内は平年差。△は高、▼は低。

	最高気温	最低気温	湿度	
東京	13.1（△0.7）	5.5（△0.8）	60	曇
札幌	1.7（▼0.2）	−5.6（▼1.2）	79	雪
盛岡	4.3（▼0.3）	−2.0（▼0.4）	52	曇

〔…略…〕

用例

【鉄鋼】	始値	終値	前比
D＊＊＊鉄鋼	588	593	△7
E＊＊＊製鉄	696	692	▲3
F＊スチール	371	380	△5

＊△はマイナスを表す記号としても使われる。次の**6**を参照。

6 **（△▲）表などで、数字の前に付けて、基準となる値に対しマイナスであることを表す。**

用例　単位：百万円（前期比増％）

会社名	売上高	経常利益	当期利益
A＊＊＊商事	56,320（16.8）	8,386	6,158
B＊＊＊商事	48,763（△5.4）	569	△1,747
C＊＊＊商事	24,885（2.7）	122	△859

△はマイナスまたは赤字

＊ マイナスを表す記号としては下向きの▼が使われることも多い。

7 （△▲）表・リスト・一覧などで、特定の意味を表す記号として任意に用いられる。たとえば、図書目録で残部僅少の書籍に△を付けるなど。また、国語辞典の漢字表記欄で、常用漢字表にない漢字や常用漢字でも常用漢字表にない音訓で読む漢字に、▲や△の記号を付けることがある。

8 野球のスコアブックで用いられる記号の１つ。プロ野球式記入法で用いる。
Ⓐ ボールカウントの記録で、ファウルを表す。

Ⓑ 安打がライナー性であることを表す。安打を意味する∧とともに小さな△を打球の飛んだ方向に描く。

9 （△▲）分布図で、○●□■などとともに用いて特定の物事を表す。

10 （▲）地図で、山を表す。火山を赤い▲、非火山を黒い▲で示すこともある。

11 （△▲）歌舞伎などの脚本や近世の滑稽本などで、発話者を特定するために名無しの登場人物のせりふの前に付ける。類似用法 □ ■ ○ ● ◎ × 参照 ○の8 ●の4

12 （△▲）名称や語句・文字を明示しない場合に、文字に代えて使われる。「○▲商店」「市内の△△町に住む某氏」など。
用例 悪い方の例は△△△△で、この要求を少しも持たぬ故に、見本のある仕事だけを達者に片づけてゐる。そして自分のものといふべきものは毛程も感じられぬ。
（志賀直哉「青臭帖」〈1937〉）

13 （△▲）横組みのキャプションに添えて、上の写真や図を指し示す。
用例 △前列左から３人目　芥川龍之介

14 （△▲）目印や装飾として見出し・箇条・段落などの頭に付ける。明治・大正期の記事文・評論文などでは、段落冒頭に◎○●□■▲△などを付けることがしばしば行われた。
用例 『四』
△更に予は議会政策をとるも、将た直接行動をとるも、両《ふた》つながら同じく平民階級の自覚運動であるとおもふ、労働者自らの活動であるとおもふ。
△観よ、事実は何れにしても、平民階級の団結運動である。〔…略…〕
（田添鉄二「議会政策論」〈1907〉）

15 （△▲）文章・文書で、行を空けて内容上のくぎりを示すとき装飾的に使われる。
用例 　おたがいに必要以上には束縛し合わないというのも、淳一が私から離れていかないという保証があっての話だった。やはり、淳一がいてくれるということが、私のアイデンティティーなのだった。

▽　　　　　　　　　　　　　　　　　　　　　　　　　　　　　　　　　　　△

七月の第一週の日曜日、私と淳一、直美と彼女の彼の四人は、はじめて一緒に、[387]横浜ドリーム・ランドへ遊びに行くことになっていた。

（田中康夫「なんとなく、クリスタル」〈1982〉）

16 **小さい△を圏点に用いる。** 参照 **圏点（黒点）**

用例 〔…略…〕彼等は社会に於て尊敬せらるゝ紳士である、然しながらモーセ律に照して彼等は実は大盗賊である、　（内村鑑三「モーセの十誡」〈1920〉）

▽　▼

ぎゃくしろさんかく【逆白三角】
ぎゃくくろさんかく【逆黒三角】

逆三角／逆三角形／下向き三角／下向き白三角／下向き黒三角

入力方法

◆「さんかく」「ずけい」（ATOK14〜/IME2003〜）または「きごう」（IME2003〜）のいずれかを入力→変換→選択

◆ 文字パレットなどを使って入力

コード入力　JIS （▽）2226 （▼）2227 シフトJIS （▽）81A4 （▼）81A5
区点 （▽）00206 （▼）00207
ユニコード （▽）25BD （▼）25BC （▿）25BF （▾）25BE

1 **（▽▼）目印や装飾として、見出し・箇条・記事・注記・段落などの頭に付けて用いる。**

用例 ▼定員に達し次第締め切らせていただきます。
▼電話でのお問い合わせは受け付けておりません。

用例 11.15 ウィークエンド・スポーツ
▽プロ野球詳報▽大相撲秋場所
▽Ｊリーグ情報

＊新聞や雑誌の縦組みコラムで、いくつかの文からなる小段落を改行せず追い込む場合に、「……。……▼……。……▼……。」のように、小段落の冒頭においてくぎりとする使い方もある。

2 **（▼▽）表などで、数字の前に付けて、基準となる値に対しマイナスであること**

を表す。

用例 〔気温と湿度〕15日　　カッコ内は平年差。△は高、▼は低。

	最高気温	最低気温	湿度	
東京	13.1（△0.7）	5.5（△0.8）	60	曇
札幌	1.7（▼0.2）	−5.6（▼1.2）	79	雪
盛岡	4.3（▼0.3）	−2.0（▼0.4）	52	曇
	〔…略…〕			

＊▲や△もマイナスを表す記号として使われる。 参照 △▲の6

3 日本語のアクセントの表記法の１つで、後続する付属語の音節の音の高低を示す。付属語の音節が高く発音される場合に▼（横組みでは▶）、低く発音される場合に▽（横組みでは▷）で表示する。

用例 東京アクセントでは、「紙がない」の「紙が」は「○●▷」、「鳥が鳴く」の「鳥が」は「○●▶」と発音される。

＊一般には、「トリガ」「カミガ」のように仮名に線やカギを付けてアクセントを示す方法がとられることが多い。

4 （▽▼）表・リスト・一覧などで、特定の意味を表す記号として任意に使われる。たとえば、商品目録で在庫切れの品に▼を付するなど。また、国語辞典の漢字表記欄で、常用漢字表にない漢字や常用漢字でも常用漢字表にない音訓で読む漢字に▼や▽の記号を付けることがある。

5 （▽▼）横組みのキャプションに添えて、下の写真や図などを指し示す。

用例 ▼安曇野から望む北アルプスの山並み

6 （▽▼）横組みの文書で矢印の代わりに用い、進行手順などを表す。

用例 《キーワード検索の手順》

［検索キーワードを入力する］

▽

［検索オプションを選択する］

▽

［検索を実行する］

▽

［検索結果をブラウズする］

7 （▽▼）文章・文書で、行を空けて内容上のくぎりを示すとき装飾的に使われる。

用例 　僕に取つて君が今の文学者の中で、こんな事で腹を立ててしまひたくなく思つてゐる二三の人の一人だと云ふことを解つてくれゝば、僕は愉快に思ふ。

▽
　間宮茂輔君の事は苦笑した。志賀君の云ふやうに間宮君は自分の弟子でも何でもない。唯偶然間宮君が芸術社にゐたので、若い友人としてつき合つてゐるだけだ。　（広津和郎「志賀君に、その他」〈1926〉）

▷ ▶ ◁ ◀

みぎしろさんかく【右白三角】
みぎくろさんかく【右黒三角】
ひだりしろさんかく【左白三角】
ひだりくろさんかく【左黒三角】

右向き三角／右向き黒三角／左向き三角／左向き黒三角

入力方法

◆ 文字パレットなどを使って入力

コード入力

JIS	(▷) 2321	(▶) 2322	(◁) 2323	(◀) 2324
シフトJIS	(▷) 8240	(▶) 8241	(◁) 8242	(◀) 8243
区点	(▷) —	(▶) —	(◁) —	(◀) —
ユニコード	(▷) 25B7	(▶) 25B6	(◁) 25C1	(◀) 25C0
	(▹) 25B9	(▸) 25B8	(◃) 25C3	(◂) 25C2

1 （▷▶）横組みの文書で、目印や装飾として見出し・箇条・記事・注記・段落などの頭に付けたり、事項に対して内容・説明を示すのに用いられたりする。

用例 ▶詳細については事務局までお問い合わせください。

用例 勤 務 地▶東京23区・神奈川県内
時　　給▶1,500円以上
勤務時間▶8:30 ～ 17:30

2 （▷▶）横組みの文書で、装飾的に矢印に代えて用いられる。

用例 カットソー 2 枚組Mサイズ　¥6,600　▶　¥5,800

3 （▷▶◁◀）縦組みのキャプションに添えて左右の写真や図などを指し示す。▷▶は右にあるもの、◁◀は左にあるものを示す。

4 ⇒▽▼の3

しろまる【白丸】

○

丸印／丸／白星

入力方法

- 「まる」「しろまる」「ずけい」（ATOK14〜/IME2003〜）または「きごう」（IME2003〜）のいずれかを入力→変換→選択
- 文字パレットなどを使って入力

コード入力 JIS 217B　シフトJIS 819B　区点 00191　ユニコード 25CB

1 **よい評価、正しいこと、可能であることなど、プラスの性質を表すしるしとして用いる。** 参照 △の2 ◎の1

Ⓐ よい評価を表す。「◎」を上位に置いてそれに次ぐ評価を表すこともある。

用例 味…○　　サービス…○　　値段…△　　店の雰囲気…◎

Ⓑ 正しいことを表す。誤りや不正を表す×（ばつ）に対する。

用例 ［みいだす］
×見い出す
○見出す
「みいだす」は、「み（見）」＋「いだす」で一つの動詞となった言葉。「いだす」は「だす」の古い形で、「出《いだ》す（出《い》だす）」と書かれる。したがって、「見い出す」と書いては誤り。　　（「間違いやすい言葉の事典」〈1997〉）

Ⓒ 可能であることや望ましい条件が備わっていることを表す。

用例 ◆那須日ノ出平キャンプ場
テント持ち込み…○／トイレ…水洗／バス・シャワー…○／売店…○／ペット持ち込み…不可／駐車場…○

2 **競馬・競輪・競艇・オートレースなどの予想で、対抗（本命に次いで勝つ可能性が高いとみられる馬や選手）を表す。** 参照 ◎の2

3 **競技・ゲームなどで、勝ちを表す。負けを表す●に対する。白星。** 参照 ● △ □ ■ ×

用例　○江夏　12勝８敗　　●斎藤　10勝９敗

＊新聞では相撲の星取り表の勝ち星は白い楕円形で描かれることが多い。

4　**表やリストなどで、特定の意味を表す記号として任意に使われる。たとえば、会員名簿で役員の名に○を付けるなど。**

5　**表などで、それに該当するものがないことを表す。助動詞の活用表で、該当する活用形がない場合など。**

用例　ごとし【▽如し】〘助動〙［○｜ごとく｜ごとし｜ごとき｜○｜○］　（「大辞泉」〈1995〉）

6　**分布図で、●■□▲△などとともに特定の物事を表すのに使われる。**

7　**世界地図・日本地図などで、都市や市町村を表す。どの程度の規模の都市・市町村に当てるかは、その地図によって異なる。**

8　**歌舞伎などの脚本や近世の滑稽本などで、発話者を特定するために名無しの登場人物のせりふの前に付ける。**　類似用法　□　■　△　▲　●　◎　×

用例　○これは平馬さんよういらつしやいました御祭礼を御見物でござりまするか△さあ〳〵此方へお上りなさりませ□おや道具屋の利七さん◎まあこ、へおかけなさんせいなあ。

（河竹黙阿弥「八幡祭小望月賑《よみやのにぎはひ》」〈1860〉）

9　**目印や装飾として、見出し・箇条・記事・注記・段落などの頭に付ける。**

用例　語注

○priority　優先事項　　○exclusive　唯一の　　○skeletal　概略の

○top　こま

用例　○軍人の跋扈を憤れる人よ去って浅草公園に行け渠等《かれら》が木戸銭は子供と同じく半額なり

○山県侯の手に成れるこの度の内閣は雅味ある内閣なり一概に之を斥けんは人類学攷究の価値を知らざる者也組織と言はず宜しく発掘と言うべし

（斎藤緑雨「眼前口頭」〈1898〉）

＊明治・大正期の記事文・評論文などでは、段落冒頭に◎○■□▲△などを付けることがしばしば行われた。

10　**文章・文書で、行を空けて内容上のくぎりを示すとき装飾的に使われる。**

用例　　○

西洋には婦人に関して随分極端な議論があつて、例へば斯う云う説をもつてゐる人さへあります。即ち現今の婦人を解放する為に、婦人の生活状態を一変させる必要がある、それには第一にその家庭から台所を切放ち、〔…略…〕

○

是等の実行的の考へと並んで、想像の上に、文学芸術の現象として、婦人といふものが如何に重大に取扱はれてゐるかと云ふことは、少しく此の方面に知識を持つた人の皆知つてゐる所でありませう。〔…略…〕

（島村抱月「近代婦人の自覚の内容」〈1914〉）

11 現在の句点のように、文と文のくぎりを示すのに使われた。

用例 老たる牝鶏《ヒンケイ》、鵞《アヒル》の子を、多く伴へり○此鵞の子は皆水の中に、飛入れり○此鳥は、其性、水上に泳ぐことを、好めり○此鶏は其沈み溺れんことを、恐れて、甚憂ひ悲めり○然れども、鵞の子は、牝鶏の心を量り知らずして、随意に遊べり○

（「小学読本」〈1875〉）

12 名称や語句・文字を明示しない場合に、文字に代えて使われる。

用例 「イーヱ○○県の島田と云ふ御方で先年自由党の盛んな時分に東京で交際をしましたが四五年振に図らず此の楼に落合つて御一処になつたのです。

（末広鉄腸「雪中梅」〈1886〉）

用例 序数詞は「第○回」「第○日」「○回目」「○日目」などと書く。「第○回目」「第○日目」という書き方をしない。（「【最新版】毎日新聞用語集」〈2002〉）

13 原文の欠け字や判読不能の字を表す。

＊印刷物では、写本・碑文などの欠け字、判読不能の字は□で示すことが多い。参照 □の6

14 日本語のアクセント表記で、その音節が低く発音されることを表す。高く発音されることを表す●に対する。 参照 ● ▽ ▼

用例 東京アクセントで「犬がいる」の「犬が」は「○●▷」と発音される。

＊一般には、「トリガ」「カミガ」のように仮名に線やカギを付けてアクセントを示す方法がとられることが多い。
＊＊漢詩の音韻（平仄《ひょうそく》）を「○（平）」「●（仄）」で表す場合もある。

15 天気記号の１つ。

Ⓐ 日本式天気記号で、快晴を表す。

Ⓑ 国際式天気記号で、雲量０を表す。

16 天文記号の１つ。月の満ち欠けで、満月を表す。

17 小さい円（○）の形で、地図で使われる。

Ⓐ 比較的小規模の都市を表す。

Ⓑ　地形図で、線を太く描いて、町村役場と政令指定都市の区役所を表す。

18　囲碁の棋譜で、白の碁石を表す。中に数字で手順を入れることが多い。

19　野球のスコアブックで使われる記号の１つ。
Ⓐ　一般式およびプロ野球式記入法で、投手の自責点とならない得点を表す。自責点となる得点の場合は●（一般式）またはⒺ（プロ野球式）で表す。

Ⓑ　一般式記入法によるボールカウントの記録で、見逃しストライクを表す。

Ⓒ　プロ野球式記入法で、安打がフライ性であることを表す。安打を意味する∧とともに小さな◯を打球の飛んだ方向に描く。

Ⓓ　プロ野球式記入法で、◯’の形で盗塁を表す。

20　文字のわきに小さく打って圏点とする。「圏点（その他）」の項を参照。
用例　然るに事実は如何と云ふに、イエスの預言が文字通りに行はれて、人の計画は一も行はれなかつた。　（内村鑑三「十字架の道」〈1926〉）

21　金銭の意の「まる」または「れこ（＝これ）」の表記に当てる。
用例　イヤモウ◯になることならなんなりと相談に来ることさ
（奈川七五三助（初世）「隅田川続俤」〈1784〉）
用例　然しあの男があゝやつて今頃私の宅《うち》へのんこのしやあで遣つて来るのも、実はといふと、矢つ張り昔◯《れこ》の関係があつたからの事さ。（夏目漱石「道草」〈1915〉）

＊　漱石の例は、指で丸を作って示す感じを表したものか。
＊＊　同じく文学作品中、ある言葉を表すものとして◯を使った例が尾崎紅葉の「二人女房」（1892）にある。「余り腹を立たしたら。此話が◯《ふい》にならうか。と山口は案じて。」と使われているが、「ふい」に◯を当てた理由は未詳。ゼロになるという意味か。

22　「まるい」と読ませ、角がないイメージから、柔軟・ソフトなどの意を表すのに使われる。参照　□の13
用例　「□い男」＝「スクエアな人」、「◯くする」＝「ソフトにする」。
（安田輝男「あの広告コピーはすごかった！」〈2001〉）

補注
1　漢数字の零に使う〇（JIS 213b、シフトJIS 815A、区点00127、ユニコードU+3007）は○（白丸）より小さいが、webページや印刷物では数字の零の表記にしばしば○（白丸）が混用されている。
2　JIS 227E、シフトJIS 81FC、区点 00294、ユニコードU+25EFの◯は○よりもやや大きく、中に文字などを入れるための合成用の丸に使われる。

●

くろまる【黒丸】

黒丸印／黒星

入力方法

◆ 「まる」「くろまる」「ずけい」（ATOK14〜/IME2003〜）または「きごう」（IME2003〜）のいずれかを入力→変換→選択

◆ 文字パレットなどを使って入力

コード入力 JIS 217C　シフトJIS 819C　区点 00192　ユニコード 25CF

1 **競技・ゲームなどで、負けを表す。勝ちを表す○に対する。黒星《くろぼし》。** 参照 ○ △ □ ■ ×

用例 春場所2日目　星取表
北乃里　○●○　横綱　黄　龍　●○○

＊新聞では、相撲の星取り表の黒星を黒い楕円形で表すことが多い。

2 **表やリストなどで、特定の意味を表す記号として使われる。たとえば、同窓生名簿で物故者に●を付するなど。**

3 **分布図で、○■□▲△などとともに特定の物事を表すのに使われる。**

4 **歌舞伎などの脚本や近世の滑稽本などで、発話者を特定するために名無しの登場人物のせりふの前に付ける。** 類似用法 □ ■ △ ▲ ○ ◎ ×

用例 ●ハイ。あれは久しく年季に置ましたが。相応な縁がございましたから。かたづけて遣《つかは》しました　▲それはよくなさいましたネ　（式亭三馬「浮世風呂」〈1812〉）

5 **目印や装飾として、見出し・箇条・記事・注記・段落などの頭に付ける。**

用例 ●営業時間／10：00〜18：00　●定休日／毎週火曜日

6 **名称や語句・文字を明示しない場合に、文字に代えて使われる。**

用例 「イヤ是《こ》れハ●●ちやな随分長《ずゐぶんなが》い顔《つら》サ正直《しやうぢき》な人《ひと》でハあるが度量《どりやう》の乏《とぼ》しいのが欠典《けつてん》で面相《めんさう》にも気品《きひん》がない様《やう》だ　（末広鉄腸「雪中梅」〈1886〉）

＊コンピュータの画面でパスワードを入力したとき、パスワードの文字列を隠すために画面では●●●●と表示されることがある。この用途では＊も多く使われている。

7　写植やDTPの組み版で、必要な字や記号がないとき、そのスペースを仮に埋めておくのに使われる。活版印刷の〓に当たるもの。■や★を使うことも多い。

8　日本語のアクセント表記で、その音節が高く発音されることを表す。低く発音されることを表す○に対する。参照　○の14

9　天気記号の１つ。

Ⓐ　日本式の天気記号で、雨を表す。

Ⓑ　国際式天気記号で、雲量10（すきまなし）を表す。

＊国際式天気記号では、雨は黒点（・）を基本要素とするいくつかの記号で表し、降り方によって記号が異なる。

10　天文記号の１つ。

Ⓐ　月の満ち欠けで、新月（朔）を表す。

Ⓑ　星を等級別に表すときに用いる。１等星を●、２等星を●、３等星を●、４等星を●のように、大きさで区別する。

11　囲碁の棋譜で、黒の碁石を表す。中に白抜き数字で手順を入れることが多い。

12　野球のスコアブックで使われる記号の１つ。

Ⓐ　一般式記入法で、投手の自責点となる得点を表す。

†プロ野球式ではⒺで表される。投手の自責点とならない得点の場合は一般式・プロ野球式とも○で表す。

Ⓑ　プロ野球式記入法によるボールカウントの記録で、ボールを表す。

Ⓒ　プロ野球式記入法で、安打がゴロ性であることを表す。安打を意味する^とともに小さな●を打球の飛んだ方向に描く。

13　文字のわきに小さく打って圏点とする。「圏点（その他）」の項を参照。

用例　社会主義をして純粋なる労働階級の革命運動たらしむることは、社会主義運動に対して、予が有する希望の終始である、

（山川均「社会党大会の成績」〈1907〉）

◎ にじゅうまる【二重丸】

まるまる

入力方法

- 「まる」「にじゅうまる」「ずけい」（ATOK14〜/IME2003〜）または「きごう」（IME2003〜）のいずれかを入力→変換→選択
- 文字パレットなどを使って入力

コード入力 JIS 217D シフトJIS 819D 区点 00193 ユニコード 25CE

1 よい評価を表す印として用いる。普通、○よりも高い評価を表す。

用例
　A案　8ポイント
◎B案　24ポイント
　C案　3ポイント
○D案　14ポイント

＊◎より上位の評価に◉などが使われることもある。

2 競馬・競輪・競艇・オートレースなどの予想で、本命（勝つと予想される馬や選手）を表す。

用例

枠	馬番	馬名	斤量	騎手	予想 美浦	予想 栗東
1	1	ノーザンダンサー	57	赤羽		×
2	2	ハイペリオン	57	渋谷	○	○
3	3	リボー	57	上野	△	◎
4	4	ネイティブダンサー	57	大崎		▲
5	5	サンインロー	57	田端	×	
6	6	ネアルコ	57	目黒		
7	7	ゲインズボロー	57	品川	▲	×
8	8	セントサイモン	57	蒲田	◎	△
	9	ナスルーラ	57	大森		

＊上の表では、○は2番手評価（対抗）、▲は3番手評価、△は4番手評価、×は5番手評価を表している。◎を本命、○を対抗とするのはほぼすべての媒体（スポーツ新聞・予想紙など）で共通するが、▲以下の順序は媒体によって異なることもある。

3 表やリストなどで、特定の意味を表す記号として任意に使われる。たとえば、会員名簿で部会の長を◎で表すなど。

4 分布図で、○●□■△▲などとともに特定の物事を表すのに使われる。

5 世界地図・日本地図などで、都市や市町村を表す。どの程度の規模の都市・市町村に当てるかは、その地図によって異なる。

＊地形図で市役所および東京都の区役所を表す記号にも二重丸が使われるが、外側の円の線を太く、内側の線を細く描いて、一般の二重丸とは異なるデザインとなっている。（参照）コラム「地図記号一覧」

6 日本式の天気記号で、曇りを表す。（参照）コラム「天気記号一覧」

7 歌舞伎などの脚本や近世の滑稽本などで、発話者を特定するために名無しの登場人物のせりふの前に付ける。（類似用法）□ ■ △ ▲ ○ ● ×

8 目印や装飾として、見出し・箇条・記事・注記・段落などの頭に付ける。

Ⓐ 広告などで見出しに付ける。

（用例）◎パート募集
10:00 ～ 15:00　時給900円

Ⓑ 箇条書きや段落の冒頭に付ける。

（用例）◎森鷗外氏の近作『ヰタ、セクスアリス』は、如何なる人が読んでも、必ず問題にする作である。
◎性欲発動の回顧録であるから、誰れしも先づ考へることは、これを発売禁止にすべきものか否かの点だ。併し今日まで、其の命令の出ぬ所を見ると、警視庁では、無事に通過したものと見ゆる。〔…略…〕
（長谷川天渓「文芸時評」〈1909〉）

＊明治時代の記事文・評論文などでは、段落冒頭に◎○●□■▲△などを付けることがしばしば行われた。

9 文字のわきに小さく打って圏点とする。（参照）圏点（その他）

（用例）彼は現在に満足して太平を謳歌する事を得る人物に非ず。只彼をして其の意に適し心に満足せしむるは過去と外国とありしのみ、〔…略…〕
（内村鑑三「宗教と文学」〈1898〉）

＊漢詩で、韻字を示す圏点として打つこともある。

◉ ⦿

じゃのめ【蛇の目】

入力方法

- 「まる」と入力→変換→選択（IME2003～）
- 文字パレットなどを使って入力

コード入力

JIS	（◉）233B	（⦿）233A	シフトJIS	（◉）825A	（⦿）8259
区点	（◉）—	（⦿）—	ユニコード	（◉）25C9	（⦿）29BF

1 目印や装飾として、見出し・箇条・記事・注記・段落などの頭に付けて用いる。

用例 駿河、甲斐に跨る

富士山

海抜三七七八米突

◉須走より登るには　深林の間を騎する二里「馬返シ」に到り、更に二里「中食場」に到り休憩す（一合目より八町下）、宿泊には八合目の小屋最可、九合目に迎浅間神社あり　（志賀重昂「日本風景論」〈1894〉）

2 文章・文書で、行を空けて内容上のくぎりを示すとき装飾的に使われる。

用例 詩が常に俗衆を眼下に見くだし、時代の空気に高く超越して、もつとも高潔清廉の気風を尊ぶのは、それの本質に於て全く自然である。

◉

詩を作ること久しくして、益々詩に自信をもち得ない。私の如きものは、みじめなる青猫の夢魔にすぎない。　（萩原朔太郎「青猫」序〈1923〉）

3 表やリストなどで、特定の意味を表す記号として任意に使われる。たとえば、漢和辞典の音訓索引で教育漢字に◉を付けるなど。

4 分布図で、○●□■△▲などとともに特定の物事を表すのに使われる。

5 世界地図・日本地図などで、都市や市町村を表す。どの程度の規模の都市・市町村に当てるかは、その地図によって異なる。

6 （◉）日本式の天気記号で、霧または氷霧を表す。 参照 コラム「天気記号一覧」

7 **文字のわきに小さく打って圏点とする。** 参照 **圏点(その他)**

用例 (A)投者の「プレート」にて投げる場合。

(高橋雄次郎「新式ベースボール術」〈1898〉)

補注

1 ヘビの目を図案化したもの。

2 JIS X 2013では見出し左に示した中の黒丸が大きい◉を「蛇の目」とし、右の⦿には「丸中黒」の名称を与えている。黒丸の大きい◉は「太蛇の目」と呼ばれるもので、日本で紋所などに使われてきた蛇の目模様はこれよりも黒丸がやや小さく、見出し右の「丸中黒」に近いデザインのものが多い。ユニコードでは◉(U+25C9)にfisheye、⦿(U+29BF)にcircled bulletの名称を与えている。

3 ○あるいは◎より上位の評価を表すしるしとして使われることがある。

◐ ◑ ◒ ◓

はんくろまる【半黒丸】

左半黒丸/右半黒丸/下半黒丸/上半黒丸/白黒

入力方法

- 「まる」と入力→変換→選択(IME2003〜)
- 文字パレットなどを使って入力

コード入力

JIS	(◐) 2867	(◑) 2868	(◒) 2869	(◓) 286A
シフトJIS	(◐) 84E5	(◑) 84E6	(◒) 84E7	(◓) 84E8
区点	(◐) —	(◑) —	(◒) —	(◓) —
ユニコード	(◐) 25D0	(◑) 25D1	(◒) 25D2	(◓) 25D3

1 国語学で、日本語の高低アクセントを示すのに用いられる記号。

Ⓐ (◓◐) 1つの拍の中で高から低へと下降して発音されることを表す。縦書きでは◓、横書きでは◐を用いる。

用例 京都アクセントでは「雨が」は○◐▷となる。

Ⓑ (◒◑) 1つの拍の中で低から高へと上昇して発音されることを表す。縦書きでは◒、横書きでは◑を用いる。

2 （◐◑◒◓）分布図や表・リストなどで、○●とともにある特定の物事・意味を表すしるしとして使われる。

3 天気記号の１つ。
Ⓐ （◒）日本式の天気記号で、雷雨を表す。参照 コラム「天気記号一覧」

Ⓑ （◑）国際式の天気記号で、雲量５を表す。

4 （◐◑）天文記号の１つ。月の満ち欠けで、半月を表す。◐は上弦の月、◑は下弦の月を示す。

5 （◐◑）歌舞伎などの脚本や近世の滑稽本などで、発話者を特定するために名無しの登場人物のせりふの前に付ける。類似用法 □ ■ △ ▲ ○ ● ◎ ×

用例 町人◑「だんなさまはちかごろ牛肉《うし》をお用ひでござり升か　士▲「ハイ僕なぞも矢張因循家のたちであまり肉食はせなんだが一昨年大びやう以来西洋家に治療を受てからすこしづゝ用ひて見たら終《つひ》好に成ツて〔…略…〕

（仮名垣魯文「安愚楽鍋」〈1872〉）

6 （◐◑）プラスの性質を表す○とマイナスの性質を表す●に対して、その中間の性質、あるいはプラス・マイナスいずれでもある性質を表すしるしとして使われる。

用例 点取占いのあそび方

①白○の点を合計します……点│①の合計より②の合計を引きます。
②黒●の点を合計します……点│＋の場合、③の合計をたします。
③半◑の点を合計します……点│－の場合、③の合計を引きます。
総合計点数があなたの点数です。50点以上がでれば上々、さらにガンバロウ。50点以下がでれば反省することあり。

〔…略…〕

（ワカエ紙工株式会社「点取占い」説明書）

•

ビュレット（英 bullet）

ブリット／ブレット／行頭記号／黒丸／黒点

入力方法

◆ 文字パレットなどを使って入力

コード入力 JIS 2340　シフトJIS 825F　区点 —　ユニコード 2022

目じるしとして箇条書きの各条、見出しなどの頭に付ける。中黒より大きい黒点だが、ワープロ文書などでは中黒で代用されることも多い。

用 例　音訓まぜ読みの漢字熟語には「重箱読み」のものと「湯桶読み」のものとがある。

- 重箱読み……上を音、下を訓で読むもの。「気軽」「残高」「台所」など。
- 湯桶読み……上を訓、下を音で読むもの。「組曲」「身分」「夕刊」など。

白ビュレット【白ビュレット】

○

入力方法

◆ 文字パレットなどを使って入力

コード入力　JIS 233F　シフトJIS 825E　区点 —　ユニコード 25E6

1 **目じるしとして箇条書きの各条、見出しなどの頭に付ける。**

2 **国語辞典の見出しで、活用語の語幹と語尾のくぎりめの表示などに使われる。**

用 例　つまら◦ない【詰（ま）らない】〔連語〕　（「大辞泉」〈1995〉）

＊「大辞泉」では、上の例のように、連語・慣用句の見出しが語幹と語尾との区別のない活用語を含む場合に、その活用語の前に「◦」を入れている。

3 **台湾で、中国語文の句点として用いられる。文の終わりに打つ符号。**

用 例　做的越多，賺的越多◦〔＝働けば働くだけもうかる。〕

（胡振平編著，“日語病句剖析”）

＊横書きでは行のベースラインにそろえて打たれることもある。
＊＊中国本土では、日本と同じく句点に「。」を用いる。

補注

ユニコードU+FFEEの「○」は半角白丸（halfwidth white circle）で白ビュレットとは異なる。

×	**ばつ** ぺけ／罰点

入力方法

◆「ばつ」と入力→変換→選択（ATOK14〜/IME2003〜）。一般には乗算記号（×）を流用して表示される。

コード入力　乗算記号（×）の項、および本項の補注１を参照

1 誤り・否定・不可など、マイナスの性質を表すしるしとして用いる。

用例　問３　次の（1）〜（5）の文について、内容が正しければ○、誤っていれば×で答えなさい。

用例　2a×三名の応募者をそのまま全部秘書にエランダ。
b　三名の応募者をそのまま全部秘書にキメタ。
右のａが言えないのは、エラバレルものは、エラバレル対象物の母集団（応募者）よりも数の上で小さいことが条件になっているからである。
（柴田武 他「言葉の意味２」〈1979〉）

2 表・リスト・一覧などで、特定の意味を表す記号として任意に使われる。たとえば、招待者リストで欠席の返事をした人に×を付けるなど。

*国語辞典の漢字表記欄では、常用外漢字に小さく×を付けることがある。
用例　ずい-しょう【×瑞祥・×瑞象】〔名〕めでたいことが起こるという前兆。祥瑞。
（日本語新辞典〈2005〉）

3 歌舞伎などの脚本や近世の滑稽本などで、発話者を特定するために名無しの登場人物のせりふの前に付ける。類似用法 □ ■ △ ▲ ○ ● ◎

用例　○　や、食つた、食つた。もうさうは行かんわい。
×　ぢや俺の方で貰おかい。
△　貰へ貰へ、白い飯はうめえからなぁ。
□　もう半年ンなるぜ、おたえ坊の嫁入りン時の振舞で食つてつからよ。
（村山知義「志村夏江」〈1932〉）

4 表などで、それに該当するものがないことを表す。類似用法 ー（ダッシュ）の11

用例　そこでこれらの動詞は変化しない部分までを語幹とみなして登録することにした。たとえば「着る」では「着」が語幹で、「×、×、る、る、れ、よ／ろ」を活用語尾とするという工夫である。　（紀田順一郎「日本語大博物館」〈1994〉）

5 **相撲の星取り表で、引き分けを表す。大相撲では、水入りを２度繰り返しても勝負が付かない場合、２番あとに取り直しとし、それでも勝負が付かなければ引き分けとなる。** 参照 ○ ● □ ■ △

6 **競馬・競輪・競艇・オートレースなどの予想で、レースの成り行き次第で上位に来る可能性がある馬や選手を表す。本命（◎）・対抗（○）・３番手評価（▲）・４番手評価（△）に次ぐしるしとして使われることが多い。** 参照 ◎の2

7 **野球のスコアブックで使われる記号の１つ。プロ野球式記入法によるボールカウントの記録で、見逃しのストライクを表す。**

＊空振りのストライクは×に左斜線を加えた□で表す。

8 **名称や語句・文字を明示しないときに、文字に代えて使われる。第二次大戦前の検閲を考慮した伏せ字で最も一般的に使われたしるし。**

用例 この運動において文学ファシスト達は、祖国×、国粋—民族主義、排外主義をかゝげて××××××（具体的にはいま××中の××に対する帝国××××の出×）とソヴエート××××とを×励してゐる。
（「プロレタリア文学」1932.3「三月の言葉（巻頭言）」）

9 **地図への書き込みで、所在地・目的地など特定の地点を表す。★なども使われる。**

10 **文章・文書などで、行を空けて内容上のくぎりを示すときに使われる。**

用例 〔…略…〕「東方会議」は勿論「満洲の特殊地位」を如何に擁護するかにその全目的が含まれてゐることは疑ひない。

×

吾々無産階級には緞帳の蔭深く討議される会議の内容は知るに由ない。だが吾々は耳を聳て、眼を瞠つて監視を怠つてはならない！〔…略…〕
（「文藝戦線」1927.7）

補注

1 「ばつ」という名称を与えられたキャラクタはJISコードにもユニコードにもない。「ばつ」に類似のキャラクタとしては、乗算記号以外に、ユニコードに次のものがある。

☓ U+2613（saltire X型十字架）
✕ U+2715（multiplication X 乗算X）
✖ U+2716（heavy multiplication X 太字乗算X）
✗ U+2717（ballot X 投票X）
✘ U+2718（heavy ballot X 太字投票X）

パソコン・ワープロだけでなく一般の写植・DTP印刷でも、「ばつ」には乗算記号「×」を流用することが多い。
2 「ばつ」の呼称は「罰点」からといわれる。

♠ ♤

スペード（英 spade）

入力方法

- 「すぺーど」または「とらんぷ」と入力→変換→選択（IME2003～）
- 文字パレットなどを使って入力

コード入力

JIS	（♠）263A （♤）2639	シフトJIS	（♠）83B8 （♤）83B7
区点	（♠）— （♤）—	ユニコード	（♠）2660 （♤）2664

1 （♠）トランプのスート（マーク）の１つ。トランプでは黒で描かれる。４種類の中で最も強いとされる。

2 （♠♤）男性を表す。雑誌の匿名座談会で男性発言者を示したり、カラオケの歌詞表示で男性のパートを示したりするのに使われる。女性を表す♥◆に対する。 参照 ♥の5

＊♣も男性を示すのに使われる。

3 （♠♤）物事の価値やよしあしの程度を示すときに使われる。★☆と同様、その数で程度を示す。特に占いで使われることが多い。 参照 ♥の6

4 （♠♤）装飾・目印として見出しなどに付ける。

5 （♠♤）文章・文書で、行を空けて内容上のくぎりを示すとき装飾的に使われる。

用例 家を出てひとり暮らしをする。これは大学を卒業するころからの彼女の希望だった。そうして、ぼくらの結婚する原因にも大きくからんでいたのだ。

♤

ぼくらの会話のなかに、玲子の結婚理由が話題として登場してきたのは、皮肉なことにぼくらがうまくいかなくなりだしてから、彼女が別れ話をもちだしたのがきっかけだった。

〔…略…〕 （本間洋平「カタルシス」〈1990〉）

ハート（英 heart）

♥ ♡

入力方法

◆ 「はーと」または「とらんぷ」と入力→変換→選択

◆ 文字パレットなどを使って入力

コード入力

JIS （♥）263E （♡）263D

シフトJIS （♥）83BC （♡）83BB

区点 （♥）— （♡）—

ユニコード （♥）2665 （♡）2661

1 （♥） トランプのスート(マーク)の１つ。トランプでは赤で描かれる。４つのスートの中で２番目に強いとされる。

2 （♥♡） くだけた表現で、愛情や好意を示すのに使われる。雑誌などでは、恋愛関係にあることや男女のカップルを表すこともある。

用例 パソコンはシールだらけで、画面にはサインペンで『マイ・ラブリー・コンピューター♡』なんてじかに落書きされている。

（矢口史靖「スウィングガールズ」〈2004〉）

用例 左から２番目がカエラと♥なＳＵだ。 （「女性セブン」2007.2.22）

3 （♥♡） くだけた表現で、うきうきしたうれしい気持ちや期待感、また、かわいらしさや女性らしさを表すのに使われる。類似用法 ☆ ♪

用例 めちゃ♥もてカラー、ピンクが今年の春大豊作！ （「CanCam」2007.3）

用例 日本中どこでもあるフツーの〝絵〟を文章にしたものです。読んでね♥

（「ダ・ヴィンチ」2007.3）

4 （♥♡） 漫画などで、恋情・色情を表すのに使われる。

用例 うっふ～ん♡♡♡

5 （♥♡） 女性を表す。雑誌の匿名座談会で女性発言者を示したり、カラオケの歌詞表示で女性のパートを示したりするのに使われる。男性を表す♠♣に対する。

用例 Aさん（26歳・OL　以下♥）

Bさん（19歳・大学生　以下♦）

Cさん（24歳・フリーター　以下♠）

Dさん（21歳・専門学校生　以下♣）

＊普通、男女１名ずつの場合は♠と♥を使い、さらに１名増えた場合に♣を男性、◆を女性として示す。

6 （♥♡） **物事の価値やよしあしの程度を示すときに使われる。★☆と同様、その数で程度を示す。特に占いで使われることが多い。** 参照 ☆★の2

用例 いて座の今週の運勢

金銭運 ◆◆◇ 仕事運 ♠♠♠ 恋愛運 ♥♡♡ 健康運 ♣♣♣

7 （♥♡） **装飾・目印として見出しなどに付ける。**

8 （♥♡） **文章・文書で、行を空けて内容上のくぎりを示すとき装飾的に使われる。**

補注

血圧計の表示で心拍数を表すしるしに使われることがある。

◆ ◇

ダイヤ（英 diamondの略）

ダイア

入力方法

- 「だいや」「だいあ」「とらんぷ」のいずれかを入力→変換→選択（IME2003〜）
- 文字パレットなどを使って入力

コード入力

JIS	（◆）263C	（◇）263B	シフトJIS	（◆）83BA	（◇）83B9
区点	（◆）—	（◇）—	ユニコード	（◆）2666	（◇）2662

1 （◆） **トランプのスート（マーク）の１つ。トランプでは赤で描かれる。４つのスートの中で３番目に強いとされる。**

2 （◆◇） **♥（ハート）とともに女性を表す。男性を表す♠♣に対する。** 参照 ♥の5

3 （◆◇） **物事の価値やよしあしの程度を示すときに使われる。★☆と同様、その数で程度を示す。特に占いで使われることが多い。** 参照 ♥の6

4 （◆◇） **装飾・目印として見出しなどに付ける。**

[5]　（◆◇）文章・文書で、行を空けて内容上のくぎりを示すとき装飾的に使われる。

補注

菱形よりも縦に長い。菱形は別項。

♣ ♧

クラブ（英 club）

三つ葉

入力方法

- 「くらぶ」または「とらんぷ」と入力→変換→選択（IME2003～）
- 文字パレットなどを使って入力

コード入力

JIS	（♣）2640	（♧）263F	シフトJIS	（♣）83BE（♧）83BD
区点	（♣）—	（♧）—	ユニコード	（♣）2663（♧）2667

[1]　（♣）トランプのスート（マーク）の１つ。トランプでは黒で描かれる。４つのスートの中で最も弱いとされる。

[2]　（♣♧）♠（スペード）とともに男性を表す。女性を表す♥◆に対する。参照 ♥の[5]

[3]　（♣♧）物事の価値やよしあしの程度を示すときに使われる。★☆と同様、その数で程度を示す。特に占いで使われることが多い。参照 ♥の[6]

[4]　（♣♧）装飾・目印として見出しなどに付ける。

用例　♣入学試験といふ軛《くびき》

近来、青年自殺者が多いか、何うか？　必ずしも詳細な統計に就て調査した訳ではないが、新聞紙上などに散見する所では、近頃青年の自殺者が頻出するやうである。〔…略…〕　（高田早苗「自殺問題と落第生問題」〈1915〉）

[5]　（♣♧）文章・文書で、行を空けて内容上のくぎりを示すとき装飾的に使われる。

〓

げた【下駄】

下駄記号／伏せ字

入力方法

- 「げた」（ATOK14〜/IME2003〜）または「きごう」（IME2003〜）と入力→変換→選択
- 文字パレットなどを使って入力

コード入力　JIS 222E　シフトJIS 81AC　区点 00214　ユニコード 3013

1　活版印刷の校正刷りで、必要な活字がみつからないときに、そのスペースを仮に埋めておくためのもの。活字の裏側は下駄の歯の形（〓）をしていて、植字のときにありあわせの活字を裏返しにして入れた。

2　webページなどの文書、また、写植やDTPの校正刷りで、文字・記号などが入力・表示できない場合に、そのスペースを仮に埋めておくためのしるし。

用例　草〓剛（〓は弓＋前に刀）

＊現在の写植やDTPの校正刷りでは■ ● ★などを仮に打っておくことが多い。

〒

ゆうびんきごう【郵便記号】

郵便マーク

入力方法

- 「ゆうびん」（ATOK14〜/IME2003）、または「ゆうびんばんごう」あるいは「きごう」（IME2003〜）のいずれかを入力→変換→選択
- 文字パレットなどを使って入力

コード入力　JIS 2229　シフトJIS 81A7　区点 00209　ユニコード 3012

1　日本郵政グループのシンボルマーク。郵政省の前身・逓信省が1887（明治20）年に徽章として考案したもので、逓信省・郵政省の時代から郵便事業を表すマーク

として広く使われ、郵便ポスト・郵便車両・郵便局・郵便切手はがき販売所などに表示されてきた。

＊由来は、逓信省の頭文字「T」に棒を1本加えたとも、カタカナの「テ」からともいわれる。

2 **郵便番号の前に付ける記号。**

用例　〒101-0065 東京都千代田区西神田1―＊―＊＊

3 **くだけた表現で、手紙などの郵便物を表すのに使われる。**

用例　きのう、実家から〒が届きました。

補注

1　JIS X 0213では、「〒」を「郵便記号」と呼び、かつて郵政省で使われた「〠」のマーク（JIS 2666、シフトJIS 83E4、ユニコードU+3020）を「郵便マーク」と呼んでいる。「〠」は一般には「顔郵便マーク」などと呼ばれることもある。

2　IME2003で「ゆうびん」「ゆうびんばんごう」と入力・変換すると、記号としては「〒」「〠」「〶」の３つのマークが候補として表示される。〶は郵便局を表す地図記号。参照 コラム「地図記号一覧」

でんわまーく【電話マーク】

入力方法

- 「でんわ」と入力→変換→選択（IME2003）
- 文字パレットなどを使って入力

コード入力　JIS 2667　シフトJIS 83E5　区点 ―
ユニコード（☎）260E（☏）260F

固定電話を表すマーク。

A　電話番号を示すときに「☎03-3230-＊＊＊＊」のように番号の前に付けて使われる。店や商品の紹介記事、企業の宣伝広告などの中で使われることが多い。

B　固定電話があることを示す。JR新幹線の列車編成図で、列車電話のある車両をこのマークで示すなど。

＊名刺・社名入り封筒などで固定電話の番号を示す場合、番号の前に「電話」「TEL」（以上、縦組み・横組みとも）、「TEL.」「Tel」「℡」「Phone」（以上、横組み）などと示すことが多く、☎のマークが使われることは少ない。

＊＊また一般に、通話料着信側払いの電話番号にこのマークは使用されない傾向がある。NTTのフリーダイヤルの場合は➿のマークが多く使われている。

補注

1　電話また電話番号を示すマークとしては他に✆（ユニコードU+2706）や📞がある。📞は主に公衆電話・緊急電話のマークとして使われている。

2　IME2003（ナチュラルインプット）で「でんわ」と入力・変換すると、記号としては「℡」「☎」「☏」「✆」の4つのマークが候補として表示される。「℡」は、JISコード2D64、シフトJISコード8784、ユニコードU+2121。

卍

まんじ【卍・卍字】

左まんじ

入力方法

- ◆「まんじ」と入力→変換→選択（ATOK14～/IME2003）
- ◆文字パレットなどを使って入力

コード入力　JIS 5244　シフトJIS 99C2　区点 05036　ユニコード 534D

1　仏教で、吉祥を表すしるし。もと、古代インドでビシュヌ神の胸にある巻き毛を吉祥のしるしとしたものという。古くから卍と逆向きの卐（ユニコードU+5350）もあり、「右まんじ」または「逆まんじ」と呼ばれる。日本ではどちらも紋所などに用いられる。

2　漢字の１つ。音はマン（呉音）、バン（漢音）。訓で「まんじ」と読む。中国で仏典の漢訳に用いられた。

3　寺院（仏教寺院）を表す地図記号。

補注

1　卍や卐は仏教圏に限らず、古代、ユーラシアを中心とする世界のさまざまな地域で文様として用いられていた。19世紀末から20世紀にかけての考古学上の発見によって、卍・卐はインド-ヨーロッパ語族系の古代文様としてヨーロッパ人に知られるようになり、国家の紋章や幸運のシンボルとして使われるようになった。ナチス（国家社会主義ドイツ労働者党）が右まんじを45度傾けた形の「卐」（ハーケンクロイツ）を党章としたのも、こうした流れによる。

2　卍は青森県弘前《ひろさき》市の市章にもなっている。弘前藩主津軽氏の家紋に由来し、1900（明治33）年に市の徽章に制定され、2006（平成18）年に市章に制定された。

3　少林寺拳法では1947（昭和22）年の創始時から卍をシンボルマークとして用いていたが、ハーケンクロイツと誤られるのを避けるため、2005年4月に別のロゴマークを制定した。

卐

みぎまんじ【右卍・右卍字】

まんじ／逆まんじ

入力方法

◆ 文字パレットなどを使って入力

コード入力　ユニコード 5350

⇒卍（前項）の1

⛩

とりいまーく【鳥居マーク】

入力方法

◆ パソコンでは通常入力できない

1　神社を表す地図記号。鳥居の形を図案化したもの。

2　「立小便禁止」などの文言とともに壁などにかいておくしるし。鳥居が神社のシンボルであることから、不浄な行為をさせないようにかいておくもの。ごみの不法投棄をさせない目的で使われることもある。

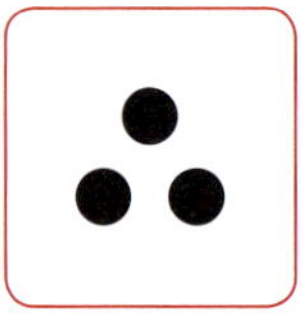

しせき・めいしょう・てんねんきねんぶつ【史跡・名勝・天然記念物】

入力方法

- ◆ パソコンでは通常入力できない

史跡·名勝·天然記念物を表す地図記号。史跡·名勝は黒、天然記念物は赤で示す。記号とともに名前が記され、特別な史跡·名勝·天然記念物には（特）と表示される。

補注

∴に似た記号に「∴」（数学記号の「ゆえに」）、「∴」（地図記号の「茶畑」）がある。後者は∴より形も点も小さい。参照 ∴（ゆえに）

♨

おんせんまーく【温泉マーク】

逆さくらげ

入力方法

- ◆ 「おんせん」または「ゆ」と入力→変換→選択（IME2003～）
- ◆ 文字パレットなどを使って入力

コード入力 JIS 266C　シフトJIS 83E4　区点 —
ユニコード 2668

1 温泉・鉱泉を表す地図記号。国土地理院の地形図では簡素化された♨の形で表される。

2 公衆浴場のシンボルマークとして使われる。のれんや町内地図などに描かれる。

3 かつて、旅館のシンボルマークとして看板や広告にしばしば描かれたしるし。クラゲを上下逆さまに描いたような図案であることから、俗に「逆さくらげ」とも呼ばれ、「逆さくらげ」は特に連れ込み宿を指す隠語ともなった。

4 くだけた表現で、リラックスした気分や快い気分を表すのに使われる。また、漫画などで、色情・恋情を表すのにも使われる。

用例 体のしんまでぽっかぽか～♨

用例 一緒に寝おうよ♨

補注

韓国では現在も旅館のマークに使われている。

地図記号一覧

国土地理院で使用している主な地図記号を挙げました。

◎ 市役所	工場	田
○ 町村役場	発電所等	畑
官公署	老人ホーム	果樹園
裁判所	高塔	∴ 茶畑
税務署	記念碑	桑畑
気象台	煙突	その他の樹木畑
消防署	油井・ガス井	広葉樹林
⊕ 保健所	灯台	針葉樹林
⊗ 警察署	• 指示点	ハイマツ地
× 交番	風車	竹林
〒 郵便局	城跡	笹地
学校（高等学校）	噴火口・噴気口	ヤシ科樹林
病院	採鉱地	荒地
博物館	採石地	墓地
図書館	⚓ 港（地方港）	

矢印一覧

ユニコードでは数多くの矢印がコード化されています。ここには本文の項目で言及した矢印を除き、細い線で描かれたものを中心に取り上げました。〔　〕内は本書での和訳、そのあとがコードです。

	名称	ユニコード
↚ ↛	Leftwards(Rightwards) Arrow With Stroke〔斜線付き左向き(右向き)矢印〕	219A･219B
↜ ↝	Leftwards(Rightwards) Wave Arrow〔左向き(右向き)波矢印〕	219C･219D
↞ ↟ ↠ ↡	Leftwards(Upwards/Rightwards/Downwards) Two Headed Arrow〔左向き(上向き/右向き/下向き)二重鏃《やじり》矢印〕	219E〜21A1
↢ ↣	Leftwards(Rightwards) Arrow With Tail〔左向き(右向き)後尾付き矢印〕	21A2･21A3
↤ ↥ ↦ ↧	Leftwards(Upwards/Rightwards/Downwards) Arrow From Bar〔棒から左向き(上向き/右向き/下向き)矢印〕	21A4 〜 21A7
↩ ↪	Leftwards(Rightwards) Arrow With Hook〔左向き(右向き)鉤付き矢印〕	21A9･21AA
↫ ↬	Leftwards(Rightwards) Arrow With Loop〔左向き(右向き)ループ付き矢印〕	21AB･21AC
↯	Downwards Zigzag Arrow〔下向き稲妻形矢印〕	21AF
↰ ↱	Upwards Arrow With Tip Leftwards(Rightwards)〔先端左折れ(右折れ)上向き矢印〕	21B0･21B1
↲ ↳	Downwards Arrow With Tip Leftwards(Rightwards)〔先端左折れ(右折れ)下向き矢印〕	21B2･21B3
↶ ↷	Anticlockwise(Clockwise) Top Semicircle Arrow〔反時計回り(時計回り)上半円矢印〕	21B6･21B7
↺ ↻	Anticlockwise(Clockwise) Open Circle Arrow〔反時計回り(時計回り)開口円矢印〕	21BA･21BB
⇇ ⇈ ⇉ ⇊	Leftwards(Upwards/Rightwards/Downwards) Paired Arrows〔左向き(上向き/右向き/下向き)組み矢印〕	21C7〜21CA
⇋ ⇌	Leftwards(Rightwards) Harpoon Over Rightwards(Leftwards) Harpoon〔上左向き(右向き)下右向き(左向き)銛《もり》矢印〕	21CB･21CC
⇚ ⇛	Leftwards(Rightwards) Triple Arrow〔左向き(右向き)三重矢印〕	21DA･21DB
⇜ ⇝	Leftwards(Rightwards) Squiggle Arrow〔左向き(右向き)よじれ矢印〕	21DC･21DD
⇞ ⇟	Upwards(Downwards) Arrow With Double Stroke〔二重斜線付き上向き(下向き)矢印〕	21DE･21DF
⇠ ⇡ ⇢ ⇣	Leftwards(Upwards/Rightwards/Downwards) Dashed Arrow〔左向き(上向き/右向き/下向き)破線矢印〕	21E0 〜 21E3

第9章　商用記号

@ アットマーク
© 著作権表示記号
® 登録商標記号
™ 商標記号
Ⓟ 丸P
旧JISマーク
✓ チェック記号
No. ナンバー
番号記号

ここには主に商業やビジネスの場面で使われる記号のうち、日常目にする機会の多いものを集めた。

@

アットマーク（和製語 at mark）

単価記号／アットサイン（英 at sign）／コマーシャルアット（英 commercial at）／アット（英 at）／単位あたり／について／鳴門《なると》

入力方法

- ◆ 英数入力で「@`゛」
- ◆ 日本語ローマ字入力で「@`゛」→確定（ATOK14～/IME2003～）
- ◆ 仮名入力で「@`゛」を押す→変換→選択（IME2003）
- ◆ 「あっと」「たんか」「きごう」のいずれかを入力→変換→選択（IME2003）
- ◆ 文字パレットなどを使って入力

コード入力 JIS 2177　シフトJIS 8197
区点 00187　ユニコード 0040　（全角）FF20

1　商取引で、単価を表す。英語では“at”と読む。「りんご@￥150」「時間給@￥1,250」など。

2　（半角）電子メールのアドレスで、ユーザー名とドメイン名の区切りとして用いる。“kutoten@katsuyo.com”など。

3　2から派生して、電子掲示板や電子メールなどで発言者の居場所や所属、状況・状態を表すのに使われる。「田中@新宿」「スズキ@本社営業部」「ミケ@残業中」など。

4　ツイッターで、特定のユーザー名の前に付けて、ツイートのあて先を示す。

5　英単語などの表記で「A」「a」の代わりに使われる。“F@ust : version 3.0”（1998年ニューヨークで上演されたミュージカルのタイトル），“You've got m@il”（1998年日本公開米映画のタイトルロゴ），“g@me”（東野圭吾原作の日本映画のタイトル）など。

補注

1　@の形については、中世ヨーロッパの言語にàまたはāと表記された語があり、その筆記体に由来するという説、ラテン語の“ad”の略記に由来するという説など、諸説がある。

2　@の形の連想から、「かたつむり」（イタリア、ウクライナ、トルコなど）、「象の鼻」（スウェーデン、デンマークなど）、「猿のしっぽ」（オランダ、ルーマニアなど）、「ねずみ」（中国など）などさまざまな呼び方が世界各地でされている。

©

ちょさくけんひょうじきごう
【著作権表示記号】

丸C《まるシー》／著作権記号／著作権マーク／コピーライトサイン（英 copyright sign）／コピーライト記号／C記号

入力方法

- ◆ 日本語ローマ字入力で「Cそ」を押す→変換→選択（IME2003〜）
- ◆ 「ちょさくけん」または「しー」と入力→変換→選択（IME2003〜）
- ◆ 文字パレットなどを使って入力
- ◆ ワープロソフトによっては、Ctrlキー＋Altキー＋「Cそ」、または英数入力「(C)」あるいは「(c)」で入力可能

コード入力 JIS 2926 シフトJIS 8545 区点 — ユニコード 00A9

1 **制作物に付けて著作権者を明示するのに用いる。Cは“copyright”（＝著作権）の頭文字。**

用例 © Shogakukan 2007 Printed in Japan

2 **他人の言葉、特に名文句などを引用したときに、その書き手や発言者を示すのに使われることがある。**

用例 〔…略…〕本格ミステリーの「第三の波」（©笠井潔）を支えてきた看板名探偵たちの活躍がほとんど見られなかったのも、九六年の特徴だ。
（法月綸太郎「作家が語る「名探偵」の悩み」〈1996〉）

3 **くだけた表現で、名前や愛称の後に付けて、「ちゃん」の代わりに使われる。**

用例 明日は沙耶©や香織©も来るよ〜

補注
テキストファイルの文書などで©が入力・表示できない場合には、(C) または (c) とパーレン囲みで示されることもある。

®

とうろくしょうひょうきごう
【登録商標記号】

登録商標マーク／丸R《まるあーる》／レジスト記号／レジスタードトレードマーク（英 registered trademark）／レジスタードマーク（英 registered mark）／レジスターマーク／レジスタードサイン（英 registered sign）／レジストレーションシンボル（英 registration symbol）

入力方法

- 日本語ローマ字入力で「Rす」を押す→変換→選択（IME2003〜）
- 「あーる」と入力→変換→選択（IME2003〜）
- 文字パレットなどを使って入力
- ワープロソフトによっては、Ctrlキー＋Altキー＋「Rす」、または英数入力「(R)」あるいは「(r)」で入力可能

コード入力　JIS 292A　シフトJIS 8549　区点 —　ユニコード 00AE

1 会社や商品の名称、ロゴマークなどに付けて用い、米国特許商標庁に登録された商標であることを示す。“Microsoft®”“TABASCO®”など。Rは“Registered Trademark”（＝登録商標）の頭文字。

2 慣用的に日本の特許庁に登録された商標であることを示すのに用いられる。日本の商標法に規定された記号ではないが、商標法は商品などに登録商標を付するときは、その商標にそれが登録商標である旨の表示（商標登録表示）を付するように努めなければならないと定めており、そのための一表示法として慣用されている。「味の素®」など。

3 漫画やwebページなどで、映倫管理委員会による「R18」（18歳未満観覧不可）「R15」（15歳未満観覧不可）の区分をもじって使われる。

用例　ここから先は18®ですよ〜

補注

テキストファイルの文書などで®が入力・表示できない場合には、(R) とパーレン囲みで示されることもある。

TM

しょうひょうきごう【商標記号】

TM記号／TMマーク／

トレードマークサイン（英 trademark sign）／

トレードマーク

入力方法

- 「しょうひょう」と入力→変換→選択（IME2003～）
- 文字パレットなどを使って入力
- ワープロソフトによっては、Ctrlキー＋Altキー＋「Tか」、または英数入力「(TM)」あるいは「(tm)」で入力可能

コード入力 （ユニコード）2122

会社や商品の名称、ロゴマークなどに付けて用い、商標であることを示す。“2010 FIFA World Cup SOUTH AFRICA™” など。™は “Trademark”（＝商標）の略。®と違って米国でも法的な根拠のない記号であり、登録されていない商標にも表示できる。登録申請中の商標について用いられることも多い。

Ⓟ

まるピー【丸P】

P表示／Pマーク／

サウンドレコーディングコピーライト

（英 sound recording copyright）

入力方法

- 文字パレットなどを使って入力
- 丸付きローマ字大文字（ユニコードU+24C5）で代用することもできる

コード入力 （ユニコード）2117

レコードや音楽CDなどに付けて、その録音を複製・頒布する権利がその製作者に独占的に帰属することを示す。“Ⓟ 1996 Shogakukan” など。レコード保護条約（レコードの無許可複製からレコード製作者を保護するためのジュネーブ条約）第5条に規定がある。Pはレコードを意味する英語 phonogram ないし phonorecord の頭文字。

補注

テキストファイルの文書などでⓅが入力・表示できない場合には、(P) とパーレン囲みで示されることもある。

〄

ジスマーク【JISマーク】(旧JISマーク)

入力方法

- 「じす」と入力→変換→選択 (IME2003〜)
- 文字パレットなどを使って入力

コード入力 (ユニコード) 3004

製品やその包装などにつけて、日本工業規格 (Japanese Industrial Standards) に適合した製品であることを示す記号。1949 (昭和24) 年の工業標準化法制定以来、50年以上にわたって親しまれてきたが、同法の改正に伴い2005 (平成17) 年10月から新しいJISマークに切り替えられた。新JISマークは3つあり、鉱工業品には〄、加工技術に関しては〄、特定側面 (環境、障害者・高齢者配慮など) に関しては〄のマークが付けられる。なお経過措置として、2008年9月末日までは旧JISマークの継続使用が認められていた。

✓

チェックきごう【チェック記号】

チェックマーク (英 check mark)／チェック (英 check)／チェックじるし／レ点

入力方法

- 「ちぇっく」と入力→変換→選択 (IME2003〜)
- 文字パレットなどを使って入力

コード入力 (JIS) 277B (シフトJIS) 849B (区点) — (ユニコード) 2713

1 項目の頭などにしるして、チェック（照合・確認・点検）または処理が済んだことを示す。

用例 持ち物リスト
✓パスポート
✓現金
✓クレジットカード
航空券

2 □（チェックボックス）の中にしるして、該当するものを示す。パソコン画面やwebページのフォームなどでは、ふつう□をマウスでクリックすると表示される。

用例 性別 ☑男性 □女性

3 ☑の形で、目印や装飾として見出し・箇条・記事・注記などの冒頭に付ける。

補注
1 ユニコードには、heavy check markとして肉太の「✔」（U+2714）、また、ballot box with checkとしてチェックボックスに入った「☑」（U+2611）もある。
2 イギリスなどでは、日本での「まる」に当たるものとして、テストなどの採点で正解であることを示すのに使うことがある。また、アメリカでは、まちがいであることを示すのに使われることもある。

No.

ナンバー（英 number）

ヌメロサイン（英 numero sign）／全角ＮＯ《エヌオー》

入力方法
◆「なんばー」（ATOK14〜/IME2003〜）、または「ばんごう」あるいは「きごう」（IME2003〜）のいずれかを入力→変換→選択
◆ 文字パレットなどを使って入力

コード入力 JIS 2D62 シフトJIS 8782 区点 — ユニコード 2116

1 数字の前に付けて「第〜番」の意味を表す。「シャネルの№5」「会員番号 №42」など。「ナンバー〜」または「〜番」と読む。

2 定期刊行物の号数を表す。「文学月報 Vol.25 №3 2006」など。

補注

1　英語の“number”に当たるラテン語“numero”の略記から。

2　小文字でno.とも記す。ただしno. はパソコンでは全角の記号として入力できず、「n」「o」「.」をそれぞれ半角で入力する。

#

ばんごうきごう【番号記号】

井桁／番号符／ナンバー記号／ナンバーサイン（英 number sign）／ハッシュ（英 hash）／クロスハッチ（英 crosshatch）／パウンドサイン（英 pound sign）／オクトソープ（英 octothorpe）／ダブルクロスマーク（英 double-cross mark）

入力方法

◆ 英数入力でShift＋「３＃あぁ」

◆ 日本語ローマ字入力でShift+「３＃あぁ」→確定（ATOK14～/IME2003～）、また仮名入力でShift＋「３＃ぁあ」を押す→変換→選択（IME2003～）

◆ 「いげた」（ATOK14～/IME2003～）または「なんばー」「ばんごう」「きごう」（IME2003～）のいずれかを入力→変換→選択

◆ 文字パレットなどを使って入力

コード入力　JIS 2174　シフトJIS 8194
区点 00184　ユニコード 0023　（全角）FF03

1　数字の前に付けて番号を表す記号。「№」に同じ。日本では主に事務・商用の場面で、書類・伝票・商品・製品などの番号に用いられる。

用例　請求書#10835 ～#10839　未入金

用例　演出助手が押し殺した声で言う。「はい。シーン#37。夕食の場面です。〔…略…〕」
（筒井康隆「市街戦」〈2000〉）

2　ヤード‐ポンド法の質量の単位ポンド（pound）を表す記号。“5#”（５ポンド）のように数字のあとに置く。主に米国で用いられる。パウンドサイン。

＊英国では質量のポンドの記号には＃でなくlb（複数形はlbs）を用いる。米国でも＃でなくlbを用いることは多い。lbはラテン語由来の“libra”の略字で、“libra”は“pound”と同義。通貨単位ポンドの記号£も“libra”の頭文字Ｌに由来する。参照 £

3　＊とともに電話の押しボタンに使われている記号。＃のキーは、電話からコンピュータにアクセスして信号を送るなど、特殊な用途に際して使われる。この#は、日本では音楽記号の♯との類似から「シャープ」と呼ばれることが多い。

＊米国のベル研究所がプッシュ式電話機を開発したときに、コンピュータにアクセスするために＊と#を使用したことによるという。

＊＊#のキーは、米国では“pound key”（パウンドキー）、英国では“hash key”（ハッシュキー）と呼ばれる。“pound key”の呼称は米国で#が質量ポンドの記号に用いられるところから。

4 欧文で、１つのページに複数の脚注が入り、かつ「１ ２ ３…」のように数字を使わずに注を示す場合、＊・†・‡・¶・§などに次いで使われるしるし。本文中、注のある語句に付け、また、注の冒頭に置いて、どの語句に対する注であるかを示す。

5 コンピュータのプログラム言語で用いられる記号の１つ。記述したプログラムに注釈を加えるとき、注釈の冒頭に付けるなどの用法があるが、用法は言語によって異なる。

6 電子メール・電子掲示板などで、追伸など補足的な文や箇条の冒頭に付ける目じるしとして使われる。

用例 #以上、返信不要です。

7 ツイッターで、あることばの前に付けて、関連するツイートをまとめて見られるようにするのに使う。

8 野球のスコアブックで使われる記号の１つ。一般式記入法で、打撃妨害を表す。

9 チェスの棋譜で、チェックメイト（詰み）を表す。

補注

1 音楽記号の♯（シャープ）とは異なり、横棒は水平。

2 #の形は、ポンドの記号lbの上部に横線を引いた℔の筆記体に由来する。℔はlbの異体で、lbのlが数字の1と紛らわしいことから、活字では℔と示されるようになったもの。

天体・星座記号一覧

占星術などで使われる記号です。
コードのあるものはJISコードとユニコードを示しました。

	名称	JIS	ユニコード
☉	太陽		2609
☽	月		263D
☾	月		263E
☿	水星		263F
♀	金星	216A	2640
♁	地球		2641
♂	火星	2169	2642
♃	木星		2643
♄	土星		2644
♅	天王星		2645
♆	海王星		2646
♇	冥王星		2647

	名称	JIS	ユニコード
♈	牡羊座		2648
♉	牡牛座		2649
♊	双子座		264A
♋	蟹座		264B
♌	獅子座		264C
♍	乙女座		264D
♎	天秤座		264E
♏	蠍座		264F
♐	射手座		2650
♑	山羊座		2651
♒	水瓶座		2652
♓	魚座		2653

天気記号一覧

国内で用いられる主な天気記号を集めました。

○	快晴
⦶	晴れ
⦷	薄曇
◎	曇
	煙霧
Ⓢ	ちり煙霧
	砂じんあらし
⊙	霧
●	霧雨
●	雨
●	雨強し
●	にわか雨
	みぞれ

⊛	雪
⊛	雪強し
⊛	にわか雪
	あられ
	ひょう
⊕	地ふぶき
◒	雷
◒	雷強し
⊗	天気不明
	寒冷前線
	温暖前線
	閉塞前線
	停滞前線

第10章　音楽記号

♪	♫	♬	♯	♭	♮
八分音符	連桁付き八分音符	連桁付き十六分音符	シャープ	フラット	ナチュラル

1　ここには西洋音楽の楽譜に用いられる記号のうち、宣伝コピー・コミック・軽文学・webページなどで音楽的気分の表現として使われているものや、日常目にする機会の多いものを集めた。JIS X 2013には上の6つと「♩」（四分音符：JIS 222D、シフトJIS 81FB、ユニコードU+2669）がコード化されている。これらの符号・記号は記譜を目的としてでなく、音楽を象徴するものとしてJISでコード化された。

2　見出しとして立てたもの以外の音符と記号については、一覧の形で別に示した。

♪

はちぶおんぷ【八分音符】

音符／おたまじゃくし

入力方法

- 「おんぷ」（ATOK14〜/IME2003〜）、または「おんがく」あるいは「きごう」（IME2003〜）のいずれかを入力→変換→選択
- 文字パレットなどを使って入力

コード入力 JIS 2276 シフトJIS 81F4 区点 00286 ユニコード 266A

1 音楽で、全音符の８分の１の長さを表す音符。

2 くだけた表現・文章で、音楽の歌詞やタイトルなどを示すときに使われる。効果音や鼻歌などに付けることもある。類似用法 〽（庵点）

用例 ♪わたしはマチコ〜イェイイェイ
　絵門と真智子が「だからつきあってないって！」とユニゾンシャウトする前に、直太郎と愛がユニゾンで合唱した。
（松久淳＋田中渉「ストーリー＆テリング」〈2006〉）

用例 ♪ジャアアーン！
スタンドにノイズが響き渡った。　（矢口史靖「スウィングガールズ」〈2004〉）

3 くだけた表現・文章で、うきうきした気分や親近感などを表すのに使われる。

類似用法 ♥☆

用例 達彦さん
いまからあなたに会いに行きます♪
（広谷鏡子「悲しみの海を泳いで」〈2006〉）

♫

れんこうつきはちぶおんぷ【連桁付き八分音符】

入力方法

- 「おんぷ」または「おんがく」と入力→変換→選択（IME2003〜）

◆ 文字パレットなどを使って入力

コード入力 JIS 227B シフトJIS 81F9 区点 — ユニコード 266B

八分音符を 2 つつなげた形。前項の八分音符と同様、くだけた表現や文章で、音楽の歌詞やタイトルを示したり、うきうきした気分、親愛感などを表したりするのに使われる。「♫シュビデュビデュバ」「そうこなくっちゃ〜♫」など。

用例 「タイトルは『♫失恋してもラヴィン・ユー』」
フォークギターの音色に合わせて悲しいハーモニーが始まった。
『号泣してもいいですか〔…略…〕』 （矢口史靖「スウィングガールズ」〈2004〉）

補注

1 ここに示したのは音程が 2 度上がる形だが、フォントによって、 2 度下がる形（♫）や同音（同じ高さ）の形（♫）などがある。

2 連桁は音符のはた（符鉤《ふこう》）の部分をつなげたもので、八分音符以下の同じ長さの音符が続くとき、譜面を見やすくするために使われる。

♬

れんこうつきじゅうろくぶおんぷ【連桁付き十六分音符】

入力方法

◆ 「おんぷ」または「おんがく」と入力→変換→選択（IME2003〜）

◆ 文字パレットなどを使って入力

コード入力 JIS 227C シフトJIS 81FA 区点 — ユニコード 266C

十六分音符を 2 つつなげた形。前項の連桁付き八分音符と同じく、くだけた表現や文章で、音楽の歌詞やタイトルを示したり、うきうきした気分、親愛感などを表したりするのに使われる。「♬蛍の光、窓の雪ぃ〜」「じゃ、お言葉に甘えちゃおっかな〜♬」など。

補注

ここに示したのは音程が 2 度上がる形だが、フォントによって、 2 度下がる形（♬）や同音（同じ高さ）の形（♬）などがある。

♯

シャープ（英 sharp）

嬰《えい》記号／シャープ記号

入力方法

◆ 「しゃーぷ」（ATOK14〜/IME 2003〜）、または「おんがく」あるいは「きごう」（IME 2003〜）のいずれかを入力→変換→選択
◆ 文字パレットなどを使って入力

コード入力 JIS 2274 シフトJIS 81F2 区点 00284 ユニコード 266F

音楽で、半音上げることを表す変化記号。

補注

1 ＃（ナンバー）とは異なり、横棒は右上がり。＃と混同されて同様に使われることもある。参照 ＃
2 電話の押しボタンのキーにあるのは＃（ナンバー）だが、日本では「シャープ」と呼ばれることが多い。

♭

フラット（英 flat）

変記号／フラット記号

入力方法

◆ 「ふらっと」（ATOK14〜/IME 2003〜）、または「おんがく」あるいは「きごう」（IME 2003〜）のいずれかを入力→変換→選択
◆ 文字パレットなどを使って入力

コード入力 JIS 2275 シフトJIS 81F3 区点 00285 ユニコード 266D

音楽で、半音下げることを表す変化記号。

♮

ナチュラル (英 natural)

本位記号／ナチュラル記号

入力方法

- 「なちゅらる」または「おんがく」(IME 2003〜)と入力→変換→選択
- 文字パレットなどを使って入力

コード入力 JIS 227A シフトJIS 81F8 区点 — ユニコード 266E

音楽で、変化記号(♯・♭)を取り消してもとの音に戻すことを表す記号。

音楽記号一覧

五線譜で使われる主な記号を集めました。

音符

- 全音符
- 二分音符
- 四分音符
- 十六分音符
- 三十二分音符
- 付点二分音符
- 付点四分音符
- 三連符

休符

- 全休符
- 二分休符
- 四分休符
- 八分休符
- 十六分休符
- 三十二分休符

変化記号

- ダブルシャープ／重嬰記号
- ダブルフラット／重変記号

音部記号

- ト音記号
- へ音記号
- ハ音記号

省略記号

- 反復記号（開始）
- 反復記号（終了）
- D.C. ダ・カーポ
- D.S. ダルセーニョ
- ヴィーデ／コーダ

強弱記号

- *pp* ピアニッシモ
- *p* ピアノ
- *mp* メゾピアノ
- *mf* メゾフォルテ
- *f* フォルテ
- *ff* フォルティッシモ
- クレッシェンド
- デクレッシェンド／ディミヌエンド
- > ∧ アクセント

奏法記号

- スラー／レガート
- スタッカート
- テヌート

その他

- フェルマータ

第11章　数学・科学記号

+	−	×	÷	√	=	≒
正符号	負符号	乗算記号	除算記号	根号	等号	ほとんど等しい
≠	<	>	≦	≧	≪	≫
等号否定	不等号 （より小）	不等号 （より大）	より小さいか 又は等しい	より大きいか 又は等しい	非常に小さい	非常に大きい
±	∓	Σ	σ	Σ	∫	∬
正又は負符号	負又は正符号	シグマ	シグマ	シグマ	積分記号	二重積分記号
∞	∝	Π	π	∠	∟	⊥
無限大	比例	パイ	パイ	角	直角	垂直
//	‖	⌒	≡	∽	∧	∨
平行符	平行符	弧	合同	相似	合接	離接
∩	∪	¬	⇒	⇔	∴	∵
且つ	又は	否定	導出	同値	故に	何故ならば
∈	∋	∉	∌	⊆	⊇	⊂
属する	元として含む	属さない	元として 含まない	部分集合	部分集合	真部分集合
⊃	∀	∃	ø	♂	♀	
真部分集合	全ての	存在する	直径記号	雄	雌	

1　ここには数学・論理学など学術の分野で用いられる記号のうち、代表的なものを集めた。「π」など、文字による記号も若干含むが、基本的には文字を用いた記号でなく図形的な形をもった記号を中心に集めてある。

2　数式に用いられる記号でも、「：」「／」「・」「(　)」「{　}」「[　]」など、くぎり符号や括弧として一般的な用法をもつものについては、ここで別に見出しを立てることをせず、くぎり符号・括弧類などの章で立てた項目の中で説明した。

3　印刷物・出版物では、本来1行で示されるべき数式は途中で改行しないのが原則であるが、長い数式など1行に収まらない場合は、「＝」などのくぎりのところで段差を付けて改行するやり方がとられる。

＋

せいふごう【正符号】

正号／加算記号／加号／足す／プラス（英 plus）

入力方法

- 英数入力でShift＋「；＋れ」
- 日本語ローマ字入力でShift＋「；＋れ」→確定（ATOK14～/IME2003～）
- 仮名入力でShift＋「；＋れ」を押す→変換→選択（IME2003～）
- 「たす」「ぷらす」（ATOK14～/IME2003～）または「けいさん」「すうがく」「きごう」（IME2003～）のいずれかを入力→変換→選択
- 文字パレットなどを使って入力

コード入力

JIS 215C　シフトJIS 817B
区点 00160　ユニコード 002B　（全角）FF0B

1 数学での用法。

Ⓐ 正の数を表す。正負号。正号。普通は省略される。

用例 −2+3=+1

用例 気温は+0.5℃

Ⓑ 足すこと、加算を表す。加算記号。加号。

用例 1980+780=2760

2 一般に、ある基準に対して数量や数値が増加したことを表す。

用例 10月の貿易黒字は前年同月比+5.4%

3 収支・損益の計算で、プラス（余剰や黒字・利益）を表す。

用例 07年馬券収支
1月　+138,900円
2月　−274,600円
3月　+37,050円

＊預金通帳の残高表示では、「＊174,240」のように＊（アステリスク）などを使ってプラスを表すことがある。

4 あるもの・事柄に、別のもの・事柄が付加されることを表す。

用例 中央銀行総裁会議はG7+オランダ・ベルギー・スウェーデン・スイスの11か国により開かれる。

用例 基本給になにがしかの＋αが付く。

5　等級・評価を表す記号や数字に付け、そのレベルでの上位にあることを表す。

用例　努力の甲斐あって期末成績は 8^{+} だった。

用例　弊社の財務状況は、○○社より AA^{+} と評価されました。

6　ある性質を有することや肯定を表す。参照　－（マイナス）の6

用例　そこで、ｐとｂとは「有声性」という点で異なる。このことをｐは〔－有声性〕という特性をもつ、ｂは〔＋有声性〕の特性をもつといったふうに表現することができる。（川本茂雄「ことばの色彩」〈1978〉）

7　商品名などで、「プラス」と読ませ、グレードアップ、バージョンアップされたものであることを示すのに使われる。「ワゴンR+」(スズキ株式会社が発売した小型乗用車)など。

8　電磁気学での用法。

Ⓐ　正電荷（陽電気）を表す。

Ⓑ　電池で、正極（プラス極）を表す。

9　化学での用法。

Ⓐ　陽子を表す。

用例　原子を構成する基本粒子を模式図で表す。⊕は陽子、⊖は電子である。

Ⓑ　陽イオンを表す。

用例　原子が電子を放出すると陽イオンとなり、逆に原子に電子が付加すると陰イオンとなる。塩化ナトリウムは Na^{+} と Cl^{-} とから構成されている。

10　医学などでの用法。

Ⓐ　医学・生物化学で、陽性反応を表す。

用例　健康診断表の結果欄の＋は陽性を表す。

Ⓑ　遠視の度数を表す。

用例　レンズの屈折率の単位はD(ディオプトリ)で表し、+2.0Dまでは弱度遠視である。

11　（半角）インターネットの検索エンジンで、特定の検索条件を指示するのに使われる。参照　－（マイナス）の10

Ⓐ　複数の表記がありうる語について１つの表記だけを検索したい場合。たとえば、「+ヴァイオリン協奏曲」と入力すれば、「バイオリン協奏曲」は検索対象から除外される。

Ⓑ　“the”や“it”のような使用頻度の高い語を検索対象から除外している検索エンジンで、これらの語を含む文字列を検索する場合。“it”が検索対象から除外されていても、

「+IT革命」とすれば「IT革命」という文字列が検索できる。

＊こうした機能のない検索エンジンもある。

12 チェスの棋譜で、チェック（王手）を表す。

＊＋－は白勝勢、－＋は黒勝勢を表す。

－	ふふごう【負符号】 負号／減算記号／減号／引く／マイナス（英 minus）

入力方法

- 日本語ローマ字入力で「－＝ほ」を押す→変換→選択 （ATOK14～/IME2003～）
- 仮名入力で「－＝ほ」を押す→変換→選択（IME2003～）
- 「ひく」「まいなす」（ATOK14～/IME2003～）または「けいさん」「すうがく」「きごう」（IME2003～）のいずれかを入力→変換→選択
- 文字パレットなどを使って入力

コード入力

JIS	215D	（ハイフンマイナス）2331
シフトJIS	817C	（ハイフンマイナス）81AF
区点	00161	（ハイフンマイナス）―
ユニコード	2212	（ハイフンマイナス）002D （全角）FF0D

1 数学での用法。

A 負の数を表す。負符号。負号。

用例 －13+7=－6

用例 気温は－5℃

B 引くこと、減算を表す。減算記号。減号。

用例 18－5=23－10

2 一般に、ある基準に対して数量や数値が減少したことを表す。類似用法 △▲の6 ▽▼の2

用例 文学部の志願者は前年比－13％だった。

3 収支・損益の計算で、マイナス（不足や赤字・損失）を表す。類似用法 △▲の6 ▽▼の2

＋
－
11 数学・科学記号

用例　南３局終了時持ち点
モテギ −22000
ノンコ　 +600
ササキ　−2800
タカシ　+4200

＊預金通帳の残高表示では、「残高　△472」のように△などを使ってマイナスを表すこともある。

4　あるもの・事柄から何かが差し引かれることを表す。

5　等級・評価を表す記号や数字に付け、そのレベルでの下位にあることを表す。

用例　C^-で再履修はなんとか免れた。

用例　△△社の格付けはA^-に据え置かれた。

6　ある性質を有しないことや否定を表す。参照　＋の6

用例　〔…略…〕さらに国語によって異なる「ない」、「そして」などの論理語を日常言語に属さない一般的な記号で表わして
「ない」を　　‘−’
「そして」を　‘・’
「あるいは」を　‘∨’
「ならば」を　‘⊃’
とする。こうすれば、たとえば
「明日は雨がふるかあるいは風がふく」は　‘$p \lor q$’
「明日は雨がふりそして風がふかない」は　‘$p \cdot -q$’
「明日風がふくならば雨がふる」は　‘$q \supset p$’
というふうに簡単な記号で表わすことができる。
（沢田允茂「現代論理学入門〈1962〉」）

7　電磁気学での用法。

Ⓐ　負電荷（陰電気）を表す。

Ⓑ　電池で、負極（マイナス極）を表す。

8　化学での用法。

Ⓐ　電子を表す。

用例　模式図中の⊖は電子を示している。

Ⓑ　陰イオンを表す。

用例　塩化銅（Ⅰ）はCu^+とCl^-から構成されている。

9 医学などでの用法。

A 医学・生物化学で、陰性反応を表す。

用例 ツベルクリン反応が−だったので、BCGを接種することになった。

B 近視度・乱視度を表す。

用例 −6D（ディオプトリ）〜−10D未満を強度近視という。

10 （半角）インターネットの検索エンジンで、検索対象から外したい文字列を指定するのに使われる。検索したい文字列と組み合わせ、「本州　毒蛇　⊖マムシ」のように半角の「−」を文字列の頭に付けると、その文字列は検索対象から除外される。参照 ＋の11

＊この機能のない検索エンジンもある。

11 ⇒ —（ダッシュ）の11

補注

1 全角の負符号は—（全角ダッシュ）より短く、–（二分ダッシュ）や -（ハイフン）より長い。

2 「コード」に示した「ハイフンマイナス」（hyphen-minus）は、コンピュータで負符号としてもハイフン（またダッシュの代用）としても使われるキャラクタ。

×

じょうざんきごう【乗算記号】

掛ける

入力方法

◆ 「かける」「ばつ」（ATOK14〜/IME2003〜）、「ぺけ」（ATOK14〜）、「けいさん」「すうがく」「きごう」（IME2003〜）のいずれかを入力→変換→選択

◆ 文字パレットなどを使って入力

コード入力 JIS 215F シフトJIS 817E 区点 00163 ユニコード 00D7

1 数学で、かけること、掛け算を表す。

用例 1×1は何回掛けても1である。

＊コンピュータのプログラミングや表計算ソフトでは、乗算記号に＊（アステリスク）を用いる。

「MOVE TAN-KA TO X　URIAGE = KO-SUU*X」 参照 *の6

**代数では×記号は省略される。「$ax^2+bx+c=0$」「$9x^2-4y^2=(3x+2y)(3x-2y)$」など。

***「・」（中点）で表すこともある。「$3x \cdot \frac{1}{x}$ $(x+\frac{1}{x})$」など。

2 物品・材料などの個数や量を表す。

用例 共同装備

コンロ　×1
ガスカートリッジ　×2
テント一式　×1
テントマット　×1
ツェルト　×1
ツェルトポール　×2
ツェルト用ペグ　×12
ツェルト用細引き　×2
ロープ（7mm×20m）　×2

3 物事や数値などの組み合わせを表す。

Ⓐ それぞれの寸法や数量を示すのに使われる。

用例 スライド書棚　幅90×奥行45×高さ180

用例 本文の字詰めは19字×26行×3段とする。

Ⓑ 対談、対戦、共演、コラボレーションなどの組み合わせを示すのに使われる。

用例 松坂大輔×桑田真澄「往復書簡」　（「週刊文春」2007.2.22）

Ⓒ 生物学で、交配を示す。

用例 AA×aaの次世代の遺伝子の組み合わせはAaとなる。

用例 シンボリルドルフ×メジロラモーヌという牡牝三冠馬同士の配合

4 チェスの棋譜で、駒を取ること（テイク）を表す。

5 ⇒ ×（ばつ）

補注

パソコンでは乗算記号を×（ばつ）に流用する。

÷

じょさんきごう【除算記号】

割る

入力方法

- 「わる」(ATOK14～/IME2003～)または「けいさん」「すうがく」「きごう」(IME2003～)のいずれかを入力→変換→選択
- 文字パレットなどを使って入力

コード入力 JIS 2160 シフトJIS 8180 区点 00164 ユニコード 00F7

1 **数学で、割ること、割り算を表す。**

用例 1÷3の商は無限小数である。

＊「／」(スラッシュ)または「：」(コロン)で表すこともある。「(3*x*−4*y*)／(5＋4*x*)」「1：4＝0.25」など。

2 **広告コピーなどで、酒類を水や湯などで割ることを表すのに使われる。**

用例 「角」÷H_2O＝「角の水割り」を意味するキャッチフレーズです。

(安田輝男「あの広告コピーはすごかった!」〈2001〉)

√

こんごう【根号】

ルート(英 root)／ルート記号

入力方法

- 「るーと」「すうがく」(ATOK14～/IME2003～)または「けいさん」「きごう」(IME2003～)のいずれかを入力→変換→選択
- 文字パレットなどを使って入力
- 「数式エディタ」(Word2002～)など数式専用のソフトを使って画像データとして貼り付ける

コード入力 JIS 2265 シフトJIS 81E3 区点 00269 ユニコード 221A

数学で、累乗根、特に平方根を表す。「ルート」と読み、「$\sqrt{2}$」であれば「ルート2」

と読む。

用例 $\sqrt{2}$=1.41421356……

用例 n が整数のとき、n 乗して a になる数を a の n 乗根といい、$\sqrt[n]{a}$ で表す。

補注

ワープロソフトやエディタの通常の機能では、√ の中に数字・文字を入力することはできない。

＝

とうごう【等号】

イコール（英 equal）

入力方法

- 英数入力でShift+「ー＝ほ」
- 日本語ローマ字入力でShift+「ー＝ほ」→確定（ATOK14～/IME2003～）
- 仮名入力でShift+「ー＝ほ」を押す→変換→選択（IME2003～）
- 「とうごう」「いこーる」（ATOK14～/IME2003～）または「けいさん」「すうがく」「きごう」（IME2003～）のいずれかを入力→変換→選択
- 文字パレットなどを使って入力

コード入力

JIS 2161　シフトJIS 8181

区点 00165　ユニコード 003D　（全角）FF1D

1 **数学で、この記号で結ばれた数や式が等しいことを表す。**

用例 1+2+3+4+5+6+7+8+9+10=55

2 **一般に、等価または同義であることを示す。**

用例 〔…略…〕Bでは、槍12本＝斧１振、Cでは、槍１本＝斧１振、Dでは槍１本＝斧数振、というように、原産地からの距離に応じて段々とその物品の交換レートが上昇している。

（廣松渉「生態史観と唯物史観」〈1991〉）

用例 したがって宇宙が無限の延長（＝空間）であるということについては、何の疑義もないように見える。（中埜肇「空間と人間」〈1989〉）

用例 そのおなじみのヴァージョンは、「身体と別個の私＝死後も存続する魂」というアイディアである。（大庭健「私という迷宮」〈2001〉）

3 **案内・内容紹介など情報を提示するとき、事柄とその内容を結ぶのに用いる。**

用 例 フルート＝フランス・ブリュッヘン
チェンバロ＝グスタフ・レオンハルト
チェロ＝アンナー・ビルスマ

4 **記事や写真のキャプションなどで、注記を示すときのくぎりに使う。**

用 例 紅葉真っ盛りの奥日光＝写真＝を尋ねてきました。

用 例 美術学校時代のジョン・レノン＝写真右

5 **チェスの棋譜で、互角を表す。**

補注
等号は ＝（全角二重ダッシュ）より短く、=（二分二重ダッシュ）、゠（二重ハイフン）よりは長い。印刷物では、等号の代用で ＝（全角二重ダッシュ）や =（二分二重ダッシュ）が使われることも多い。

≒ ほとんどひとしい【ほとんど等しい】

ほぼ等しい／ニアリーイコール（和製語 nearly equal）

入力方法

- ◆ 日本語ローマ字入力でShift＋「ー＝ほ」を押す→変換→選択（ATOK14〜/IME2003〜）
- ◆「いこーる」「きんじ」（ATOK14〜/IME2003〜）または「すうがく」「きごう」（IME2003〜）のいずれかを入力→変換→選択
- ◆ 文字パレットなどを使って入力

コード入力 JIS 2262 シフトJIS 81E0 区点 00266 ユニコード 2252

1 **数学で、この記号で結ばれた数や式がほぼ等しいことを表す。**

用 例 1÷3≒0.33

2 **転じて、一般にほぼ等価またはほぼ同義であることを表す。**

用 例 訳文の作製に際しては、底本として最良（≒最新）のテキストを撰んだため、〔…略…〕
（廣松渉編「ヘーゲル」まえがき〈1976〉）

≠

とうごうひてい【等号否定】

等しからず／ノットイコール（英 not equal to）

入力方法

- 日本語ローマ字入力でShift＋「ー＝ほ」を押す→変換→選択（ATOK14〜/IME2003〜）
- 「ふとうごう」（ATOK14〜/IME2003〜） または「いこーる」「けいさん」「すうがく」（IME2003〜）、あるいは「きごう」（IME2003〜）のいずれかを入力→変換→選択
- 文字パレットなどを使って入力

コード入力 JIS 2162 シフトJIS 8182 区点 00166 ユニコード 2260

1 数学で、この記号で結ばれた数や式が等しくないことを表す。

用例 $a \neq 0$、$b \neq 0$で、nが整数であるとき　$(ab)^n = a^n b^n$

2 一般に、等価でない、または同義でないことを表す。

用例 つまりデカルトの学説はそれ自身に対する反論をも喚起したと言えるのであり、空間＝物という彼の思想についてもそのことはあてはまる。したがって当然ながら、次には空間≠物という考え方を検討してみなければならないであろう。

（中埜肇「空間と人間」〈1989〉）

補注

フォントによっては「≠」や「≠」の形もある。

＜

ふとうごう（よりしょう）【不等号（より小）】

小なり／より小さい／レスザン（英 less than）

入力方法

- 英数入力でShift＋「,＜ね、」
- 日本語ローマ字入力でShift＋「,＜ね、」→確定（ATOK14〜/IME2003〜）
- 仮名入力でShift＋「,＜ね、」を押す→変換→選択（IME2003〜）
- 「しょうなり」（ATOK14〜/IME2003〜）または「ふとうごう」（ATOK14〜）、あるいは「けいさん」「すうがく」「きごう」（IME2003〜）のいずれかを入力→変換→選択

◆ 文字パレットなどを使って入力

コード入力 JIS 2163 シフトJIS 8183
区点 00167 ユニコード 003C （全角）FF1C

1 数学で、この記号の左辺の数や式が、右辺の数や式より小さいことを表す。

用例 18+35<8×8

2 一般に、価値・順位の高低や力関係などを示すのに使われる。この記号の左側（縦書きでは上側）のものが、右側（縦書きでは下側）より下位であることを表す。縦書きでは∧の向きになる。

用例 陸上の食物連鎖においては、昆虫＜小鳥＜猛禽類ということがいえる。

補注

1 〈（起こしの山括弧）とは異なるが、印刷物やwebページでは〈 〉（山括弧）の代用として＜ ＞が使われることがある。参照 〈 〉

2 ∧（合接《ごうせつ》）は別の記号。参照 ∧

＞

ふとうごう（よりだい）【不等号（より大）】

大なり／より大きい／グレーターザン（英 greater than）

入力方法

- ◆ 英数入力でShift+「.＞る。」
- ◆ 日本語入力でShift+「.＞る。」→確定（ATOK14〜/IME2003〜）
- ◆ 仮名入力でShift+「.＞る。」を押す→変換→選択（IME2003〜）
- ◆ 「だいなり」（ATOK14〜/IME2003〜）または「ふとうごう」（ATOK14〜）、あるいは「けいさん」「すうがく」「きごう」（IME2003〜）のいずれかを入力→変換→選択
- ◆ 文字パレットなどを使って入力

コード入力 JIS 2164 シフトJIS 8184
区点 00168 ユニコード 003E （全角）FF1E

1 数学で、この記号の左辺の数や式が、右辺の数や式より大きいことを表す。

用例 63>6×9

2 一般に、価値・順位の高低や力関係などを示すのに使われる。この記号の左

側（縦書きでは上側）**のものが、右側**（縦書きでは下側）**より上位であることを表す。縦書きでは∨の向きになる。**

用例　バッハ＞ビートルズ＞モーツァルトという選好順位は、見方によってはまったく不合理であるかもしれない。　（加藤尚武「現代倫理学入門」〈1997〉）

＊電子掲示板などでは、「A>>>>>>>>>>>>B>>C>D」のように、それぞれの価値・力量などの開きの大きさを、＞を重ねて示すことがある。

3　順序や流れを示す。 類似用法　≫　→　▷

用例　応募 ＞ 審査 ＞ 試験・面接日通知 ＞ 採否決定
という流れになります。

4　webページなどで、コンテンツを階層構造で示すときに使われる。＞の右側が下位の階層となる。

用例　書籍 ＞ 語学 ＞ 辞典 ＞ 国語辞典

5　電子メール・電子掲示板などでの用法。

Ⓐ　同報メール、電子掲示板、チャットなどで、問いかけたり答えたりする相手を示す。

用例　＞佐藤さん
お忙しいようですね。またの機会に。

†この場合は全角の＞が使われることが多い。

Ⓑ　受信したメールや掲示板の先行発言などからの引用であることを示すために、原文の引用箇所の行頭に付けられる。メールソフトでは、返信のさいにもとの文面の行頭に自動的に >（普通は半角）を付けて表示する機能がある。電子掲示板など、そうした機能のない場合や、他のwebページなどからコピー＆ペーストで引用する場合は、引用を「>………」の形にするために、返信者が>（半角）や ＞（全角）を打ち込む。この場合、原文の改行箇所は勝手に変えないのがマナーとされる。

用例　> 今度いつ会える？
う～ん、ちょっと忙しかったりしてぇ・・ゴメンネ～

Ⓒ　2ちゃんねるなどの電子掲示板で、発言を元発言にリンクさせるときに使われる。半角の >> を2つ続けて入力し、そのあとに元発言の発言番号を入力すると、元発言へのリンクが作られる。

用例　>>524
情報サンクス

補注

1　〉（閉じの山括弧）とは異なるが、印刷物やwebページでは〈　〉（山括弧）の代用として<　>が使われることがある。参照　〈　〉

2　∨（離接《りせつ》）は別の記号。参照　∨

≦

よりちいさいかまたはひとしい【より小さいか又は等しい】

小なりイコール

入力方法

- 日本語ローマ字入力でShiftキー＋「, <ね、」を押す→変換→選択（ATOK14〜/IME2003〜）
- 「ふとうごう」（ATOK14〜/IME2003〜）または「けいさん」「すうがく」「きごう」（IME2003〜）のいずれかを入力→変換→選択
- 文字パレットなどを使って入力

コード入力 JIS 2165　シフトJIS 8185　区点 00169　ユニコード 2266

数学で、この記号の左辺の数や式が、右辺の数や式と同じかそれより小さいことを表す。

用例　$a \geqq 3$のとき　$5\times7\leqq4\times8+a$

＊欧文では、下が二本線でなく一本線であることが多い（≤）。

≧

よりおおきいかまたはひとしい【より大きいか又は等しい】

大なりイコール

入力方法

- 日本語ローマ字入力でShift＋「. >る。」を押す→変換→選択（ATOK14〜/IME2003〜）
- 「ふとうごう」（ATOK14〜/IME2003〜）または「けいさん」「すうがく」「きごう」（IME2003〜）のいずれかを入力→変換→選択
- 文字パレットなどを使って入力

コード入力 JIS 2166　シフトJIS 8186　区点 00170　ユニコード 2267

数学で、この記号の左辺の数や式が、右辺の数や式と同じかそれより大きいことを表す。

用例　次の２次不等式を解け。　$2x^2-4x+1\geqq0$

＊欧文では、下が二本線でなく一本線であることが多い（≥）。

≪ ひじょうにちいさい【非常に小さい】

入力方法

- 日本語ローマ字入力でShift+「, < ね、」を押す→変換→選択（ATOK14〜/IME2003〜）
- 「ふとうごう」（ATOK14〜）または「すうがく」「きごう」（IME2003〜）のいずれかを入力→変換→選択
- 文字パレットなどを使って入力

コード入力　JIS 2263　シフトJIS 81E1　区点 00267　ユニコード 226A

1　数学で、この記号で結ばれた数や式の左辺が、右辺よりじゅうぶんに小さいことを表す。

用例　$a \ll x$

2　チェスの棋譜で、王側の、を表す。

補注

《（起こしの二重山括弧）とは異なるが、印刷物やwebページでは《　》（二重山括弧）の代用として≪　≫が使われることがある。参照《　》

≫ ひじょうにおおきい【非常に大きい】

入力方法

- 日本語ローマ字入力でShift+「. > る。」を押す→変換→選択（ATOK14〜/IME2003〜）
- 「ふとうごう」（ATOK14〜）または「すうがく」「きごう」（IME2003〜）のいずれかを入力→変換→選択
- 文字パレットなどを使って入力

コード入力　JIS 2264　シフトJIS 81E2　区点 00268　ユニコード 226B

1　数学で、この記号で結ばれた数や式の左辺が、右辺よりじゅうぶんに大きいことを表す。

用例 $a \gg 0$

2 順序や流れを示す。類似用法 ＞ → ▷

用例 お申し込み ≫ 内容確認メール ≫ クレジットカードでお支払い≫ 商品の発送という流れになります。

3 チェスの棋譜で、クイーン側の、を表す。

補注

》(閉じの二重山括弧)とは異なるが、印刷物やwebページでは《 》(二重山括弧)の代用として≪ ≫が使われることがある。参照《 》

±

せいまたはふふごう【正又は負符号】

プラスマイナス(英 plus-minus sign)／加減算記号／加または減／複号／複符号

入力方法

- 「ぷらすまいなす」「すうがく」(ATOK14〜/IME2003〜) または「けいさん」「きごう」(IME2003〜)のいずれかを入力→変換→選択
- 日本語ローマ字入力で「ー＝ほ」を押す→変換→選択(ATOK14〜)
- 文字パレットなどを使って入力

コード入力 JIS 215E シフトJIS 817D 区点 00162 ユニコード 00B1

1 数学で、数が正または負であること、あるいは、加算または減算することを表す。

用例 $(x,\ y) = (\pm 1,\ \pm 1)$

用例 $(a \pm b)^2 = a^2 \pm 2ab + b^2$ (複号同順)

2 一般に、ある数値を基準としての増減を表す。

用例 誤差は± 5 秒以内におさめたい。

3 医学・生物化学などで、微陽性反応を表す。

用例 アレルギー検査でグロブリンが±だった。

4 チェスの棋譜で、白優勢を表す。

＊±は白ややよし、を表す。

∓

ふまたはせいふごう【負又は正符号】

マイナスプラス（英 minus-plus sign）／減または加／複号／複符号

入力方法

◆ 文字パレットなどを使って入力

コード入力 JIS 235B シフトJIS 827A 区点 — ユニコード 2213

1 数学で、数が負または正であること、あるいは、減算または加算することを表す。

用例 a±b∓cは複号同順であればa+b−cとa−b+cの２つを、
複号任意であればa+b−c，a+b+c，a−b−c，a−b+cの４つを表す。

2 チェスの棋譜で、黒優勢を表す。

＊∓は黒ややよし、を表す。

Σ σ ∑

シグマ（ギリシア sigma）

総和記号

入力方法

◆ 「しぐま」「すうがく」（ATOK14〜/IME2003〜）または「ぎりしゃ」「きごう」（IME2003〜）のいずれかを入力→変換→選択

◆ 文字パレットなどを使って入力

コード入力

JIS	（Σ）2632	（σ）2652	（∑）2D74
シフトJIS	（Σ）83B0	（σ）83D0	（∑）8794
区点	（Σ）00618	（σ）00650	（∑）01384
ユニコード	（Σ）03A3	（σ）03C3	（∑）2211

1 （Σ σ）ギリシア文字の18番目の字母。Σは大文字、σは小文字。

2　(Σ) **数学で、2つ以上の数の総和を表す。総和記号。**

用例

$x_1+x_2+\cdots\cdots x_N$の和は

$\sum_{k=1}^{N} x_K$

と表す。

3　(Σ) **表計算ソフトで、指定された範囲の数値を合計する処理を行うボタンを表す。**

4　(σ) **数学で、標準偏差を表す。**

5　(σ) **物理学で、放射線のシグマ粒子を表す。**

補注

ギリシア文字の大文字と数学の総和記号は、フォントによって、形・大きさに差がある場合と、差がなくて両者同じ形・大きさである場合とがある。

∫

せきぶんきごう【積分記号】

インテグラル（英 integral）

入力方法

- 「いんてぐらる」「すうがく」（ATOK14〜/IME2003〜）または「せきぶん」「けいさん」「きごう」（IME2003〜）のいずれかを入力→変換→選択
- 文字パレットなどを使って入力

コード入力　JIS 2269　シフトJIS 81E7　区点 00273　ユニコード 222B

数学で、積分を表す。

用例　関数 $f(x)$ に対して、微分すると $f(x)$ になる関数を、$f(x)$ の不定積分または原始関数といい、$\int f(x)\,\mathrm{d}x$で表す。

補注

ʃ（JIS 2A68、シフトJIS 85E6、ユニコードU+0283）は国際音声記号の「無声後部歯茎摩擦音」で、積分記号とは別のもの。

∬

にじゅうせきぶんきごう【二重積分記号】

ダブルインテグラル（英 double integral）

入力方法

- 「いんてぐらる」「すうがく」（ATOK14～/IME2003～）または「せきぶん」「けいさん」「きごう」（IME2003～）のいずれかを入力→変換→選択
- 文字パレットなどを使って入力

コード入力 JIS 226A シフトJIS 81E8 区点 00274 ユニコード 222C

数学で、二重積分を表す。

∞

むげんだい【無限大】

インフィニティ（英 infinity）

入力方法

- 「むげんだい」「むげん」「すうがく」（ATOK14～/IME2003～）または「けいさん」「きごう」（IME2003～）のいずれかを入力→変換→選択
- 文字パレットなどを使って入力

コード入力 JIS 2167 シフトJIS 8187 区点 00171 ユニコード 221E

1 数学で、無限大を表す。

用例 変数 a の絶対数が、どんな正の数より大きくなりうるとき、$a \to \infty$ と表す。

2 カメラの焦点距離で、無限大を表す。

3 広告コピーなどで、限りなく大きいことや、数量が多いことを表す。

用例 「∞（人気は無限大、まさにブームです）」

（安田輝男「あの広告コピーはすごかった！」〈2001〉）

用例 1、2、3、∞《たくさん》はアフリカって（悪口ね）、まみはアフリカ、なにも要らない

（穂村弘歌集「手紙魔まみ夏の引っ越し（ウサギ連れ）」〈2001〉）

4 チェスの棋譜で、混戦を表す。

∝

ひれい【比例】

入力方法

◆ 「ひれい」「すうがく」（ATOK14〜/IME2003〜）または「けいさん」「きごう」（IME2003〜）のいずれかを入力→変換→選択

◆ 文字パレットなどを使って入力

コード入力 JIS 2267 シフトJIS 81E5 区点 00271 ユニコード 221D

数学で、比例関係を表す。

用例 x, y を変数、k（$\neq 0$）を比例定数とすると、$y=x\times k$を、y は x に比例するという。kの値に言及する必要のないときは $y\propto x$ と書く。

Π π

パイ（ギリシア pi）

円周率記号

入力方法

◆ 「ぱい」（ATOK14〜/IME2003〜）または「ぎりしゃ」「きごう」（IME2003〜）のいずれかを入力→変換→選択

◆ 文字パレットなどを使って入力

コード入力 JIS （Π）2630 （π）2650 シフトJIS （Π）83AE （π）83CE
区点 （Π）00616 （π）00648 ユニコード （Π）03A0 （π）03C0

1 （Π、π）ギリシア文字の16番目の字母。Πは大文字、πは小文字。

2 （π）数学で、円周率を表す。

用例 円の面積は半径×半径×πで求められる。

＊π は無限小数なので、3.14または 3 で計算することもある。

3 （Π）数学で、数列の初項から n 項までの積を表す記号。総乗記号。

4 （π）物理学で、放射線のパイ中間子を表す。

∠

かく【角】

入力方法

- 「かく」「すうがく」（ATOK14〜/IME2003〜）または「きごう」（IME2003〜）のいずれかを入力→変換→選択
- 文字パレットなどを使って入力

コード入力 JIS 225C シフトJIS 81DA 区点 00260 ユニコード 2220

数学で、図形の頂点を表す。

用例 四角形ABCDの頂点Bは∠Bと表す。

用例 ∠AOBは60° である。

∟

ちょっかく【直角】

入力方法

- 「かく」「すうがく」（ATOK14〜/IME2003〜）または「ちょっかく」「きごう」（IME2003〜）のいずれかを入力→変換→選択
- 文字パレットなどを使って入力

コード入力 JIS 2D78 シフトJIS 8798 区点 — ユニコード 221F

数学で、直角を表す。

用例 直角三角形ABCの∟A

⊥

すいちょく【垂直】

入力方法

◆ 「かく」「すうがく」（ATOK14～/IME2003～）または「すいちょく」「きごう」（IME2003～）のいずれかを入力→変換→選択

◆ 文字パレットなどを使って入力

コード入力 JIS 225D シフトJIS 81DB 区点 00261 ユニコード 22A5

1 数学で、垂直を表す。

用例 線分ABに垂線CDを引いたとき、AB⊥CDと表す。

2 チェスの棋譜で、終盤戦を表す。

⫽ ∥

へいこうふ【平行符】

パラレル（英 parallel）／双柱

入力方法

◆ 「きごう」と入力→変換→選択（IME2003～）

◆ 文字パレットなどを使って入力

コード入力 JIS 2254 シフトJIS 81D2 区点 — ユニコード 2225

1 数学で、平面上の直線と直線、または直線と平面、平面と平面が平行であることを表す。

用例 直線 l と直線 m が平行なとき、l⫽mと表す。

2 ⇒‖（二重縦線・二重横線）

補注

1　見出しには斜めの形と垂直の形を示した。学校教育や出版物では一般に斜めの形で表されるが、パソコンのフォントでは垂直の形で表されることが多い。

2　同じく垂直２本線の形をしたもので「双柱」（double vertical line）と呼ばれるものがある（JIS 2142、シフトJIS 8161、区点00134、ユニコードU+2016）。「双柱」は、本書では「二重縦線・二重横線」としてくぎり符号の章で扱った。

⌒

こ【弧】

入力方法

- 「すうがく」（ATOK14〜/IME2003〜）または「こ」「きごう」（IME2003〜）のいずれかを入力→変換→選択
- 文字パレットなどを使って入力

コード入力　JIS 225E　シフトJIS 81DC　区点 00262　ユニコード 2312

数学で、円周または曲線の一部分を表す。

用例　円O上の弧$\overset{\frown}{AB}$

補注

1　音楽記号のスラーとは異なる。また、縦書きのときの起こしの︵（パーレン）とも異なる。

2　ワープロソフトやエディタの通常の機能では文字と弧を１角内に入力することはできない。

≡

ごうどう【合同】

常に等しい／同値

入力方法

- 「ごうどう」「すうがく」（ATOK14〜/IME2003〜）または「きごう」（IME2003〜）のいずれかを入力→変換→選択

◆ 文字パレットなどを使って入力

コード入力 JIS 2261 シフトJIS 81DF 区点 00265 ユニコード 2261

1 数学で、合同（図形と図形がぴったり重なり合うこと）を表す。

用例 △ABC≡△DEF

2 論理学で、それぞれの命題が同値（論理的に等しいこと）であることを表す。

用例 たとえばHという図形とGという図形が一致するとすれば、そのばあい
「HはGと一致する≡GはHと一致する」……B
という言い方が許される。（沢田允茂「認識の風景」〈1975〉）

∽

そうじ【相似】

入力方法

◆ 「すうがく」（ATOK14〜/IME2003〜）または「そうじ」「きごう」（IME2003〜）のいずれかを入力→変換→選択

◆ 文字パレットを使って入力

コード入力 JIS 2266 シフトJIS 81E4 区点 00270 ユニコード 223D

数学で、相似（ある図形を拡大または縮小した関係にあること）を表す。

用例 △ABC∽△A′ B′ C′

∧

ごうせつ【合接】

かつ／および／連言記号／論理積

入力方法

◆ 「しゅうごう」（ATOK14〜/IME2003〜）または「かつ」「および」「あんど」「すうがく」

「きごう」(IME2003〜)のいずれかを入力→変換→選択
◆ 文字パレットなどを使って入力

コード入力 JIS 224A シフトJIS 81C8 区点 00242 ユニコード 2227

数学・論理学で、「A∧B」と表記して、２つの命題A、Bに対して、AかつBであることを表す。

補注
＜(より小)は別の記号。参照 ＜

∨

りせつ【離接】

または／選言記号／論理和

入力方法
◆ 「しゅうごう」(ATOK14〜/IME2003〜) または「または」「おあ」「すうがく」「きごう」(IME2003〜)のいずれかを入力→変換→選択
◆ 文字パレットなどを使って入力

コード入力 JIS 224B シフトJIS 81C9 区点 00243 ユニコード 2228

数学・論理学で、「A∨B」と表記して、２つの命題Ａ、Ｂに対して、ＡまたはＢであることを表す。

用例 「テリヤ」と同じレベルには「テリヤ∨プードル∨ブルドッグ∨シェパード」などの「共下位語」(co-hyponyms)が並び，互いに非両立関係を構成している。
（國廣哲彌「意味論の方法」〈1982〉）

補注
1 アルファベットのＶ(ブイ)、ローマ数字のＶ(5)とは異なる。
2 ＞(より大)は別の記号。参照 ＞

∩

かつ【且つ】

共通集合／積集合

入力方法

- 「しゅうごう」(ATOK14〜/IME2003〜)または「あんど」「すうがく」「きごう」(IME2003〜)のいずれかを入力→変換→選択
- 文字パレットなどを使って入力

コード入力 JIS 2241 シフトJIS 81BF 区点 00233 ユニコード 2229

数学で、２つの集合Ａ、Ｂのいずれにも属する要素全体（ＡとＢの交わり、または共通部分という）を表すときに用いる。

用例 A=1,2,4,6,8　B=1,3,6,9　のとき，A∩Bは１と６である。

∪

または【又は】

合併集合／和集合

入力方法

- 「しゅうごう」(ATOK14〜/IME2003〜)または「おあ」「すうがく」「きごう」(IME2003〜)のいずれかを入力→変換→選択
- 文字パレットなどを使って入力

コード入力 JIS 2240 シフトJIS 81BE 区点 00232 ユニコード 222A

数学で、２つの集合Ａ、Ｂのいずれか一方に属する要素全体（ＡとＢの結び、または和集合という）を表すときに用いる。

用例 A=1,2,4,6,8　B=1,3,6,9　のとき，A∪Bは1，2，3，4，6，8，9である。

補注

アルファベットのU（ユー）とは異なる。

¬

ひてい【否定】

～でない／ノットサイン（英 not sign）

入力方法

- 「しゅうごう」（ATOK14～）または「ひてい」「すうがく」「きごう」（IME2003～）のいずれかを入力→変換→選択
- 文字パレットなどを使って入力

コード入力 JIS 224C シフトJIS 81CA
区点 00244 ユニコード 00AC （全角）FFE2

数学・論理学で、命題Aの否定（Aでない）を表すときに用いる。

用例 一つの物件を取り上げれば、それはAであるかAでないか二通りあり、そのうえBであるかBでないか二通りですから、合計四通りあるわけです。ですから一つの物件は、

「AかつB」　A∩B
「Aかつ¬B」　A∩¬B
「¬AかつB」　¬A∩B
「¬Aかつ¬B」　¬A∩¬B

の四つのどれか一つに落ちつくわけです。　（渡辺慧「認識とパタン」〈1978〉）

補注

1 縦書きのときの、起こしのカギ括弧（﹁）とは異なる。
2 似た形のものに、日本語のアクセント表示で「ハ̄シ」「ハシ̄」のように使われるカギ付きのオーバーラインもある。この¬は、その次の音が低く発音されることを表すもの。
参照 ￣（オーバーライン）
3 フォントによっては横線が短く縦線の長い「˥」の形もある。

⇒

どうしゅつ【導出】

ならば／論理包含

入力方法

◆ 「すうがく」(ATOK14〜/IME2003〜)または「やじるし」「ならば」「きごう」(IME2003〜)のいずれかを入力→変換→選択
◆ 文字パレットなどを使って入力

コード入力 JIS 224D シフトJIS 81CB 区点 00245 ユニコード 21D2

1 数学で、p を命題の仮定、q を結論とするとき「$p \Rightarrow q$」と書いて、「p ならば q」が成り立つことを表す。

用例 $x=1 \Rightarrow x^2=1$

2 太矢印として使われる。参照 ⇨(太矢印)

用例 東京8:00発のぞみ11号 ⇒ 京都10:33着

補注
数学記号だが、⇨の矢印がパソコンでは入力しにくいため、しばしば⇒が⇨に代えて使われる。

⇔

どうち【同値】

同等/両矢印

入力方法
◆ 「すうがく」(ATOK14〜/IME2003〜)または「やじるし」「どうち」「さゆう」「きごう」(IME2003〜)のいずれかを入力→変換→選択
◆ 文字パレットなどを使って入力

コード入力 JIS 224E シフトJIS 81CC 区点 00246 ユニコード 21D4

1 数学で、同値を表す。命題 $p \Rightarrow q$ とその逆 $q \Rightarrow p$ がともに真であるとき、pとqは互いに同値であるといい、「$p \Leftrightarrow q$」と表す。

2 両矢印として使われる。参照 ↔(両矢印)

用例 東京 ⇔ 大阪

補注
数学記号だが、太い両矢印がパソコンでは通常入力できないため、それに代えて使われる。

∴

ゆえに【故に】

入力方法

- 「ゆえに」「すうがく」(ATOK14〜/IME2003〜)または「てん」「きごう」(IME2003〜)のいずれかを入力→変換→選択
- 文字パレットなどを使って入力

コード入力 JIS 2168 シフトJIS 8188 区点 00172 ユニコード 2234

数学・論理学で、ゆえに、を表す。

用例 $x^2=1 \quad \therefore x=1,-1$

補注

似た記号に地図記号の「史跡・名勝・天然記念物」(∴)と「茶畑」(∴)がある。

参照 ∴(史跡・名勝・天然記念物)

∵

なぜならば【何故ならば】

なんとなれば/したがって

入力方法

- 「なぜならば」「すうがく」(ATOK14〜/IME2003〜)または「てん」「さんかく」「きごう」(IME2003〜)のいずれかを入力→変換→選択
- 文字パレットなどを使って入力

コード入力 JIS 2268 シフトJIS 81E6 区点 00272 ユニコード 2235

数学・論理学で、なぜならば、の意を表す。

用例 $\because -2<x<2 \quad \therefore y=3$

∈ そくする【属する】

入力方法

- 「しゅうごう」（ATOK14～/IME2003～）または「すうがく」「きごう」（IME2003～）のいずれかを入力→変換→選択
- 文字パレットなどを使って入力

コード入力 JIS 223A シフトJIS 81B8 区点 00226 ユニコード 2208

数学で、左辺を集合の要素（元）、右辺を集合として「a∈A」のように示し、a が集合Aの要素であることを表す。

参照 ∋〔次項〕

∋ げんとしてふくむ【元として含む】

入力方法

- 「しゅうごう」（ATOK14～/IME2003～）または「すうがく」「きごう」（IME2003～）のいずれかを入力→変換→選択
- 文字パレットなどを使って入力

コード入力 JIS 223B シフトJIS 81B9 区点 00227 ユニコード 220B

数学で、左辺を集合、右辺を集合の要素（元）として「A∋ a」のように示し、集合Aが a を要素として含むことを表す。

参照 ∈〔前項〕

∉

ぞくさない【属さない】

元でない／元の否定／要素の否定

入力方法

- 「しゅうごう」と入力→変換→選択（IME2003～）
- 文字パレットなどを使って入力

コード入力 JIS 2246 シフトJIS 81C4 区点 — ユニコード 2209

数学で、∉の右辺を集合として「a∉A」のように示し、aが集合Aの要素（元）でないことを表す。参照 ∌〔次項〕

補注

フォントによっては縦の線が斜線で表されることもある。

∌

げんとしてふくまない【元として含まない】

元の否定／要素の否定

入力方法

- 「しゅうごう」と入力→変換→選択（IME2003～）
- 文字パレットなどを使って入力

コード入力 ユニコード 220C

数学で、∌の左辺を集合として「A∌a」のように示し、集合Aがaを要素（元）として含まないことを表す。参照 ∉〔前項〕

補注

フォントによっては縦の線が斜線で表されることもある。

⊆ ⊇

ぶぶんしゅうごう【部分集合】

含まれる／含む

入力方法

◆ 「しゅうごう」（ATOK14～/IME2003～）または「すうがく」「きごう」（IME2003～）のいずれかを入力→変換→選択

◆ 文字パレットなどを使って入力

コード入力 JIS （⊆）223C （⊇）223D
シフトJIS （⊆）81BA （⊇）81BB
区点 （⊆）00228 （⊇）00229 ユニコード （⊆）2286 （⊇）2287

数学で、「A⊆B」や「B⊇A」のように示して、集合Aの要素がすべて集合Bに含まれることを表す。参照 ⊂ ⊃〔次項〕

用例 A⊆BかつA⊇Bならば、AとBは等しいといい、A=Bと書く。

補注

フォントによっては⊆・⊇のように⊆・⊇の下の線が二重線のものもある。

⊂ ⊃

しんぶぶんしゅうごう【真部分集合】

含まれる／含む

入力方法

◆ 「しゅうごう」（ATOK14～/IME2003～）または「すうがく」「きごう」（IME2003～）のいずれかを入力→変換→選択

◆ 文字パレットなどを使って入力

コード入力 JIS （⊂）223E （⊃）223F
シフトJIS （⊂）81BC （⊃）81BD
区点 （⊂）00230 （⊃）00231 ユニコード （⊂）2282 （⊃）2283

数学で、「A⊂B」や「B⊃A」のように示して、集合Aは集合Bに含まれるがA=Bで

はないことを表す。参照 ⊆ ⊇〔前項〕
用例 「イヌ」と「テリヤ」では「イヌ」が上位語であり，この関係を「イヌ⊃テリヤ」と表記する。民間分類が含む上下関係は普通五段の階層構造をなし，「動物⊃毛物⊃イヌ⊃テリヤ⊃フォックステリヤ」のようになる。（國廣哲彌「意味論の方法」〈1982〉）

∀

すべての【全ての】

普通限定子／全称記号

入力方法

- ◆「すうがく」（ATOK14～/IME2003～）または「しゅうごう」「すべて」「きごう」（IME2003～）のいずれかを入力→変換→選択
- ◆ 文字パレットなどを使って入力

コード入力 JIS 224F シフトJIS 81CD 区点 00247 ユニコード 2200

数学で、すべての、を表す。
用例 ∀xは、すべてのxについて、xがどのような値をとっても、の意である。

∃

そんざいする【存在する】

存在限定子／存在記号

入力方法

- ◆「すうがく」（ATOK14～/IME2003～）または「しゅうごう」「そんざい」「きごう」（IME2003～）のいずれかを入力→変換→選択
- ◆ 文字パレット（文字／クリック）などを使って入力

コード入力 JIS 2250 シフトJIS 81CE 区点 00248 ユニコード 2203

数学で、存在することを表す。
用例 ∃xは、あるxが存在するとして、の意である。

!

かいじょう【階乗】

⇒！（感嘆符）の項

!!

にじゅうかいじょう【二重階乗】

⇒!!（二重感嘆符）の項

⌀

ちょっけいきごう【直径記号】

まる／パイ／ファイ／直径／径／ダイア

入力方法

◆ ユニコードにあるが、パソコンの通常のフォントでは実装されていないことが多い

コード入力 （ユニコード） 2300

機械製図や天文学で、直径を表す。円を表す○に、数字の０と区別するための斜線を引いた記号。製図や工作の現場では「まる」「パイ」「ファイ」「ダイア」などと読む。「まる」はJISにある読み。「ファイ」は印刷でしばしばギリシア文字の21番目の字母Φ・ϕ（ファイ）を代用としたことからの読みで、「パイ」はその転訛。「ダイア」は直径の意味の英語 diameter の略から。

（用例） 排水管には⌀60のパイプを使用する。

補注

1　直径記号と形の似た文字・記号にJISコードとユニコードでは次のものがある。

Φ……ギリシア文字の21番目の字母ファイの大文字。

JIS 2635、シフトJIS 83B3、区点 00621、ユニコード 03A6

ϕ（φ）……ギリシア文字の21番目の字母ファイの小文字。フォントによってはφの字形で示される。

JIS 2655、シフトJIS 83D3、区点 00653、ユニコード 03C6

Ф……キリル文字の字母の１つエフの大文字。

JIS 2736、シフトJIS 8455、区点 00722、ユニコード 0424

ф……キリル文字の字母の１つエフの小文字。

JIS 2766、シフトJIS 8486、区点 00770、ユニコード 0444

Ø……デンマーク語やノルウェー語で使われる大文字の１つで、oとeの合字。

JIS 294E、シフトJIS 856D、ユニコード 00D8

ø……デンマーク語やノルウェー語で使われる小文字の１つで、oとeの合字。

JIS 296D、シフトJIS 858D、ユニコード 00F8

∅……「空集合」を表す数学記号。

JIS 2247、シフトJIS 81C5、区点 00239、ユニコード 2205

⌽……歯科医療の分野で歯式図などに用いる。

JIS 2744、シフトJIS 8463、ユニコード 2744

2　直径記号はJISコードにないため、インターネットやワープロの文書でもしばしばギリシア文字のΦ・ϕで代用されている。

♂

おす【雄】

雄記号／マスキュラ（英 masculine, 仏 masculin）／男性／おとこ／マース記号

入力方法

- 「おす」（ATOK14〜/IME2003〜）または「きごう」（IME2003〜）と入力→変換→選択
- 文字パレットなどを使って入力

コード入力　JIS 2169　シフトJIS 8189　区点 00173　ユニコード 2642

1　**生物学でオス、雄性を表す。**

用例　ミニチュアダックス、♂、２歳

2　**くだけた表現・文章で、人間の男性を表すのに使われる。**

用例　♂3人でさびしく飲んでます。

3　天文学、占星術で、火星（マルス）を表す。

4　錬金術で、鉄を表す。

5　くだけた表現・文章で、「ー」（音引き）や「→」（やじるし）の代わりに使われる。「つんくビ♂ト」など。

補注

1　フォントによっては「⛢」の形で示されることもある。

2　「⛢」は占星術で日の出・朝を表す。

♀

めす【雌】

雌記号／フェミニン（英 feminine, 仏 feminin）／女性／おんな

入力方法

◆　「めす」（ATOK14～/IME2003～）または「きごう」（IME2003～）と入力→変換→選択

◆　文字パレットなどを使って入力

コード入力　JIS 216A　シフトJIS 818A　区点 00174　ユニコード 2640

1　生物学でメス、雌性を表す。

　＊単性を表す記号は♀♂。

＊＊雌雄同性を表す記号は⚥。

2　くだけた表現・文章で、人間の女性を表すのに使われる。

用例　ちなみに記者は34歳（♀）。（「ダカーポ」2006. 5. 17）

3　天文学、占星術で、金星（ヴィーナス）を表す。

4　錬金術で、銅を表す。

補注

「♁」は錬金術でアンチモニーを表す記号。

単位記号一覧

ラテン文字やギリシア文字を使った単位記号を集めました。
文字コードはＪＩＳ、ユニコードの順に示しています。

	名称	JIS	ユニコード
℃	セ氏度記号	216E	2103
℉	カ氏度記号		2109
℔	薬衡（薬用）ポンド（重さ）		2114
℥	薬衡（薬用）オンス（重さ）		2125
ʒ	薬衡（薬用）ドラム（重さ）		
Ω	オーム（電気抵抗）		2126
℧	モー（電気抵抗）	2360	2127
K	ケルビン（温度）		212A
Å	オングストローム（長さ）	2272	212B
㍱	ヘクトパスカル（圧力）		3371
㎈	カロリー（熱量）		3388
㎉	キロカロリー（熱量）		3389
㎎	ミリグラム	2D53	338E
g	グラム	2367	0067
㎏	キログラム	2D54	338F
㎐	ヘルツ（周波数）		3390
㎑	キロヘルツ（周波数）		3391
㎗	デシリットル		3397

	名称	JIS	ユニコード
L	リットル／リッター	235F	2113
㎜	ミリメートル	2D50	339C
㎝	センチメートル	2D51	339D
m	メートル	236D	006D
㎞	キロメートル	2D52	339E
㎠	平方センチメートル		33A0
㎡	平方メートル	2D56	33A1
㎢	平方キロメートル		33A2
㎤	立方センチメートル		33A4
㎥	立方メートル		33A5
㏄	シーシー	2D55	33C4
㏈	デシベル（音圧）		33C8
㏊	ヘクタール		33CA
㏋	馬力（仕事率）		33CB
㏓	ルクス（照度）		33D3
㏔	ミリバール（圧力）		33D4
㏖	モル　（物質量）		33D6
㏗	ペーハー／ピーエイチ（水素イオン濃度）		33D7
㏙	ピーピーエム（濃度）		33D9

第12章　単位記号

°	′	″	%	‰	‱
度	分	秒	パーセント	パーミル	万分率
µ	*μ*	Ω	ω	¥	$
マイクロ	マイクロ	オメガ	オメガ	円記号	ドル記号
¢	£	€	₣		
セント記号	ポンド記号	ユーロ記号	フラン記号		

1　ここには数値や通貨などの単位を表す記号のうち代表的なものを集めた。ただし、m(メートル)、cm(センチメートル)、g(グラム)、kg(キログラム)、*l*(リットル)、cc(シーシー＝立方センチメートル)など、ラテン文字をそのまま形を変えずに使った記号は見出しとしては立てず、別に一覧表として示した。

2　これらの単位記号は算用数字に付けて横書きで使うのが基本だが、上のうち「%」は漢数字に付けて縦書きでもよく使われ、「‰」「*μ*」「Ω」も漢数字・縦書きで使われることがある。「¥」以下の通貨記号を漢数字に付けて使うことはほとんどない。なお、「′」「″」「µ」などは単位記号以外の用法も持っていて、そうした用法の中には縦書きで普通に使われるものもある。

3　単位記号としての「°」「′」「″」「%」「‰」「‱」「µ」「Ω」はいずれも数字のあとに付き、「¥」以下の通貨記号はいずれも数字の前に付く。横組みの印刷物・出版物では、「−18℃」「78.3%」といった数字と単位記号の組み合わせを一つのまとまりとして扱い、途中では改行しないのが組版上の規則になっている。途中で行末にかかったときは、字間を空けて次の行頭に送るか、字間を詰めて行末に収めるかして、数字・記号のまとまりが分割されないように処理する。縦組みで漢数字と組み合わせて使う場合にはこうした厳格な規則はないが、「%」などの単位記号については行頭禁則とし、行頭に置くのを避けることもある。

°

ど【度】

デグリー（英 degree）

入力方法

- ◆「ど」「たんい」（ATOK14～/IME2003～）または「きごう」（IME2003～）のいずれかを入力→変換→選択
- ◆ 文字パレットなどを使って入力

コード入力 JIS 216B シフトJIS 818B 区点 00175 ユニコード 00B0

1 温度の「度」を表す記号。摂氏は℃、華氏は°Fで表す。

用例 0℃は絶対温度で273Kである。

＊摂氏温度のCは、考案者である18世紀スウェーデンの天文学者セルシウスCelsiusの頭文字から。（「摂」はセルシウスの中国語表記「摂爾修」による。）華氏温度のFは、考案者である18世紀ドイツの物理学者ファーレンハイトFahrenheitの頭文字から。（「華」はファーレンハイトの中国語表記「華倫海」による。）

＊＊用例中の「K」は絶対温度（ケルビン）を表す記号。「°」は付けない。

2 角度、また方位の「度」を表す記号。 参照 ′（分）″（秒）

用例 三角形の内角の総和＝180°

用例 磁針方位は西偏7° 40′　　（国土地理院1/25000地形図）

3 経度・緯度の「度」を表す記号。 参照 ′（分）″（秒）

用例 日本標準時子午線（明石市）　東経135°

補注

いずれも算用数字を使った横書きのときに用いる。縦書き、また漢数字の場合は、「°」の記号を使わずに漢字で「度」と書く。

′

ふん【分】

ワンダッシュ（和製語 one dash）／ダッシュ（和製語 dash）／プライム（英 prime）／プライム符号／ミニット（英 minute）／ミニュート（仏 minute）

入力方法

◆ 日本語ローマ字入力で、Shift+「'や7や」を押す→変換→選択（IME2003〜）
◆ 「ふん」「たんい」（ATOK14〜/IME2003〜）または「きごう」（IME2003〜）のいずれかを入力→変換→選択
◆ 文字パレットなどを使って入力

コード入力 （JIS）216C （シフトJIS）818C （区点）00176 （ユニコード）2032

1 角度、また方位の「分《ふん》」を表す記号。１分は１度（１°）の60分の１、１秒（１″）の60倍。（参照） °（度） ″（秒）

（用例） この時の太陽の方位は249° 19′ であり、高度は12° 45′ であった。

2 経度・緯度の「分《ふん》」を表す記号。１分は１度（１°）の60分の１、１秒（１″）の60倍。（参照） °（度） ″（秒）

（用例） 南鳥島　東経153° 59′　北緯24° 17′

3 時間の「分《ふん》」を表す記号。（参照） ″の3

（用例） 1000mでは2′ 20″ 03の好タイムが出た。

（用例） ヴァイオリン協奏曲第１番イ短調

1 Allegro 6′ 38″
2 Adagio 4′ 13″
3 Allegro 5′ 27″

＊分を表す記号としてmin、mもある。「2m20.03s」（＝2分20秒03）

＊＊タイムを競う競技の公式記録では、「2:20.03」や「2.20.03」のように、分のあとを「：」または「.」、秒のあとを「.」でくぎるタイム表記が一般的で、「′」や「″」はあまり使われない。

4 ヤード - ポンド法の長さの単位「フィート」を表す記号。１フィート（1foot）は１ヤードの３分の１で、１インチの12倍。約30.48cm。

（参照） ″の4

（用例） Height 5′ 7″　weight 142lbs.（＝身長５フィート７インチ、体重142ポンド）

＊フィートを表す単位記号としてftもある。

5 A、Bなどの記号の右肩に付けて、もとの記号の示すものが変形・変容・変位などしたものであること、または、もとの記号の示すものと近似するものであることを表す。A′、B′ のように表記して、「Aダッシュ」「Bダッシュ」と読む。

（用例） もし思考的な操作の必要からこれを分割するとすれば、運動軌跡の上にP以外にもうひとつの点P′をとり、BがP′にある時間T′を考え、PとP′との距離lとTとT′との間の経過時間⊿tとの関係について微分的な操作を行わなければならないはずであろう。（中埜肇「弁証法」〈1973〉）

＊成績や評価を示す場合は、A′ はAよりも、B′ はBよりも劣ることを意味することが多い。

6 数学で、導関数であることを表す。関数$f(x)$を微分して得られる$f''(x)$を、元の関数の導関数という。

7 数学で、1次変換の座標を表す。

用例 この1次変換によって、点P(x, y)は点P$'(x', y')$に移される。

補注

1 1 2 3 4 とも、算用数字を使った横書きのときに用いる。縦書き、また漢数字の場合は、°　′　″の記号を使わずに漢字で「度」「分」「秒」（4 は「フィート」「インチ」）と書く。

2 アポストロフィ（’）は形の異なる別の符号。

″

びょう【秒】

ツーダッシュ（和製語 two dash）／ダブルプライム（英 double prime）／セカンド（英 second）／セカンド符号

入力方法

- ◆ 日本語ローマ字入力でShift＋「2"ふ」を押す→変換→選択（ATOK14～/IME2003～）
- ◆ 「びょう」「たんい」（ATOK14～/IME2003～）または「きごう」（IME2003～）のいずれかを入力→変換→選択
- ◆ 文字パレットなどを使って入力

コード入力 JIS 216D　シフトJIS 818D　区点 00177　ユニコード 2033

1 角度、また方位の「秒」を表す記号。1秒は1分（′）の60分の1。

参照 °（度）　′（分）

2 経度·緯度の「秒」を表す記号。1秒は1分（′）の60分の1。参照 °（度）　′（分）

3 時間の「秒」を表す記号。参照 ′

＊秒を表す記号としてsec、sもある。「5m27s」（＝5分27秒）

4 ヤード‐ポンド法の長さの単位「インチ」を表す記号。1インチは1フィートの12分の1で、2.54cm。参照 ′の4

＊インチを表す単位記号としてinもある。

5 A、Bなどの記号の右肩に付けて、A、Bの変容・変位したA′、B′がさらに変容・変位したものであること、または、A′、B′に次いでA、Bと近似のものであることを表す。A″、B″のように表記して、「Aツーダッシュ」「Bツーダッシュ」と読む。

6 数学で、第２次導関数を表す。

用例 関数$y=f(x)$の導関数$f'(x)$をさらに微分して得られる導関数を$f''(x)$で表す。

＊第３次導関数は$f'''(x)$、というように、高次関数は次数nの数だけfの右肩に「′」を付ける。

補注

1 1 2 3 4 とも、算用数字を使った横書きのときに用いる。縦書き、また漢数字の場合は、°′″の記号を使わずに漢字で「度」「分」「秒」（4 は「フィート」「インチ」）と書く。

2 ダブルミニュート（〝〟）とは形が多少異なる。

3 閉じのダブルクォーテーションマーク（”）とは形が異なる。

%

パーセント（英 percent）

パーセント記号／パーセントサイン（英 percent sign）／百分率／百分比／パー

入力方法

- 英数入力でShift＋「５%えぇ」
- 日本語ローマ字入力でShift＋「５%えぇ」を押す→確定（ATOK14〜/IME2003〜）
- 「ぱーせんと」「たんい」（ATOK14〜/IME2003〜）または「きごう」（IME2003〜）のいずれかを入力→変換→選択
- 文字パレットなどを使って入力

コード入力 JIS 2173 シフトJIS 8193
区点 00183 ユニコード 0025 （全角）FF05

1 百分率を表す単位記号。「パーセント」と読む。１パーセントは100分の１。

用例 新司法試験の合格率は48%であった。

用例 円グラフは360°を100%として、各項の比率を角度で表す。

＊%は縦書き・漢数字使用の場合も使える。新聞社の表記基準では、百分率の表記は記号%を使うとされている。ただし、文学作品などでは%を使わずに「パーセント」とカタカナ表記されることが多い。

用例 B組には、一〇パーセントは「優」、五パーセントは「不可」であるという不平等を前提とする採点基準を予め発表しておいた。 （加藤尚武「現代倫理学入門」〈1997〉）

**「百パーセント信用できる」「その可能性は九十九パーセント無い」のように語句として使う場合は、%を使わずカタカナ表記とするのが普通。

2 電子掲示板、ブログなどで、目印として箇条書きの文章や段落の頭に付ける。

用 例 %露天風呂は、掛け流しで濾過循環はしていない模様。
%pH2.8のかなり強い酸性。お湯はなかなか刺激的です。
%入浴料800円は高い。

‰

パーミル（英 per mille）

パーミル記号／パーミルサイン（英 per mille sign）／
千分率／千分比／プロミル

入力方法

- 「ぱーみる」「たんい」（ATOK14～/IME2003～）または「きごう」（IME2003～）のいずれかを入力→変換→選択
- 文字パレットなどを使って入力

コード入力 JIS 2273 シフトJIS 81F1 区点 00283 ユニコード 2030

千分率を表す単位記号。「パーミル」と読む。1パーミルは1000分の1。統計などのほか、傾斜・勾配の傾度を示すのに用いられる。傾度では、1000mにつき*n* m上がる（下がる）ことを*n*‰と示す。

用 例 旧信越本線の横川―軽井沢間には66.7‰というJR最大の急勾配区間があった。

‱

まんぶんりつ【万分率】

万分比／パーミリアド（英 permyriad）

入力方法

- 「きごう」と入力→変換→選択（IME2003～）
- 文字パレットなどを使って入力

コード入力 ユニコード 2031

万分率を表す単位記号。1‱は10000分の1。

用例　5‱は百分率に直せば0.05%である。

μ μ

マイクロ（英 micro）

ミクロン（仏 micron）／マイクロ記号／ミュー（ギリシア mu）

入力方法

- ◆（μ）「みゅー」（ATOK14～/2003IME～）または「まいくろ」「みくろん」「ぎりしゃ」「きごう」（IME2003～）のいずれかを入力→変換→選択
- ◆（µ・μ）文字パレットなどを使って入力

コード入力　JIS（μ）264C　シフトJIS（μ）83CA
区点（μ）00644　ユニコード（µ）00B5（μ）03BC

1　**（マイクロ、µ μ）国際単位系（SI）の定める接頭語「マイクロ」を表す記号。基礎となる単位の前につけて、それの100万分の1（10^{-6}倍）であることを表す。**

用例　白金ナノコロイド（プラチナ微粒子）4µg配合

2　**（マイクロ、µ μ）1から転じて、「微小な」「小さい」の意を表す外来語「マイクロ」に当てる。「µコンピュータ」「µウェーブ」など。**

3　**（ミクロン、µ μ）メートル法の長さの旧単位「ミクロン」を表す記号。1ミクロンは1000分の1ミリメートルで、現在の「マイクロメートル（µm）」と同じ。「ミクロン」は1967年の国際度量衡総会で廃止され、代わって「マイクロメートル」が用いられることになった。**

4　**（ミュー、μ）物理学で、素粒子の一種、μ《ミュー》粒子を表す。**

補注

1　1～4はいずれも、ギリシア文字の12番目の字母M（ミュー）の小文字μから。

2　ユニコードでは、「マイクロ」の記号（micro sign）にµ（U+00B5）のキャラクタを与えて、ギリシア文字のμ（U+03BC）と区別している。µ(U+00B5)とμ（U+03BC）は、フォントによっては同じ形で表されることもある。

3　µにはJISコードがないため、ワープロ文書・インターネットをはじめ、印刷物でもギリシア文字のμで代用することが多い。

Ω ω

オメガ／オーム

入力方法

- 「おーむ」または「おめが」(ATOK14〜/IME2003〜)、あるいは「きごう」「ぎりしゃ」(IME2003〜)のいずれかを入力→変換→選択
- 文字パレットなどを使って入力

コード入力

JIS	(Ω) 2638 (ω) 2658	シフトJIS	(Ω) 83B6 (ω) 83D6
区点	(Ω) 00624 (ω) 00656	ユニコード	(Ω) 03A9 (ω) 03C9

1 (オメガ、Ω　ω) ギリシア文字の最後の字母。Ωは大文字、ωは小文字。

2 (オーム、Ω) 国際単位系(SI)の定める、電気抵抗の単位を表す記号。名称は「オームの法則」を発見したドイツの物理学者G=S=オーム(1798〜1854)にちなむ。

用例　2点間の電位差1Vの導線に、1Aの電流が流れたときの2点間の抵抗が1Ωである。

＊オームの頭文字・O(オー)では0(ゼロ)とまぎらわしいため、ローマ字のOに相当するギリシア文字Ωが使用されるようになった。

3 (オメガ、ω) 数学・物理学で、角速度・角振動数を表す記号。

用例　半径1の円の等速度運動の角速度は、n＝回転数　とすると、$\omega = 2\pi n$(rad/s)となる。

4 (オメガ、Ω) スイスの時計メーカー「オメガ」のエンブレム。

＊「究極の時計」という自負をこめて、ギリシア文字の最終字母「オメガ」を社名とした。

5 アルファベットのOの代わりに装飾的に使われる。

用例　仮面ライダー　AGITΩ(アギト)

¥

えんきごう【円記号】

円マーク／円

入力方法

- 英数入力で「¥｜—」、日本語ローマ字入力で「¥｜—」→確定（ATOK14〜/IME2003〜）
- 「えん」「たんい」（ATOK14〜/IME2003〜）または「つうか」「きごう」（IME2003〜）のいずれかを入力→変換→選択
- 文字パレットなどを使って入力

コード入力　JIS 216F　シフトJIS 818F　（半角）005C
区点 00179　ユニコード 00A5　（全角）FFE5

1 **日本の通貨単位「円」を表す記号。数字の前に付ける。**

用例　タイムサービス　どれでも¥100

用例　$1=¥118.64

2 **（半角）日本語版Windowsで、パス（ファイルのありかを示す文字列）に使われる記号。ディレクトリ名のくぎりを示す。**

用例　C:¥windows¥command¥udoc.exe

3 **雑誌の見出しなどで、為替売買で動く日本円（ジャパンマネー）を表す。**

用例　¥が支えるアメリカ経済

4 **広告コピーなどで、財産やお金を表す。**

用例　¥より△　（メルシャンの広告コピー〈1990〉）

＊用例は「お金より三角瓶のウイスキー」の意。

補注

1　「¥」の記号は、「円」のローマ字表記「YEN」の頭文字から。

2　中国の人民元（正式には「圓」と表記）にも¥記号が使われることがある。「元」も「圓」も発音は“yuán”で同じ。

$

ドルきごう【ドル記号】

ドル（英 dollar）／ダラー／ペソ（スペイン peso）／エスクード（ポルトガル escudo）

入力方法

- ◆ 英数入力でShift＋「４＄うぅ」
- ◆ 日本語入力でShift＋「４＄うぅ」→確定（ATOK14〜/IME2003〜）
- ◆ 「どる」「たんい」（ATOK14〜/IME2003〜）または「つうか」「きごう」(IME2003〜）のいずれかを入力→変換→選択
- ◆ 文字パレットなどを使って入力

コード入力 JIS 2170　シフトJIS 8190　（半角）0024
区点 00180　ユニコード FF04　（半角）0024

1 （ドル）アメリカをはじめ、カナダ・オーストラリア・ニュージーランド・シンガポールなどの通貨単位「ドル」を表す記号。数字の前に付ける。普通はアメリカドルをさす。補助通貨単位はセント（¢）で、１ドルは100セント。

用例 現在の為替レート　US $1＝¥115.36

2 （ペソ）アルゼンチン、メキシコ、フィリピンなど、かつてスペインの植民地であった国々で使われる通貨単位「ペソ」を表す記号。数字の前に付ける。

3 （エスクード）かつてのポルトガルの通貨単位「エスクード」を表す記号。数字の前に付ける。現在は欧州単一通貨ユーロ（€）に移行。

4 米国のマンガなどで、お金（money）を表す。

補注

1　かつては縦線が２本の「＄」の形も使われた。漢字「弗」（本来、打ち消しの「ず」の意）を日本で「ドル」の意で使うのは、「＄」との形の類似から。「＄」はパソコンでは通常は入力できない。

2　＄記号の由来には諸説がある。

①ペソ（PESO）のPとSを組み合わせたという説。
②16世紀に発行されたスペインの銀貨に「8R」という文字が記されていて、その「8」が「＄」に装飾化されたという説。
③清教徒革命でアメリカに渡った清教徒が使っていた、当時のイギリスの通貨シリングSHILLINGの頭文字からとったという説。
④古代ローマの貨幣SOLLIDUSの頭文字を装飾化したという説。
⑤UNITED STATESのUとSを組み合わせたという説。

¢

セントきごう【セント記号】

セント（英 cent）

入力方法

- 「せんと」「たんい」（ATOK14～/IME2003～）または「つうか」「きごう」（IME2003～）のいずれかを入力→変換→選択
- 文字パレットなどを使って入力

コード入力

JIS 2171　シフトJIS 8191
区点 00181　ユニコード 00A2　（全角）FFE0

アメリカをはじめ、カナダ・オーストラリア・ニュージーランド・シンガポールなどの**補助通貨単位「セント」を表す記号。数字の前に付ける。**1セントは1ドルの100分の1。

補注

1　欧州連合の単一通貨ユーロの補助通貨単位も「セント」だが、ユーロでは¢の記号はほとんど使われない。

2　フォントによっては縦の線が傾いた「¢」の形もある。

£

ポンドきごう【ポンド記号】

ポンド（英 pound）

入力方法

- 「ぽんど」「たんい」（ATOK14～/IME2003～）または「つうか」「きごう」（IME2003～）のいずれかを入力→変換→選択
- 文字パレットなどを使って入力

コード入力

JIS 2172　シフトJIS 8192
区点 00182　ユニコード 00A3　（全角）FFE1

イギリスの**通貨単位「ポンド」を表す記号。**補助通貨単位はペニー（p）で、1ポンドは100ペンス（「ペンス」は「ペニー」の複数形）。

用例 ロンドン塔の入場料　£11.50

補注

1　£記号は、ポンド（pound）の別称 libraの頭文字に由来するといわれる。libraはラテン語で天秤を意味し、もと古代ローマ時代の重量の単位。なお、イギリスでは重さもポンドで表すが、その場合の記号はlb。

2　横線が２本の「₤」はリラ（イタリアの旧通貨単位で、トルコやマルタの現行通貨単位）を表す。リラも語源は上記のlibraであるという。

€

ユーロきごう【ユーロ記号】

ユーロ（英 euro）

入力方法

- 「ゆーろ」「たんい」「きごう」のいずれかを入力→変換→選択（IME2003～）
- 文字パレットなどを使って入力

コード入力 JIS 2921　シフトJIS 8540　区点 —　ユニコード 20AC

EU（欧州連合）の単一通貨の通貨単位「ユーロ」を表す記号。数字の前に付ける。

補注

補助通貨単位としてセントがあるが、¢記号はあまり使われず、€0.50のように書かれることが多い。１ユーロセントは100分の１ユーロ。

₣

フランきごう【フラン記号】

フラン（仏 franc）

入力方法

- 「ふらん」と入力→変換→選択（IME2003～）
- 文字パレットなどを使って入力

コード入力 ユニコード 20A3

フランスのかつての通貨単位「フラン」を表す記号。補助通貨単位はサンチーム(Ct)。1フランは100サンチーム。現在は欧州単一通貨のユーロ(€)に移行。

補注

1　ベルギーとルクセンブルグもユーロ移行以前はフランを通貨単位としていた。スイス・リヒテンシュタイン(スイスフラン)、旧フランス領を中心とするアフリカ諸国(CFAフラン)、太平洋上のフランス領(CFPフラン)では現行通貨。

2　フォントによっては横線が二本の「₣」の形もある。

学術記号一覧

ＪＩＳコードの「学術記号」に含まれる記号で本文で見出しとしなかったものを一覧表にしました。
文字コードはＪＩＳ、ユニコードの順に示しています。

	名称	JIS	ユニコード
≃	漸進的に等しい	226C	2243
≅	同形	226D	2245
≈	近似的に等しい	226E	2248
≢	合同否定	226B	2262
≶	小さいか大きい	226F	2276
≷	大きいか小さい	2270	2277
⋚	小さいか等しいか大きい	2776	22DA
⋛	大きいか等しいか小さい	2777	22DB
⌅	射影的関係	2248	2305
⌆	背景的関係	2249	2306
⊄	部分集合の否定	2242	2284
⊅	部分集合の否定(逆)	2243	2285
⊊	真部分集合2	2244	228A

	名称	JIS	ユニコード
⊋	真部分集合2(逆)	2245	228B
⊕	直和	2251	2295
⊖	丸付きマイナス	2252	2296
⊗	テンソル積	2253	2297
∅	空集合	2247	2205
⧺	2プラス	237D	29FA
⧻	3プラス	237E	29FB
∦	平行の否定	2255	2226
∮	経路積分記号	2D73	222E
∂	デル	225F	2202
∇	ナブラ	2260	2207
ℵ	アレフ	235C	2135
ℏ	エイチバー	235D	210F

F

12

単位記号

ギリシア文字一覧

名称の右に文字コードをＪＩＳ・ユニコードの順に示しました。

	名称	JIS	ユニコード
Α	アルファ (alpha)	2621	0391
α		2641	03B1
Β	ベータ (beta)	2622	0392
β		2642	03B2
Γ	ガンマ (gamma)	2623	0393
γ		2643	03B3
Δ	デルタ (delta)	2624	0394
δ		2644	03B4
Ε	イプシロン (epsilon)	2625	0395
ε		2645	03B5
Ζ	ゼータ (zeta)	2626	0396
ζ		2646	03B6
Η	エータ (eta)	2627	0397
η		2647	03B7
Θ	シータ (theta)	2628	0398
θ		2648	03B8
Ι	イオタ (iota)	2629	0399
ι		2649	03B9
Κ	カッパ (kappa)	262A	039A
κ		264A	03BA
Λ	ラムダ (lambda)	262B	039B
λ		264B	03BB
Μ	ミュー (mu)	262C	039C
μ		264C	03BC
Ν	ニュー (nu)	262D	039D
ν		264D	03BD

	名称	JIS	ユニコード
Ξ	クサイ (xi)	262E	039E
ξ		264E	03BE
Ο	オミクロン (omicron)	262F	039F
ο		264F	03BF
Π	パイ (pi)	2630	03A0
π		2650	03C0
Ρ	ロー (rho)	2631	03A1
ρ		2651	03C1
Σ	シグマ (sigma)	2632	03A3
σ		2652	03C3
ς	ファイナルシグマ (final sigma)	2659	03C2
Τ	タウ (tau)	2633	03A4
τ		2653	03C4
Υ	ユプシロン (upsilon)	2634	03A5
υ		2654	03C5
Φ	ファイ (phi)	2635	03A6
φ		2655	03C6
Χ	カイ (chi)	2636	03A7
χ		2656	03C7
Ψ	プサイ (psi)	2637	03A8
ψ		2657	03C8
Ω	オメガ (omega)	2638	03A9
ω		2658	03C9

第13章　準文字

〆《しめ》　〼《ます》　ヿ《こと》　ゟ《より》　&《アンパサンド》　etc.《エトセトラ》

1　ここには、読みと意味をもっていて自然言語の中で表意文字のように使われるものを集めた。「〆」は封緘のしるしが漢字のように使われるようになったもの、「〼」は一種の絵文字、「ヿ(こと)」「ゟ(より)」は合字あるいは合字の変形、「etc.」は語の略記である。

2　見出しに立てたもの以外の仮名の合字や変体仮名はコラムとして一覧の形で別に示した。

〆

しめ

入力方法

◆ 「しめ」（ATOK14～/IME2003～）または「きごう」（IME2003～）と入力→変換→選択

◆ 文字パレットなどを使って入力

コード入力 JIS 213A　シフトJIS 8159　区点 00126　ユニコード 3006

1 文書に封をするとき、封じ目に「封」「緘」などの代わりに用いるしるし。「しめ」と読む。

2 漢字に準じた用法。1から転じたもの。

A 「締め」「締める」に当てて用いる。「〆切《しめきり》」「〆縄《しめなわ》」「帯〆《おびじめ》」「活〆《いきじめ》」「当月末日〆の売上高」「〆て六千円也」など。

B 「締まる」「締まり」に当てて用いる。

用例 紅くて〆まりよい唇、〔…略…〕　（巌谷小波「妹背貝」〈1889〉）

補注

1 封の証拠として文書の封じ目に斜めに墨を引いて点を添えた形に由来するとも、「封」の字の旁《つくり》が変化したものともいう。

2 「〆」を記号・符号の類と見るか漢字と見るかは辞書によって異なっている。漢字・漢和辞典類は、「〆」を収録しないもの、漢字（国字）として収録するもの、非漢字として収録するものに分かれるが、漢字として収録する場合、部首を「ノ」とし画数を2画とする扱いになっている。

3 「メ」は「して」または「にして」と読む文字で、「〆」とは別。漢字「為」の草書の略体とも、カタカナ「シテ」の合字の略体ともいう。

〼

ます

ます記号／枡形《ますがた》

入力方法

◆ 文字コードはあるが、パソコンのフォントには実装されていないことが多い

コード入力 JIS 2237 シフトJIS 81B5 区点 — ユニコード 303C

「ありますﾞ」「ございます」など丁寧語をつくる助動詞の「ます」に当て、「ます」と読む。枡の形を図案化した紋所に由来する、一種の絵文字。

用例 地酒あり〼

ヿ

こと

入力方法

◆ 文字コードはあるが、パソコンのフォントには実装されていないことが多い

コード入力 JIS 2238 シフトJIS 81B6 区点 — ユニコード 30FF

カタカナの「コ」と「ト」の合字。「…すること」「…であること」などの形式名詞の「こと」に当て、「こと」と読む。

用例 隠然計画シテ勢力日ニ加ハリ時機ノ来ルヲ待ツヿ久シキヲ〔…略…〕

（東海散士「佳人之奇遇」〈1887〉）

＊「こと」と読む合字には平仮名「こ」と「と」を合わせた「[illegible]」もある。

ゟ

より

入力方法

◆ 文字コードはあるが、パソコンのフォントには実装されていないことが多い

〼
ヿ
ゟ
13
準文字

コード入力　JIS 2239　シフトJIS 81B7　区点 —　ユニコード 309F

平仮名の「よ」と「り」の合字。動作の起点や比較の基準などを表す助詞の「より」に当て、「より」と読む。

用例　懐石コース　御一人様一万円ゟ

補注

「より」にはカタカナの合字「ヨリ」もある。

&

アンパサンド（英 ampersand）

アンドサイン（英 and sign）／アンド／エンド／ショートアンド（英 short and）

入力方法

- 英数入力でShift＋「6＆おぉ」
- 日本語ローマ字入力でShift＋「6＆おぉ」→確定（ATOK14〜/IME2003〜）
- 仮名入力でShift＋「6＆おぉ」を押す→変換→選択（IME2003〜）
- 「あんぱさんど」（ATOK14〜/IME2003〜）または「きごう」（IME2003〜）と入力→変換→選択
- 文字パレットなどを使って入力

コード入力　JIS 2175　シフトJIS 8195
区点 00185　ユニコード 0026（全角）FF06

1　主にラテン文字（ローマ字）で表記される言語で、英語の and、フランス語の et、ドイツ語の und など、複数の事柄を同格で並べる接続詞（日本語の並立助詞「と」に当たる）に当てる記号。それぞれの言語によって and、et、und などと読む。主に次のような場合に慣用的に使われる。

Ⓐ 共同経営の事務所・会社の名称、コンビで活動する作者やアーチストの呼称、また、グループ名・社名・商品名などを表記するとき。Johnson & Johnson（会社名）、Simon & Garfunkel（フォークユニット名）、The Mamas & the Papas（1960年代のボーカルグループ）、AT&T（会社名）、J&B（ウイスキーの商品名）など。

Ⓑ 普通名詞の頭文字による略称を表記するとき。M&A（merger and acquisition 企業の合併・買収）、R&B（rhythm and blues ポピュラー音楽の一種）など。

❸ 宛名、箇条書きなど、簡単な記述の中で使うとき。“To Mr. & Mrs. Smith”（＝スミス夫妻へ）など。

2 和文での用法。語と語を同格で並べるとき、並立助詞「と」に当たる記号として使う。普通「アンド」または「エンド」と読む。

❹ カタカナ語とカタカナ語を同格で並べる。「コピー＆ペースト」「今日のニュース＆トピック」「グアム＆サイパンのトラベル情報」「ボワロー＆ナルスジャック」（フランスのミステリ合作者の日本での表記）、「ソニーケミカル&インフォメーションデバイス株式会社」（日本の会社名）など。

†「&」は日本では2002（平成14）年から商号（会社の名称）に使えるようになった。

❺ ❹の拡張用法で、広く、和語や漢語を同格で並べる。

用例 ちょうど一年前の夏の終わりに、前記三浦さんともども、憂さ晴らし＆体調改善のためのカート遊びにつきあってくださった某社の秋元直樹さん。

（綾辻行人「最後の記憶」あとがき〈2002〉）

3 HTMLなどwebページ記述用のコンピュータ言語で、そのまま入力しても画面に表示できない文字や記号を表示したいときに使われる記号。文字や記号のこうした表示法を「実体参照」といい、その記述法には、「&」と「；」の間に数字を含む文字列を入れる「数値文字参照」と、特定のキーワードを入れる「文字実体参照」とがある。たとえば「¥」は“¥”あるいは“¥”などと記述することによって、実際に「¥」として画面に表示される。

補注

1 「&」の形は、英語の and に当たるラテン語 et の合字が変化したもの。本来がラテン語 et の合字であることから、and other things（＝その他いろいろ）に当たるラテン語由来の語 et cetera（エトセトラ）を「&c.」と略記することもある。

2 呼び名の ampersand は、ラテン語 per se を使って表記した語句“& per se and”（and per se and ＝&はそれ自体で and である）の変化。「&」はかつてアルファベットの入門書の中で Z のあとに並べられていた。

3 見出しには「&」の形のみを示したが、他に「&」「&」などの形もある。

etc.

エトセトラ（ラテン et cetera）

入力方法

◆ 記号としてタイプ化されていないので、半角英数で１字ずつ打つ

1 英語・フランス語などで、物事をいくつか並べて示したあとに置き、「その他いろいろ」「……など」の意を表す。英語で and other things（＝その他いろいろ）の意となるラテン語 et cetera の略記。

用 例　We ate a lot of Japanese dishes: sushi, tempura, sukiyaki, etc.〔＝私たちはいろいろな日本料理──スシ、テンプラ、スキヤキその他──を食べた。〕

＊英語・フランス語では etc.の前に「, 」を置く。
＊＊and の意を含んでいるので “and etc.” とはしない。
＊＊＊英語では “and so on”, “and so forth” とも読む。

2 主に横書きの和文で、1 と同様に使う。カタカナで「エトセトラ」とも書くが、表記にかかわらずやや俗な用法で、改まった表現・文章では使われない。

用 例　子どものころからいろんなものを集めてきた。プラモデル、切手、マッチ箱、ミステリの本、ジャズのレコード、地図、etc.

＊物事を列挙したあと、「…etc.」とetc.の前に…を置く形も日本ではみられる。
＊＊日本では「etc」とピリオドを付けずに表記することもある。

3 日本での誤用。「エトセトラ」から「その他」の意味がなくなり、単に「あれこれ」「いろいろ」の意味に誤用される。「東京のPLAY SPOT etc.」など。

変体仮名・合字一覧

変体仮名…普通の平仮名とは異なる、昔の仮名
合字…２字の仮名・漢字を１字で表した字

etc.
13
準文字

索　引

名称索引

＊この索引の使い方

Ⅰ　本文の項目で見出しにかかげたすべての名称を50音順に配列しました。

Ⅱ　太字は代表的な名称として見出しの最初にかかげたものを示します。

あ行

アキュートアクセント　´　132
アクサンシルコンフレックス　ˆ　134
アクサンテギュ　´　132
アクサングラーブ　`　133
アスタリスク　＊　165
アスタリズム　⁂　168
アステ　＊　165
アステリ　＊　165
アステリスク　＊　165
アステリズム　⁂　168
アット　@　214
アットサイン　@　214
アットマーク　@　214
アポ　’　38
アポストロフ　’　38
アポストロフィ　’　38
あまだれ　雨だれ　！　32
あまだれふたつ　雨だれ二つ　‼　35
あまだれみっつ　雨だれ三つ　!!!　36
アングルクォーテーションマーク　〈　〉‹　›　94
アングルブラケット　〈　〉‹　›　94
アンダースコア　＿　147
アンダーバー　＿　147
アンダーライン　＿　147
アンダライン　＿　147
アンド　&　284
アンドサイン　&　284
アンパサンド　&　284
いおりてん　庵点　〽　173
いげた　井桁　＃　220
イコール　＝　238
いちじゅうかぎ　一重かぎ　「　」　74
いちじゅうギュメ　一重ギュメ　〈　〉‹　›　94
いちのじてん　一の字点　ヽ　ヾ　116
いちのじてん　一の字点（平仮名用）　ゝ　ゞ　117
インタロゲーションポイント　？　29
インタロゲーションマーク　？　29
インテグラル　∫　247
インデックス　☞☜　161
インフィニティ　∞　248
いんようかっこ　引用括弧　「　」　74
いんようがっこ　引用括弧　『　』　78
いんようふ　引用符　“　”　107
いんようふ　引用符　‘　’　111
いんようふごう　引用符号　“　”　107
いんようふごう　引用符号　‘　’　111
ウェイビーダッシュ　〰　71
ウェーブダッシュ　〜　67
ウェッジ　ˇ　139
うえはんくろまる　上半黒丸　◓　197
うえやじるししたやじるし　上矢印下矢印　⇅　158
うけチョボ　受けチョボ　、　12
うけまる　受けまる　。　11
うたきごう　歌記号　〽　173
うたひっかけ　歌引っかけ　〽　173
うたふごう　歌符号　〽　173
ウムラウト　¨　135
うわむきカーブやじるし　上向きカーブ矢印　⤴　156
うわむきくろさんかく　上向き黒三角　▲　182
うわむきさんかく　上向き三角　△　182
▲　182
うわむきしろさんかく　上向き白三角　△　182
うわむきやじるし　上向き矢印　↑　152
えいアクセント　鋭アクセント　´　132
えいきごう　嬰記号　♯　226
エクスクラメーションポイント　！　32
エクスクラメーションマーク　！　32

エスクード　$ ―― 276
エトセトラ　etc. ―― 285
えん　円　¥ ―― 275
えんきごう　円記号　¥ ―― 275
えんしゅうりつきごう　円周率記号　Π　π ―― 249
エンター　⏎　↵ ―― 160
エンド　& ―― 284
えんマーク　円マーク　¥ ―― 275
おおがえし　大返し　〱　〲 ―― 118
オーバースコア　‾ ―― 149
オーバーバー　‾ ―― 149
オーバーライン　‾ ―― 149
オーム　Ω　ω ―― 274
オクトソープ　♯ ―― 220
おす　雄　♂ ―― 264
おすきごう　雄記号　♂ ―― 264
おたまじゃくし　♪ ―― 224
おときり　音切り　’ ―― 38
おとこ　男　♂ ―― 264
おなじ　同じ　々 ―― 119
おなじく　同じく　〃 ―― 121
おなじくきごう　同じく記号　〃 ―― 121
オベリスク　† ―― 168
オメガ　Ω　ω ―― 274
および　∧ ―― 253
おんせんマーク　温泉マーク　♨ ―― 210
おんな　女　♀ ―― 265
おんびき　音引き　ー ―― 126
おんぷ　音符　♪ ―― 224

か行

カーリーブラケット　{ } ―― 101
かいじょう　階乗　! ―― 263
かぎ　「 」 ―― 74
かぎかっこ　鉤括弧　「 」 ―― 74
かく　角　∠ ―― 250
かくがっこ　角括弧　〔 〕 ―― 88
かくがっこ　角括弧　[ ] ―― 92
かける　掛ける　× ―― 235
かげんさんきごう　加減算記号　± ―― 245
かごう　加号　＋ ―― 231
かさねかんたんふ　重ね感嘆符　‼ ―― 35
かさねぎもんふ　重ね疑問符　⁇ ―― 32
かさんきごう　加算記号　＋ ―― 231
かせん　下線　＿ ―― 147
かたかっこ　片括弧　) ―― 86
カタカナおくり　カタカナ送り　ヽ　ヾ ―― 116
カタカナがえし　カタカナ返し　ヽ　ヾ ―― 116
カタカナくりかえしふごう　カタカナ繰り返し符号
ヽ　ヾ ―― 116
カタカナミドルドット　・ ―― 18
かつ　∧ ―― 253
かつ　且つ　∩ ―― 255
かっこ　括弧　「 」 ―― 74
かっこ　括弧　( ) ―― 81
がっぺいしゅうごう　合併集合　∪ ―― 255
かまたはげん　加または減　± ―― 245
かめのこがっこ　亀の子括弧　【 】 ―― 103
かんくり　漢くり　々 ―― 119
かんじおくり　漢字送り　々 ―― 119
かんじがえし　漢字返し　々 ―― 119
かんたんぎもんふ　感嘆疑問符　!? ―― 36
かんたんしゅうじぎもんふ　感嘆修辞疑問符
?! ―― 36
!? ―― 36
かんたんふ　感嘆符　! ―― 32
かんたんふふたつ　感嘆符二つ　‼ ―― 35
かんたんふみっつ　感嘆符三つ　!!! ―― 36
カンマ　, ―― 25
きっこう　亀甲　〔 〕 ―― 88
きっこうかっこ　亀甲括弧　〔 〕 ―― 88
きっこうパーレン　亀甲パーレン　〔 〕 ―― 88
ギメ　〈 〉 ‹ › ―― 94
ギメ　《 》 « » ―― 98
ぎもんかんたんふ　疑問感嘆符　?! ―― 36
ぎもんふ　疑問符　? ―― 29
ぎもんふふたつ　疑問符二つ　⁇ ―― 32
ぎゃくかんたんふ　逆感嘆符　¡ ―― 38
ぎゃくぎもんふ　逆疑問符　¿ ―― 37
ぎゃくくろさんかく　逆黒三角　▼ ―― 185
ぎゃくさんかく　逆三角　▽ ―― 185
▼ ―― 185
ぎゃくさんかくけい　逆三角形　▽ ―― 185
▼ ―― 185
ぎゃくしゃせん　逆斜線　＼ ―― 42

ぎゃくしろさんかく 逆白三角 ▽ — 185
ぎゃくスラッシュ 逆スラッシュ ＼ — 42
ぎゃくまんじ 逆まんじ 卐 — 209
キャロン ˇ — 139
ギュメ 〈 〉‹ › — 94
ギュメ 《 》« » — 98
きょうつうしゅうごう 共通集合 ∩ — 255
ぎょうとうきごう 行頭記号 • — 198
きょくせつアクセント 曲折アクセント ˆ — 134
クエスチョンマーク ？ — 29
クォーテーション “ ” — 107
クォーテーション ‘ ’ — 111
クォーテーションマーク “ ” — 107
クォーテーションマーク ‘ ’ — 111
くさびがたかっこ 楔形括弧 〈 〉‹ › — 94
くてん 句点 。 — 11
くのじてん くの字点 〱 〲 — 118
クラブ ♣♧ — 205
くりかえし 々 — 119
グレーターザン ＞ — 241
グレーブアクセント ˋ — 133
くろうろこ 黒うろこ ▲ — 182
くろきっこう 黒きっこう 【 】 — 103
くろさんかく 黒三角 ▲ — 182
くろしかく 黒四角 ■ — 181
クロスハッチ ＃ — 220
くろてん 黒点 • — 198
くろひしがた 黒菱形 ◆ — 177
くろぼし 黒星 ★ — 174
くろぼし 黒星 ● — 192
くろまる 黒丸 • — 18
くろまる 黒丸 ● — 192
くろまるじるし 黒丸印 ● — 192
けい 径 ⌀ — 263
げた 下駄 〓 — 206
げたきごう 下駄記号 〓 — 206
げんごう 減号 − — 233
げんさんきごう 減算記号 − — 233
げんでない 元でない ∉ — 260
けんてん（くろてん） 圏点（黒点） ・・・ — 143
けんてん（ゴマてん） 圏点（ゴマ点） ､､､ — 142
けんてん（そのた） 圏点（その他）
○○○ ◎◎◎ ●●●
△△△ ▲▲▲ — 144
げんとしてふくまない 元として含まない ∌ — 260
げんとしてふくむ 元として含む ∋ — 259
げんのひてい 元の否定 ∉ — 260
げんのひてい 元の否定 ∌ — 260
けんひょう 剣標 † — 168
げんまたはか 減または加 ∓ — 246
こ 弧 ⌒ — 252
ごうせつ 合接 ∧ — 253
ごうどう 合同 ≡ — 252
こうもり ｛ ｝ — 101
ゴシックパーレン 【 】 — 103
こと ヿ — 283
コピーライトきごう コピーライト記号 © — 215
コピーライトサイン © — 215
コマーシャルアット ＠ — 214
ごまてん ごま点 、 — 12
こめ ※ — 170
こめじるし 米印 ※ — 170
コロン ： — 26
こんごう 根号 √ — 237
こんぺいとう ＊ — 165
コンマ ， — 25

さ行

サーカムフレックスアクセント ˆ — 134
サウンドレコーディングコピーライト ℗ — 217
さかさくらげ 逆さくらげ ♨ — 210
さんかく 三角 △ — 182
▲ — 182
さんかくかっこ 三角括弧 〈 〉‹ › — 94
さんかくけい 三角形 △ — 182
▲ — 182
さんかくコロン 三角コロン ː — 140
さんじゅうかんたんふ 三重感嘆符 !!! — 36
さんしょう 参照 ☞ — 161
さんしょうふごう 参照符号 ¶ — 172
さんてんリーダ 三点リーダ … — 64
さんてんリーダー 三点リーダー … — 64
さんれんてん 三連点 … — 64
しかく 四角 □ — 179
しかくけい 四角形 □ — 179

シグマ　Σ　σ　∑　246
しじマーク　指示マーク　☞☜　161
しずく　！　32
しせき・めいしょう・てんねんきねんぶつ
史跡・名勝・天然記念物　∴　210
したがって　∵　258
したはんくろまる　下半黒丸　◒　197
したむきカーブやじるし　下向きカーブ矢印　⤵　156
したむきくろさんかく　下向き黒三角　▼　185
したむきさんかく　下向き三角　▽　185
▼　185
したむきしろさんかく　下向き白三角　▽　185
したむきやじるし　下向き矢印　↓　152
シディラ　¸　136
しめ　〆　282
シャープ　♯　226
シャープきごう　シャープ記号　♯　226
しゃせん　斜線　／　39
じゃのめ　蛇の目　◉　⊙　196
しゅうしふ　終止符　.　22
じゅうてん　重点　：　26
しょうかっこ　小括弧　（　）　81
じょうざんきごう　乗算記号　×　235
しょうしゃせん　小斜線　／　39
しょうなり　小なり　＜　240
しょうなりイコール　小なりイコール　≦　243
しょうひょうきごう　商標記号　™　217
しょうりゃくふ　省略符　’　38
ショートアンド　&　284
じょさんきごう　除算記号　÷　237
じょせい　女性　♀　265
しろうろこ　白うろこ　△　182
しろくろ　白黒　◐　197
◑　197
◒　197
◓　197
しろごま　白ごま　﹆　17
しろごまてん　白ごま点　﹆　17
しろさんかく　白三角　△　182
しろしかく　白四角　□　179
しろてん　白点　﹆　17
しろビュレット　白ビュレット　◦　199
しろぬきすみつきかっこ　白抜き隅付き括弧
〖　〗　105
しろぬきすみつきパーレン　白抜き隅付きパーレン
〖　〗　105
しろぬきやじるし　白抜き矢印　⇨⇦⇧⇩　159
しろひしがた　白菱形　◇　177
しろぼし　白星　☆　174
しろぼし　白星　○　188
しろまる　白丸　○　188
しろやじるし　白矢印　⇨⇦⇧⇩　159
シングルいんようふ　シングル引用符　‘　’　111
シングルクォーテーション　‘　’　111
シングルクォーテーションマーク　‘　’　111
シングルクォート　‘　’　111
しんぶぶんしゅうごう　真部分集合　⊂　⊃　261
すいちょく　垂直　⊥　251
スクエアブラケット　［　］　92
スター　＊　165
スター　☆★　174
スペード　♠♤　202
すべての　全ての　∀　262
すみつきかっこ　隅付き括弧　【　】　103
すみつきかっこ（しろ）　隅付き括弧（白）
〖　〗　105
すみつきパーレン　隅付きパーレン　【　】　103
スラッシュ　／　39
スワングダッシュ　～　67
せいごう　正号　＋　231
せいひょう　星標　＊　165
せいふごう　正符号　＋　231
せいまたはふふごう　正又は負符号　±　245
セカンド　″　270
セカンドふごう　セカンド符号　″　270
せきしゅうごう　積集合　∩　255
せきぶんきごう　積分記号　∫　247
セクション　§　172
せつきごう　節記号　§　172
せつじふ　接辞符　-　59
せつひょう　節標　§　172
セディーユ　¸　136
セディラ　¸　136
セミコロン　；　28
ぜんかくダッシュ　全角ダッシュ　—　48
ぜんかくNO　全角NO　№　219

ぜんかくにじゅうダッシュ 全角二重ダッシュ ＝ ― 56
せんげんきごう 選言記号 ∨ ― 254
ぜんしょうきごう 全称記号 ∀ ― 262
セント ¢ ― 277
セントきごう セント記号 ¢ ― 277
せんぶんひ 千分比 ‰ ― 272
せんぶんりつ 千分率 ‰ ― 272
そうけい 双罫 ＝ ― 56
そうじ 相似 ∽ ― 253
そうちゅう 双柱 ‖ ＝ ― 44
そうちゅう 双柱 ‖ ― 251
＝ ― 56
そうにゅうふ 挿入符 （ ） ― 81
そうわきごう 総和記号 Σ σ Σ ― 246
ぞくさない 属さない ∉ ― 260
ぞくする 属する ∈ ― 259
そでかっこ 袖括弧 〔 〕 ― 88
ソリダス ／ ― 39
そんざいきごう 存在記号 ∃ ― 262
そんざいげんていし 存在限定子 ∃ ― 262
そんざいする 存在する ∃ ― 262

た行

ダーシ ― ― 48
ダイア ◆◇ ― 204
ダイア ⌀ ― 263
だいかっこ 大括弧 ［ ］ ― 92
だいなり 大なり ＞ ― 241
だいなりイコール 大なりイコール ≧ ― 243
ダイヤ ◆◇ ― 204
ダガー † ― 168
たかのつめ 鷹の爪 〃 ― 106
だくおんぷ 濁音符 ゛ ― 129
だくてん 濁点 ゛ ― 129
たす 足す ＋ ― 231
ダッシュ ― ― 48
ダッシュ ′ ― 268
たてせん 縦線 ｜ ― 43
ダブルアングルクォーテーションマーク
《 》« » ― 98
ダブルアングルブラケット 《 》« » ― 98
ダブルインテグラル ∬ ― 248
ダブルいんようふ ダブル引用符 “ ” ― 107
ダブルかんたんふ ダブル感嘆符 ‼ ― 35
ダブルぎもんふ ダブル疑問符 ⁇ ― 32
ダブルクォーテーション “ ” ― 107
ダブルクォーテーションマーク “ ” ― 107
ダブルクォート “ ” ― 107
ダブルクロスマーク ＃ ― 220
ダブルダガー ‡ ― 170
ダブルだれ ?! ― 36
!? ― 36
ダブルハイフン ＝ ― 62
ダブルプライム ″ ― 270
ダブルミニュート 〃 ― 106
ダラー ＄ ― 276
たんいあたり 単位あたり ＠ ― 214
たんおんぷ 短音符 ˘ ― 138
たんかきごう 単価記号 ＠ ― 214
たんけんふ 短剣符 † ― 168
たんけんひょう 短剣標 † ― 168
だんせい 男性 ♂ ― 264
たんちゅう 単柱 ― ― 48
だんらくきごう 段落記号 ¶ ― 172
だんらくひょう 段落標 ¶ ― 172
チェック ✓ ― 218
チェックきごう チェック記号 ✓ ― 218
チェックじるし ✓ ― 218
チェックマーク ✓ ― 218
ちゅう 注 ＊ ― 165
ちゅうかっこ 中括弧 ｛ ｝ ― 101
ちょう 長 ː ― 140
ちょうおんきごう 長音記号 ー ― 126
ちょうおんきごう 長音記号 ː ― 140
ちょうおんふ 長音符 ー ― 126
ちょうおんふごう 長音符号 ー ― 126
ちょうおんふごう 長音符号 ¯ ― 137
ちょうおんふごう 長音符号 ː ― 140
ちょさくけんきごう 著作権記号 © ― 215
ちょさくけんひょうじきごう 著作権表示記号
© ― 215
ちょさくけんマーク 著作権マーク © ― 215
ちょっかく 直角 ∟ ― 250
ちょっけい 直径 ⌀ ― 263

ちょっけいきごう 直径記号 ⌀ 263
ちょぼ 、 12
ちょんちょん 〃 121
ちょんちょんがっこ ちょんちょん括弧 〝〟 106
チルダ ~ 136
チルド ~ 136
ツーダッシュ ″ 270
つなぎ - 59
つなぎてん つなぎ点 - 59
つなぎふ つなぎ符 - 59
つねにひとしい 常に等しい ≡ 252
ディットー 〃 121
ディットマーク 〃 121
ティルダ ~ 136
ティルデ ~ 136
ティルド ~ 136
デグリー ° 268
〜でない ¬ 256
てん 点 、 12
てんコンマ 点コンマ ； 28
てんてん … 64
てんてん ‥ 67
てんてん ゛ 129
でんぽうパーレン 電報パーレン 【 】 103
でんわマーク 電話マーク ☎ 207
ど 度 ° 268
どう 仝 122
とうごう 等号 ＝ 238
とうごうひてい 等号否定 ≠ 240
どうしゅつ 導出 ⇒ 256
どうち 同値 ⇔ 257
どうち 同値 ≡ 252
とうちかんたんふ 倒置感嘆符 ¡ 38
とうちぎもんふ 倒置疑問符 ¿ 37
とうてん 読点 、 12
どうとう 同等 ↔ ↕ 157
どうとう 同等 ⇔ 257
どうのじてん 同の字点 々 119
とうりつかんたんふ 倒立感嘆符 ¡ 38
とうりつぎもんふ 倒立疑問符 ¿ 37
とうろくしょうひょうきごう 登録商標記号 ® 216
とうろくしょうひょうマーク 登録商標マーク ® 216
とじかっこ 閉じ括弧 ） 86
ドット . 22
とりいマーク 鳥居マーク ⛩ 209
ドル $ 276
ドルきごう ドル記号 $ 276
トレードマーク ™ 217
トレードマークサイン ™ 217
トレマ ¨ 135

な行

なかぐろ 中黒 ・ 18
なかせん 中線 — 48
なかてん 中点 ・ 18
なかぽち 中ぽち ・ 18
なかぽつ 中ぽつ ・ 18
なぜならば 何故ならば ∵ 258
ナチュラル ♮ 227
ナチュラルきごう ナチュラル記号 ♮ 227
ななめやじるし 斜め矢印 ↗ 155
↘ 155
↖ 155
↙ 155
なみ 波 〜 67
なみがた 波形 〜 67
なみかっこ 波括弧 { } 101
なみダーシ 波ダーシ 〜 67
なみダッシュ 波ダッシュ 〜 67
ならば ⇒ 256
なると 鳴門 @ 214
なんとなれば ∵ 258
ナンバー № 219
ナンバーサイン # 220
ナンバーきごう ナンバー記号 # 220
ニアリーイコール ≒ 239
にごりてん 濁り点 ゛ 129
にじゅういんようふ 二重引用符 “ ” 107
にじゅうかいじょう 二重階乗 !! 263
にじゅうかぎ 二重かぎ 『 』 78
にじゅうかぎかっこ 二重鉤括弧 『 』 78
にじゅうかっこ 二重括弧 (( )) 87
にじゅうかんたんふ 二重感嘆符 !! 35
にじゅうきっこう 二重亀甲 〘 〙 92

にじゅうぎもんふ 二重疑問符 ?? ―― **32**
にじゅうギュメ 二重ギュメ 《 》« » ―― 98
にじゅうせきぶんきごう 二重積分記号 ∬ **248**
にじゅうダーシ 二重ダーシ ═ ―― 56
にじゅうダッシュ 二重ダッシュ ═ ―― **56**
にじゅうたてせん 二重縦線 ‖ ―― **44**
にじゅうたんけんひょう 二重短剣標 ‡ ―― 170
にじゅうたんけんふ 二重短剣符 ‡ ―― 170
にじゅうてん 二重点 : ―― 26
にじゅうパーレン 二重パーレン ⸨ ⸩ ―― **87**
にじゅうハイフン 二重ハイフン ゠ ―― **62**
にじゅうひっかけ 二重ひっかけ 『 』 ―― 78
にじゅうまる 二重丸 ◎ ―― **194**
にじゅうまるかっこ 二重丸括弧 ⸨ ⸩ ―― 87
にじゅうやまがた 二重山形 《 》« » ―― 98
にじゅうやまかっこ 二重山括弧 《 》« » **98**
にじゅうやまかっこいんようきごう
二重山括弧引用記号 《 》« » ―― 98
にじゅうやまパーレン 二重山パーレン
《 》« » ―― 98
にじゅうよこせん 二重横線 ═ ―― **44**
について @ ―― 214
にてんリーダ 二点リーダ ‥ ―― 67
にてんリーダー 二点リーダー ‥ ―― **67**
にのじおくり 二の字送り 〻 ―― 120
にのじてん 二の字点 〻 ―― **120**
にばいおくり 二倍送り 〱 〲 ―― 118
にぶんダーシ 二分ダーシ – ―― 55
にぶんダッシュ 二分ダッシュ – ―― **55**
にぶんなかせん 二分中線 – ―― 55
にぶんにじゅうそうけい 二分二重双罫 ═ ―― 58
にぶんにじゅうダーシ 二分二重ダーシ ═ ―― 58
にぶんにじゅうダッシュ 二分二重ダッシュ ═ **58**
にほんしずく 二本しずく ‼ ―― 35
にょろにょろ 〜 ―― 67
にれんてん 二連点 ‥ ―― 67
ヌメロサイン № ―― 219
ねこのつめ 猫の爪 〃 ―― 106
ノットイコール ≠ ―― 240
ノットサイン ¬ ―― 256
ノノかぎ 〃 ―― 106
ノのじてん ノの字点 〃 ―― 121
ノノてん ノノ点 〃 ―― **121**
ノマてん ノマ点 々 ―― 119

は行

パー % ―― 271
パーセント % ―― **271**
パーセントきごう パーセント記号 % ―― 271
パーセントサイン % ―― 271
ハーチェク ˇ ―― **139**
ハート ♥ ♡ ―― **203**
パーミル ‰ ―― **272**
パーミルきごう パーミル記号 ‰ ―― 272
パーミルサイン ‰ ―― 272
パーレン パーレン ( ) ―― **81**
パイ Π π ―― **249**
パイ ø ―― 263
パイプライン | ― ―― 43
ハイフン - ―― **59**
パウンドサイン # ―― 220
はこパーレン 箱パーレン [ ] ―― 92
はしまる 端まる 。 ―― 11
はじょうダッシュ 波状ダッシュ 〰 ―― **71**
はちぶおんぷ 八分音符 ♪ ―― **224**
ばつ × ―― **200**
バックスラッシュ ＼ ―― **42**
ハッシュ # ―― 220
ばってん 罰点 × ―― 200
ハット ˆ ―― 134
はてなマーク ? ―― 29
パラグラフ ¶ ―― 172
パラレル ∥ ‖ ―― 251
はんかくダッシュ 半角ダッシュ – ―― 55
はんかくにじゅうダッシュ 半角二重ダッシュ
= ―― 58
はんかっこ 半括弧) ―― **86**
はんくろまる 半黒丸 ◐ ―― **197**
◑ ―― **197**
◒ ―― **197**
◓ ―― **197**
ばんごうきごう 番号記号 # ―― **220**
ばんごうふ 番号符 # ―― 220
はんだくおんぷ 半濁音符 ゜ ―― 130
はんだくてん 半濁点 ゜ ―― **130**

はんにじゅうくてん 半二重句点 ； 28
ひく 引く ― 233
ひげかっこ ひげ括弧 〝〟 106
ひし ◇ ◆ 177
ひしがた 菱形 ◇ ◆ 177
ひじょうにおおきい 非常に大きい ≫ 244
ひじょうにちいさい 非常に小さい ≪ 244
ひだりうえむきやじるし 左上向き矢印 ↖ 155
ひだりくろさんかく 左黒三角 ◀ 187
ひだりしたむきやじるし 左下向き矢印 ↙ 155
ひだりしろさんかく 左白三角 ◁ 187
ひだりはんくろまる 左半黒丸 ◐ 197
ひだりまんじ 左まんじ 卍 208
ひだりむきくろさんかく 左向き黒三角 ◀ 187
ひだりむきさんかく 左向き三角 ◁ 187
ひだりむきやじるし 左向き矢印 ← 152
ひだりやじるしみぎやじるし 左矢印右矢印 ⇆ 158
ひっかけ 「 」 74
びっくりマーク ！ 32
ひてい 否定 ¬ 256
ひとえかぎ 「 」 74
ひとしからず 等しからず ≠ 240
ひとつてん 一つ点 ゝ ゞ 117
ひとつてん 一つ点 ヽ ヾ 116
ひゃくぶんひ 百分比 ％ 271
ひゃくぶんりつ 百分率 ％ 271
ビュレット • 198
びょう 秒 ″ 270
びょうさせつきごう 錨鎖節記号 § 172
ひらがなおくり 平仮名送り ゝ ゞ 117
ひらがながえし 平仮名返し ゝ ゞ 117
ひらがなくりかえしふごう 平仮名繰り返し符号 ゝ ゞ 117
ピリオド . 22
ぴりぴり ζ 120
ピルクロウ ¶ 172
ひれい 比例 ∝ 249
ファイ ø 263
フィスト ☞ ☜ ☝ ☟ 161
フェミニン ♀ 265
ふくごう 複号 ± 245
ふくごう 複号 ∓ 246
ふくふごう 複符号 ± 245
ふくふごう 複符号 ∓ 246
ふくまれる 含まれる ⊆ ⊇ 261
ふくまれる 含まれる ⊂ ⊃ 261
ふくむ 含む ⊆ ⊇ 261
ふくむ 含む ⊂ ⊃ 261
ふくろかぎかっこ 袋かぎ括弧 『 』 78
ふごう 負号 − 233
ふせじ 伏せ字 〓 206
ふたえかぎ 『 』 78
ふたえかっこ ふたえ括弧 《 》 87
ふたえまるかっこ ふたえ丸括弧 ⦅ ⦆ 87
ふたつあまだれ 二つ雨だれ ‼ 35
ふたつみみ 二つ耳 ⁇ 32
ふたつみみだれ 二つ耳だれ ⁇ 32
ふつうげんていし 普通限定子 ∀ 262
ふとうごう（よりしょう） 不等号（より小） ＜ 240
ふとうごう（よりだい） 不等号（より大） ＞ 241
ふときっこう 太きっこう 【 】 103
ふふごう 負符号 − 233
ぶぶんしゅうごう 部分集合 ⊆ ⊇ 261
ふまたはせいふごう 負又は正符号 ∓ 246
プライム ′ 268
プライムふごう プライム符号 ′ 268
ブラケット ［ ］ 92
プラス ＋ 231
プラスマイナス ± 245
フラット ♭ 226
フラットきごう フラット記号 ♭ 226
フラン ₣ 278
フランきごう フラン記号 ₣ 278
フランスパーレン 〈 〉 ‹ › 94
ブリーブ ˘ 138
ブリット • 198
フルストップ . 22
ブレーヴェ ˘ 138
ブレース ｛ ｝ 101
ブレット • 198
プロミル ‰ 272
ふん 分 ′ 268
ぶんおんきごう 分音記号 ¨ 135
ぶんおんぷ 分音符 ¨ 135
ぶんかつせん 分割線 ／ 39

へいこうふ 平行符 // ‖ ― **251**
ぺけ × ― 200
ペソ $ ― 276
へんきごう 変記号 ♭ ― 226
ぼう 棒 ― ― 48
ぼうせん 傍線 | ― 145
ぼうてん 傍点 、、、 ― 142
・・・ ― 143
○○○ ◎◎◎ ●●●
△△△ ▲▲▲ ― 144
ぼうびき 棒引き ー ― 126
ほし 星 ＊ ― 165
※ ― 170
☆ ★ ― 174
ほしがた 星形 ☆ ★ ― 174
ほしじるし 星印 ＊ ― 165
※ ― 170
☆ ★ ― 174
ぽち ・ ― 18
ぽつ ・ ― 18
ほとんどひとしい ほとんど等しい ≒ ― 239
ほぼひとしい ほぼ等しい ≒ ― 239
ほんいきごう 本位記号 ♮ ― 227
ポンド £ ― 277
ポンドきごう ポンド記号 £ ― **277**

ま行

マースきごう マース記号 ♂ ― 264
マイクロ µ μ ― **273**
マイクロきごう マイクロ記号 µ μ ― 273
マイナス － ― 233
マイナスプラス ∓ ― 246
まがりやじるし 曲がり矢印 ⤴ ― **156**
⤵ ― **156**
まがりやじるしあがる 曲がり矢印上がる ⤴ 156
まがりやじるしさがる 曲がり矢印下がる ⤵ 156
マクロン ¯ ― **137**
ます ⍁ ― **282**
ますがた 枡形 ⍁ ― 282
ますきごう ます記号 ⍁ ― 282
マスキュラ ♂ ― 264
または 又は ∨ ― 254
または 又は ∪ ― **255**
まる 丸 。 ― 11
° ― 130
○ ― 188
ø ― 263
まるR 丸R ® ― 216
まるかっこ 丸括弧 （ ） ― 81
まるC 丸C © ― 215
まるじるし 丸印 ○ ― 188
まるP 丸P ℗ ― **217**
まるまる ◎ ― 194
まんじ 卍 卍字 卍 ― **208**
まんじ 卐 ― 209
まんぶんひ 万分比 ‱ ― 272
まんぶんりつ 万分率 ‱ ― **272**
みぎうえむきやじるし 右上向き矢印 ↗ ― 155
みぎくろさんかく 右黒三角 ▶ ― **187**
みぎしたむきやじるし 右下向き矢印 ↘ ― 155
みぎしろさんかく 右白三角 ▷ ― **187**
みぎはんくろまる 右半黒丸 ◑ ― 197
みぎまんじ 右卍 右卍字 卐 ― **209**
みぎむきくろさんかく 右向き黒三角 ▶ ― 187
みぎむきさんかく 右向き三角 ▷ ― 187
みぎむきやじるし 右向き矢印 → ― 152
みぎやじるしひだりやじるし 右矢印左矢印
⇄ ― **158**
ミクロン µ μ ― 273
みっつあまだれ 三つ雨垂れ !!! ― 36
みっつしずく 三つしずく !!! ― 36
みつば 三つ葉 ♣♧ ― 205
みつぼしじるし 三つ星印 ⁂ ― 168
ミドルドット ・ ― 18
ミニット ′ ― 268
ミニュート ′ ― 268
みみ 耳 ? ― 29
みみしずく 耳しずく ?! !? ― 36
みみだれ 耳だれ ? ― 29
みみだれふたつ 耳だれ二つ ?? ― 32
ミュー µ μ ― 273
むげんだい 無限大 ∞ ― **248**
めす 雌 ♀ ― **265**
めすきごう 雌記号 ♀ ― 265

や行

やじるし 矢印 →←↑↓ —— **152**
やまかぎ 山鉤 〈 〉‹ › —— 94
やまがた 山形 〈 〉‹ › —— 94
やまがたかっこ 山形括弧 〈 〉‹ › —— 94
やまかっこ 山括弧 〈 〉‹ › —— **94**
やまパーレン 山パーレン 〈 〉‹ › —— 94
ゆうびんきごう 郵便記号 〒 —— **206**
ゆうびんマーク 郵便マーク 〒 —— 206
ユーロ € —— 278
ユーロきごう ユーロ記号 € —— **278**
ゆえに 故に ∴ —— **258**
ゆすりてん 揺すり点 ζ —— 120
ゆびさしきごう 指差し記号 ☞☜ —— 161
ようおんぷ 揚音符 ´ —— 132
ようそのひてい 要素の否定 ∉ —— 260
∌ —— 260
よくおんぷ 抑音符 ` —— 133
よこせん 横線 — —— **43**
よつびし 四つ菱 ❖ —— **178**
よつわりびし 四つ割り菱 ❖ —— 178
より ゟ —— **283**
よりおおきい より大きい ＞ —— 241
よりおおきいかまたはひとしい
より大きいか又は等しい ≧ —— **243**
よりちいさい より小さい ＜ —— 240
よりちいさいかまたはひとしい
より小さいか又は等しい ≦ —— **243**

ら行

りせつ 離接 ∨ —— **254**
リターン ⏎ ↵ —— 160
リターンきごう リターン記号 ⏎ ↵ —— **160**
リバースソリダス ＼ —— 42
りょうだれ 両だれ ?! !? —— 36
りょうやじるし 両矢印 ↔ ↕ —— **157**
りょうやじるし 両矢印 ⇔ —— 257
ルート √ —— 237
ルートきごう ルート記号 √ —— 237
レジスタードサイン ® —— 216
レジスタードトレードマーク ® —— 216
レジスタードマーク ® —— 216
レジスターマーク ® —— 216
レジストきごう レジスト記号 ® —— 216
レジストレーションシンボル ® —— 216
レスザン ＜ —— 240
レてん レ点 ✓ —— 218
れんげんきごう 連言記号 ∧ —— 253
れんこうつきじゅうろくぶおんぷ
連桁付き十六分音符 ♬ —— **225**
れんこうつきはちぶおんぷ
連桁付き八分音符 ♫ —— **224**
れんじふ 連辞符 - —— 59
ローライン ＿ —— 147
ろんりせき 論理積 ∧ —— 253
ろんりほうがん 論理包含 ⇒ —— 256
ろんりわ 論理和 ∨ —— 254

わ行

わきせん 脇線 ｜ —— 145
わきてん 脇点 、、、 —— 142
・・・ —— 143
○○○ ◎◎◎ ●●●
△△△ ▲▲▲ —— 144
わしゅうごう 和集合 ∪ —— 255
わりびし 割り菱 ❖ —— 178
わる 割る ÷ —— 237
ワンダッシュ ′ —— 268

アルファベット

Cきごう C記号 © —— 215
JISマーク 〄 —— **218**
Pひょうじ P表示 ℗ —— 217
Pマーク ℗ —— 217
TMきごう TM記号 ™ —— 217
TMマーク ™ —— 217

形態索引

＊この索引の使い方

Ⅰ　本文で項目として立てた記号・符号・しるしを形から引くための索引です。名称を知りたいときや、形の似た記号（符号・しるし）を探したいときに使ってください。

Ⅱ　この索引は次のように構成されています。

a．それぞれの記号（符号・しるし）の形態上の要素を取り出し、共通の要素をもつ記号（符号・しるし）をグループにまとめてあります。

b．指標とした要素は「・」「＼」「／」「—」「｜」「(」「○」「△」「□」の９種です。〔「(」は曲線の要素を意味しています。「,」は「・」に含めました。〕

c．検索の便を考え、「・」「＼」「／」「—」「｜」「(」については、“単一要素”“「—」＋「｜」”などのように、その下位にさらに区分を設けました。

〈例〉「≡」（合同）は「—」の要素だけで他の要素をもたないので、「—」の“単一要素”の区分に置かれる。また、「±」（正または負符号）は「—」と「｜」の要素からなるので、“「—」＋「｜」”の区分に置かれる。

d．４つ以上の要素から構成される記号（符号・しるし）は“＋複合要素”という区分を設け、そこにまとめました。

〈例〉「⇨」は「—」「｜」「＼」「／」の４つの要素に分解されることから、「—」「｜」「＼」「／」のそれぞれで、“「—」＋複合要素”“「｜」＋複合要素”“「＼」＋複合要素”“「／」＋複合要素”の区分に置かれる。

e．「△」は「／」「＼」「—」の要素に分解され、「□」は「—」「｜」の要素に分解されますが、「△」と「□」はこの形自体を要素とし、「／」「＼」「—」「｜」のレベルまでは分解していません。

〈例〉「ː」（発音記号の長）は「／」「＼」「—」のグループには示さず、「△」のみに示している。同様、「❖」は「□」のみに示している。

f．それぞれの区分では、分解された線や点の数の少ない順に配列しています。線・点の数が同数である場合は、㋐その要素が中心要素となっているもの、㋑単一要素の中では形の小さいものの順、に配列することを原則としましたが、類義の記号（符号・しるし）との関連性を重視して配列したものもあります。

〈例〉“「＼」＋「｜」”の区分で３と数えるものでは、「↖」「↘」「↑」「↓」「＊」の順。「—」の単一要素では、「-」（ハイフン）「¯」（マクロン）「–」（二分ダッシュ）「−」（負符号）「—」（ダッシュ）…の順

Ⅲ　検索方法の具体例は次のようです。

〈例１〉「“　”」……「・」の単一要素で点・線数４の位置にある。

〈例２〉「＊」………「＼」「／」「｜」と分解できるので、「＼」「／」「｜」のどれかを見る。「＼」では下位区分“「＼」＋「／」”と“「＼」＋「｜」”に、「／」では“「／」＋「＼」”と“「／」＋「｜」”に、「｜」では“「｜」＋「＼」または「／」”にある。

〈例３〉「㉿」……「(」×４、「｜」×１と分解できる。「(」の“「(」＋「｜」”と、「｜」の“「｜」＋「(」”にある。

Ⅳ　記号（符号・しるし）の名称は、本文中の各項目で代表名としたものを挙げていますが、「→」「←」「↑」「↓」など向きによりそれぞれ異なる名称をもつ場合は、「→　右矢印〔矢印〕」のように限定的な名称を示し、あとの〔　〕で本文の見出しにある代表名を示しました。

「・」の要素

単一要素

「・」＋「／」「＼」

「・」＋「—」

「・」＋「|」

「・」＋「(」

「・」＋複合要素

「＼」の要素

単一要素

「＼」＋「・」

「＼」＋「／」

「／」の要素

「—」の要素

単一要素

「｜」の要素

単一要素

「(」（曲線）の要素

単一要素

「(」＋「・」

「(」＋「＼」または「／」

「(」＋「—」

「(」＋「|」

「(」＋「○」

「(」＋複合要素

「○」の要素

単一要素

「△」の要素

「□」の要素

付録　参考資料

第1章「くぎり符号（句読点）」、第3章「括弧類」、第4章「くりかえし符号（踊り字）」などの参考となるよう、以下の資料を掲載しました。

＊参考資料は、改行位置などを除き、できるかぎり原文の体裁に合わせて掲載しています。そのため、巻末より右開きでご覧ください。

くぎり符号の使ひ方〔句読法〕（案）

本省で編修または作成する各種の教科書・文書などの国語の表記法を統一し、その基準を示すために、

一、送りがなのつけ方（案）
二、くぎり符号の使ひ方〔句読点〕（案）
三、くりかへし符号の使ひ方〔をどり字法〕（案）
四、外国の地名・人名の書き方（案）

の四編を印刷に付した。この案はその一つである。
諸官庁をはじめ一般社会の用字上の参考ともなれば幸である。

（文部省教科書局調査課国語調査室）

まへがき

一、この案は、明治三十九年二月文部省大臣官房調査課草案の句読法（案）を骨子とし、これを拡充してあらたに現代口語文に適する大体の基準を定めたものである。

二、くぎり符号は、文脈をあきらかにして文の読解を正しくかつ容易ならしめようとするものである。

三、くぎり符号は、左のごとき約二十種の中から、その文の内容と文体とに応じて適当に用ひる。

(一)主として縦書きに用ひるもの

（1）マル（句点）　。
（2）テン（読点）　、
（3）ナカテン　・
（4）ナカセン　―又は―
（5）テンテン　……又は…
　　テンセン　………
（6）カギ　「　」
　　フタヘカギ　『　』
（7）カッコ　（　）
　　ヨコガッコ　（　）

以下補助的なもの

（8）ツナギ　＝
　　ツナギテン　－
（9）ワキテン　、、、
（10）ワキセン　――
（11）疑問符　？
（12）感嘆符　！

(二)もつぱら横書きに用ひるもの

（1）ピリオド（トメテン）　.
（2）コンマ　,
（3）コロン（カサネテン）　:
（4）セミコロン（テンコンマ）　;
（5）引用符（カコミ）　《　》　（　）　〃　〃

以下補助的なもの

（6）ハイフン（ツナギ）　-
（7）半ガッコ　)

右、各種の符号の呼び名は、その一部は在来のもので一部は取扱上の便宜のためにあらたに定めたものである。

四、くぎり符号の適用は一種の修辞でもあるから、文の論理的なすぢみちを乱さない範囲内で自由に加減し、あるひはこの案を参考として更に他の符号を使つてもよい。

なほ、読者の年齢や知識の程度に応じて、その適用について手心を加へるべきである。

(一)主として縦書きに用ひるもの

呼び名	符号	準則	用例
(1)マル	。	一、マルは文の終止にうつ。 正序(例1)倒置(例2)述語省略(例3)など、その他、すべての文の終止にうつ。 二、「」(カギ)の中でも文の終止にはうつ(例4)。 三、引用語にはうたない(例5)。 四、引用語の内容が文の形式をなしてゐても簡単なものにはうたない(例6)。 五、文の終止で、カッコをへだてゝうつことがある(例7)。 六、附記的な一節を全部カッコでかこむ場合には、もちろんその中にマルが入る(例8)。	(1)春が来た。 (2)出た、出た、月が。 (3)どうぞ、こちらへ。 (4)「どちらへ。」 「上野まで。」 (5)これが有名な「月光の曲」です。 (6)「気をつけ」の姿勢でジーッと注目する。 (7)このことは、すでに第三章で説明した(五七頁参照)。 (8)それには応永三年云々の識語がある。(この識語のことについては後に詳しく述べる。)
(2)テン	、	一、テンは、第一の原則として文の中止にうつ(例1)。 二、終止の形をとつてゐても、その文意が続く場合にはテンをうつ(例2 3)。 たゞし、他のテンとのつり合ひ上、この場合にマルをうつこともある。(例4)。 〔附記〕この項のテンは、言はゞ、半終止符ともいふべきものであるから、将来、特別の符号(例へば「◦《シロテン》」のごときもの)が広く行はれるやうになることは望ましい。 用例の〔参照一〕は本則によるもの。また〔参	(1)父も喜び、母も喜んだ。 (2)父も喜んだ、母も喜んだ。 (3)クリモキマシタ、ハチモキマシタ、ウスモキマシタ。 (4)この真心が天に通じ、人の心をも動かしたのであらう。彼の事業はやうやく村人の間に理解されはじめた。 〔参照一〕この真心が天に通じ、人の心をも動かしたのであらう。彼の事業は…… 〔参照二〕この真心が天に通じ、人の心をも動かしたのであらう。彼の事業は……

照二）は「〇《シロテン》」を使つてみたもの。

三、テンは、第二の原則として、副詞的語句の前後にうつ（例5 6 7）。

その上で、口調の上から不必要のものを消すのである（例5における（、）のごときもの）。

〔附記〕この項の趣旨は、テンではさんだ語句を飛ばして読んでみても、一応、文脈が通るやうにうつのである。これがテンの打ち方における最も重要な、一ばん多く使はれる原則であつて、この原則の範囲内で、それ〴〵の文に従ひ適当に調節するのである（例8 9 10 11）。

なほ、接続詞、感嘆詞、また、呼びかけや返事の「はい」「いゝえ」など、すべて副詞的語句の中に入る（例12 13 14 15 16 17 18）。

四、形容詞的語句が重なる場合にも、前項の原則に準じてテンをうつ（例19 20）。

五、右の場合、第一の形容詞的語句の下だけにうつてよいことがある（例21 22）。

六、語なり、意味なりが附著して、読み誤る恐れがある場合にうつ（例23 24 25 26）。

(5) 昨夜、帰宅以来、お尋ねの件について（、）当時の日誌を調べて見ましたところ、やはり（、）そのとき申し上げた通りでありました。

(6) お寺の小僧になつて間もない頃、ある日、をしやうさんから大そうしかられました。

(7) ワタクシハ、オニガシマヘ、オニタイヂニ、イキマスカラ、

(8) 私は反対です。

(9) 私は、反対です。

(10) しかし私は、

(11) しかし、私は……

(12) 今、一例として、次の事実を報告する。

(13) また、私は……

(14) たゞ、例外として、

(15) たゞし、汽車区間を除く。

(16) おや、いらつしやい。

(17) 坊や、お出で。

(18) はい、さうです。

(19) くじやくは、長い、美しい尾をあふぎのやうにひろげました。

(20) 静かな、明るい、高原の春です。

(21) まだ火のよく通らない、生のでんぷん粒《りふ》のあるくず湯を飲んで、

(22) 村はづれにある、うちの雑木山を開墾しはじめてから、

(23) 弾き終つて、ベートーベンは、つと立ちあがつた。

(24) よく晴れた夜、空を仰ぐと、

(25) 実はその、外でもありませんが、

七、テンは読みの間《ま》をあらはす（例26　参照27）。

八、提示した語の下にうつ（例28　29）。

九、ナカテンと同じ役目に用ひるが（例30）、特にテンでなくては、かへつて読み誤り易い場合がある（例31）。

十、対話または引用文のカギの前にうつ（例32）。

十一、対話または引用文の後を「と」で受けて、その下にテンをうつのに二つの場合がある（例33　34　35）。

「といつて、」「と思つて、」などの「と」にはうたない。

「と、花子さんは」といふやうに、その「と」の下に主格や、または他の語が来る場合にはうつのである。

十二、並列の「と」「も」をともなつて主語が重なる場合には原則としてうつが、必要でない限りは省略する（例36　37　38　39）。

十三、数字の位取りにうつ（例40　41　42）。

〔附記〕現行の簿記法では例40　41のごとくうつが、わが国の計数法によれば、例41は42のごとくうつのが自然である。

(26)「かん、かん、かん。」

(27)「かん〱〱。」

(28)秋祭、それは村人にとつて最も楽しい日です。

(29)香具山《かぐやま》・畝火山《うねびやま》・耳梨山《みゝなしやま》、これを大和の三山といふ。

(30)まつ、すぎ、ひのき、けやきなど

(31)天地の公道、人倫の常経

(32)さつきの槍《やり》ヶ岳《たけ》が、「こゝまでおいで。」といふやうに、

(33)「なんといふ貝だらう。」といつて、みんなで、いろ〱貝の名前を思ひ出してみましたが、

(34)「先生に聞きに行きませう。」と、花子さんは、その貝をもつて、先生のところへ走つて行きました。

(35)「おめでたう。」「おめでたう。」と、互に言葉をかはしながら……

(36)父と、母と、兄と、姉と、私との五人で、

(37)父と母と兄と姉と私との五人で、

(38)父も、母も、兄も、姉も、

(39)父も母も兄も姉も、

(40)一、二三五

円

(41)一、二三四、五六七、八九〇

億　万

(42)一二、三四五六、七八九〇

(3)ナカテン

・

一、ナカテンは、単語の並列の間にうつ（例1　2）。

(1)まつ・すぎ・ひのき・けやきなど、

二、たゞし、右のナカテンの代りにテンをうつこともある（例3）。

三、テンとナカテンとを併用して、その対照的効果をねらふことがある（例4）。

四、主格の助詞「が」を省略した場合には、ナカテンでなくテンをうつ（例5）。

五、熟語的語句を成す場合にはナカテンをうたないのが普通である（例6 7）。

六、小数点に用ひる（例8）。

七、年月日の言ひ表はしに用ひる（例9 10）。

八、外来語のくぎりに用ひる（例11）。

九、外国人名のくぎりに用ひる（例12）。

〔附記〕外国人名の並列にはテンを用ひる（例13）。

(2) むら雲・おぼろ雲は、巻雲や薄雲・いわし雲などよりも低く、

(3) まつ、すぎ、ひのき、けやきなど、

(4) 明日、東京を立つて、静岡、浜松、名古屋、大阪・京都・神戸、岡山、広島を六日の予定で見て来ます。

(5) 米、英・仏と協商【新聞の見出し例】

(6) 英仏両国

(7) 英独仏三国

(8) 一三・五

(9) 昭和二一・三・一八

(10) 二・二六事件

(11) テーブル・スピーチ

(12) アブラハム・リンカーン

(13) ジョージ・ワシントン、アブラハム・リンカーン

(4) ナカセン

——
–

一、ナカセンは話頭をかはすときに用ひる（例1）。

二、語句を言ひさして余韻《ゐん》をもたせる場合に用ひる（例2）。

三、カギでかこむほどでもない語句を地の文と分ける場合に用ひる（例3）。

四、時間的・空間的な経過をあらはす（例4 5）。

五、時間的・空間的に「乃至」または「より——まで」の意味をあらはす（例6 7）。

(1)「それはね、——いや、もう止しませう。」

(2)「まあ、ほんとうにおかはいさうに——。」

(3) これではならない——といつて起ちあがつたのがかれであつた。

(4) 五分——十分——十五分

(5) 汽車は、静岡——浜松——名古屋——京都と、嵐の夜の闇《やみ》をついて走つてゆく。

(6) そのきゝめは、少くとも三–五週間の後でなくてはあらはれません。

(7) 上野–新橋、渋谷–築地、新宿–日比谷の電車、終夜運

		六、かるく「すなはち」の意味をあらはす（例8 9）。 七、補助的説明の語句を文中にはさんで、カッコでかこむよりも地の文に近く取扱ひたい場合に用ひる（例10 11）。 八、ニホンナカセン（＝）を短いくぎりに用ひることがある（例12）。	転 (8) この海の中を流れる大きな河――黒潮は、 (9) 心持――心理学の用語によれば情緒とか気分とか状態意識とかいふのであるが、 (10) ふと、荒城の月の歌ごゑが――あの寄宿舎の窓からもれてくるのであらう――すゞしい夜風に乗つて聞えてくる。 (11) 方法論――それは一種の比較的形態学である――は、 (12) （東京・富田幸平＝教員）
(5) テンテン テンセン	…… … ………	一、テンテンは、ナカセンと同じく、話頭をかはすときや言ひさしてやめる場合などに用ひる（例1 2）。 二、テンテンは引用文の省略（上略・中略・下略）を示す（例3）。 三、テンセンは会話で無言を示す（例4）。 四、テンセンはつなぎに用ひる（例5）。	(1) 「それからね、……いやいや、もうなんにも申し上げますまい。」 (2) 「それもさうだけれど。……」 (3) そこで上述のごとき結果になるのである。…… (4) 「ごめんネ、健ちやん。」「………」 (5) 第一章序説…………一頁
(6) カギ フタヘカギ	「　」 『　』	一、カギは、対話・引用語・題目、その他、特に他の文と分けたいと思ふ語句に用ひる（例1 2 3 4）。これにフタヘカギを用ひることもある。 二、カギの中にさらにカギを用ひたい場合は、フタヘカギを用ひる（例5）。 三、カギの代りに〃　〃を用ひることがある（例6）。〃　〃をノノカギと呼ぶ。	(1) 「お早う。」 (2) 俳句で「雲の峰」といふのも、この入道雲です。 (3) 国歌「君が代」 (4) この類の語には「牛耳る」「テクる」「サボる」などがある。 (5) 「さつきお出かけの途中、『なにかめづらしい本はないか。』とお立寄りくださいました。」 (6) これが雑誌〃日本〃の生命である。

(7)カッコ ヨコガッコ	（ ） ( )	一、カッコは註釈的語句をかこむ（例1）。 二、編輯上の注意書きや署名などをかこむ（例2）。 三、ヨコガッコは箇条書の場合、その番号をかこむ（例3）。 〔附記〕なほ各種のカッコを適当に用ひる。その呼び名を下に掲げる。	（1）広日本文典（明治三十年刊） （2）（その一）（第二回）（承前）（続き）（完）（終）（未完）（続く）（山田） （3）(一)(イ)(a) 《 》フタヘガッコ 〔 〕ソデガッコ ［ ］カクガッコ 【 】カメノコガッコ
(8)ツナギ ツナギテン	＝ －	一、ツナギは、かな文の分ち書きで、一語が二行にまたがる場合に用ひる（例1）。 二、ツナギテンは、数字上「より――まで」の意味に用ひる（例2）。	（1）サルハ　トウトウ　ジブ＝ ンガ　ワルカッタト　ア＝ ヤマリマシタ。 （2）一三五－六頁 一五六－八頁 三五九－六〇頁 五九九－六〇〇頁
(9)ワキテン	、、、	一、ワキテンは、原則として、特に読者の注意を求める語句にうつ（例1）。 二、観念語をかなで書いた場合にうつ（例2 3）。 三、俗語や方言などを特に用ひる場合にうつ（例4）。	（1）こゝにも一人の路傍の石がある。 （2）着物もあげによつて兄にも弟にも使へる。 （3）ひるといふ言葉は、元来はよるに対して用ひたものであるが、おひるといつて昼飯のことを意味するやうになつたのは、 （4）ぴんからきりまである。
(10)ワキセン	――	一、ワキセンはほとんどワキテンと同じ目的で用ひ	（1）次の傍線を引いた話について説明せよ。

付録

		る（例1）。 二、説明上、ある詩句を一つにくるめて表示する場合に用ひる（例2）。	さう考へられる。 （2）名辞は、単一の名詞から成ることもあり、あるひは長い名詞句から成ることもある。 人はパンのみにて生くるものにあらず。
(11) 疑問符	？	一、疑問符は、原則として普通の文には用ひない。たゞし必要に応じて疑問の口調を示す場合に用ひる（例1）。 二、質問や反問の言葉調子の時に用ひる（例2）。 三、漫画などで無言で疑問の意をあらはす時に用ひる（例略）。	（1）「えゝ？　なんですつて？」 （2）「さういたしますと、やがて龍《りう》宮へお著きになるでせう。」 「龍宮へ？」
(12) 感嘆符	！	一、感嘆符も普通の文には原則として用ひない。たゞし、必要に応じて感動の気持をあらはした場合に用ひる（例1）。 二、強め、驚き、皮肉などの口調をあらはした場合に用ひる（例2）。	（1）「ちがふ、ちがふ、ちがふぞ！」 （2）放送のとき、しきりに紹介の「さん」づけを止して「し」にしてくれといふので、よくきいてみると、なんと、それは「氏」でなくて「師」であつた！

（二）主として横書きに用ひるもの

〈略〉

くりかへし符号の使ひ方〔をどり字法〕（案）

〈略〉

まへがき

一、この稿は、くりかへし符号を用ひる場合の基準を定めたものである。

二、くりかへし符号は同字反復の符号である。これまで、畳字《でふ》・重文《ぢうもん》・送り字・重ね字・をどり字・ゆすり字・ゆすりがな等と呼ばれて来たものであるが、この稿ではさらにあらたに一つの符号を取り上げるとともに、これらの性質を分かりやすく言いあらはし、かつ一般に通じやすいと思はれる呼び名として、かりに「くりかへし符号」といふ名を用ひた。

三、くりかへし符号は左の五種である。

一ツ点　ゝ　かなにつけて用ひるもの

くノ字点　〳〵　かなまたはかな交りの語句につけて用ひるもの

同《どう》ノ字点　々　漢字につけて用ひるもの

二ノ字点　〻（〻）

ノノ点　〃　数字や語句を代表するもの

右、各種の符号の呼び名は、一部は在来のもので、一部は取扱ひ上の便を考へてあらたに定めたものである。

四、くりかへし符号の用法の中で、これまで最も統一を欠いてゐたのは、例へば「ぢぢ」「ばらばら」のごとく語頭に濁音をもつことばの書き方であつた。すなはち、「ぢぢ」「ばらばら」を書く場合に次のごとき三様の書き方が行はれてゐたのであるが、この案では、その中の（一）の書き方に従つた。

（一）ぢゝ　ばら〳〵

（二）ぢゞ　ばら〳〵

（三）ぢゞ　ばら〴〵

五、くりかへし符号は、同一の語の中で用ひることを原則とし、次のごとき場合にはかなを重ねて書く。

（一）話したために　読んだだけで
それとともに　さうしたもののみ
そののち　いままで
行つただらう　すべてです

（二）香川県《かがはけん》　馬場氏《ばばし》　平《たいら》の知盛《とももり》

（三）パパ　ママ　チチハル

〔付記〕右の原則によつて、例へば「立てて」を「立てゝ」と書くのはよくないといふ人もあるが、しかし、この「立てて」などは、一方から見れば「立つ」と「て」との二つの単位から成つてゐるものであるが、一方から見れば「立てて」でもつて一つの単位を成すものであるから、やはり同一語中の用例であるといふことができる。ゆゑに、「立てゝ」の類の書き方も認められる。

つぎに、日常の文書において使用率の高い「ことゝ」「ものゝ」「〇〇町々会」などの書き方も、これを許容的に認めておくことが現代一般の慣用に照らしておだやかであらう。

六、くりかへし符号はテン（読点）をへだてゝは用ひない。例へば――

「こ、こ、こ、こ。」と、おやどりがよぶ。

「ちゝ、ちゝ。」と鳴く小鳥の声、

ド、ド、ドーッといふ波の音、

さら〳〵、さ〳〵と葉ずれの音がして、

「あっ、兎、兎。」

一歩、一歩、力強く大地をふみしめてゆく。

〔付記〕くりかへし符号の適用は、右のごとく一種の修辞的用字法、すなはち文のリズムを表現するものである。

呼び名	符号	準則	用例
(1) 一つ点	ゝ	一、一つ点は、その上のかな一字の全字形（濁点をふくむ）を代表する。ゆゑに、熟語になつてにごる場合には濁点をうつが（例2）、濁音のかなを代表する場合にはうたない（例3）。 二、「こゝろ」「つゝみ」などを熟語にしてにごる場合には、その「ゝ」をかなに書き改める（例4）。 〔備考〕「ゝ」は「〻」をさらに簡略にしたものである。	(1) ちゝ　はゝ (2) たゞ　ほゞ (3) ぢゝ　ばゝ (4) づつ　小包《こづつみ》　真心《まごころ》　案内がかり 気がかり　くまざさ
(2) くの字点	〱	一、「〱」は、二字以上のかな、またはかな交り語句を代表する（例1 2 3 4 5）。 〔備考〕「〱」は「〻〻」「〻〱」を経て「〱」となつたものである。	(1) いよ〱　ます〱 (2) しみ〲　それ〲 (3) しげ〱　しば〱 (4) ばら〱　ごろ〱 (5) 一つ〱　思ひ〱　散り〲 代る〲　知らず〱 くり返し〱 ひらり〱　エッサッサ〱
(3) 同《どう》の字点	々	一、「々」は漢字一字を代表する（例1 2 3 4 5）。 〔備考〕「々」は「仝」の字から転化したものと考へられてゐる。	(1) 世々《よゝ》　個々《こゝ》　日々《ひゞ》 (2) 我々《われ〱》　近々《きん〱》　近々《ちか〱》 (3) 正々　堂々　年々　歳々 (4) 一歩々々　賛成々々 (5) 双葉山々々々
(4) 二の字点	〻 〻	一、「〻」は、手写では「々」と同価に用ひられるが（例1）、活字印刷では「々」の方が用ひられる（例2）。	(1) 草〻 (2) 草々

二、活字印刷で用ひる「〻」は「〻」の別体であるが、その働きは、上の一字を重ねて訓《くん》よみにすべきことを示すものである（例3 4）。
三、「唯《たゞ》」は「唯〻」とは書かない（例5）。
四、「各《おの〱》の」「諸《もろ〱》の」は「〻」がなくても読みうるが（例6 7）、普通には「〻」をつける（例8）。
五、「〻」は「々」で代用される（例9 10）。殊に「多々益々」ではかならず「々」を書く。
〔備考〕「〻」は「二」の草書体から転化したものと考へられてゐる。
それを小さくして右に片寄せたものが即ち「〻」である。
〔付記〕例3 4 5 6 7 8 9の類の語は、なるべくかなで書く方がよい。

(3) 稍〻（やゝ） 略〻（ほゞ）
(4) 愈〻（いよ〳〵） 各〻（おの〳〵）
旁〻（かた〴〵） 交〻（こも〴〵）
屢〻（しば〳〵） 抑〻（そも〳〵）
偶〻（たま〳〵） 熟〻（つら〳〵）
熟〻（つく〴〵） 益〻（ます〳〵）
(5) 唯（たゞ）
(6) 各（おの〳〵）の意見
(7) 諸（もろ〳〵）の国
(8) 各〻（おの〳〵）意見を持ち寄つて
(9) 各々（おの〳〵）
益々（ます〳〵）
(10) 多々益々

(5) ノノ点

〃

一、「〃」は簿記にも文章にも用ひる（例1 2）。
〔備考〕「〃」は外国語で用ひられる「"」から転化したものであり、その意味はイタリア語の Ditto 即ち「同上」といふことである。なほ国によつて「״」の形を用ひる。

(1)

月	日	円	備考
1	25	1000	
〃	〃	2500	
〃	〃	1235	
〃	26	1000	
2	1	1500	
〃	〃	1000	

(2)
甲案を可とするもの 一二八
乙案 〃 三一九
丙案 〃 二六五

文部省編『文部省刊行物 表記の基準』（昭和二五年九月）「付録」より

一 くぎり符号の使い方

くぎり符号は、文章の構造や語句の関係を明らかにするために用いる。

くぎり符号には、次の五種がある。

1 。 まる

2 、 てん

3 ・ なかてん

4 （ ） かっこ

5 「 」『 』 かぎ

1 「。」は、一つの文を完全に言い切ったところに必ず用いる。

「 」および（ ）の中でも、文の終止には「。」を用いる。

「……すること・もの・者・とき・場合」などで終る項目の列記にも「。」を用いる。

ただし、次のような場合には「。」を用いない。

イ 題目・標語など、簡単な語句を掲げる場合。

ロ 事物の名称だけを列記する場合。

（例） 左の事項を書いた申請書を提出してください。

一 申請者の氏名・住所

二 建築の目的

三 建築する場所

ハ 言い切ったものを「 」を用いずに「と」で受ける場合。

（例） すべての国民は、健康で文化的な最低限度の生活を営む権利を有すると保障してあるが、現実は必ずしもこのとおりでない。

2 「、」は、文の中で、ことばの切れ続きを明らかにしないと、誤解される恐れのあるところに用いる。

（例） その別荘は、そのころのフランスの有名な芸術家たちとよく交際し、また自分自身もすぐれた女の文学者であったジョルジュ＝サンドの所有で、アンというところにあった。

物理では、光の、ある属性が写真にとられ、その動きが見られるようになった。

科学的な、眼球運動の実験調査報告書。

いんげんと、とうもろこしの種子。

そのころの人がどのようであったかは、はっきりわからない。

対等の関係で並ぶ同じ種類の語句の間に用いる。

（例） 漢字の制限、かなづかいの改定、口語文の普及が、ようやくその緒についた。

ただし、題目や標語、簡単な語句を並べる場合には付けない。

（例） 昭和二十四年四月には、「当用漢字字体表の実施に関する件」が、内閣訓令第一号で発表された。

国語の文法や音韻に関する知識を得させる。

3 「・」は、名詞の並列の場合に用いる。

（例） 対話・講演・演劇・映画・放送などにわたる諸問題については、

………………

ローマ字のつづり方には、いわゆる訓令式・日本式・標準式の三種がある。

日付や時刻を略して表わす場合に用いる。

（例） 昭和二五・七・一　　午後二・三五

称号を略して表わす場合に用いる。

（例） N・H・K　　Y・M・C・A

ただし、名詞以外の語句を列挙するとき、数詞を並列する場合は、「・」を用いない。

（例） イ 社会的、歴史的考察。

ロ 鳥が三、四羽飛んで行く。　　会員は四、五十人です。

4 （ ）は、語句または文の次に、それについて特に注記を加えるときに

用いる。

(例) 外国の地名・人名(中国・朝鮮を除く。)は、かたかなで書く。
教育漢字(八八一字)の選定については、……………

5 「 」は、会話または語句を引用するとき、あるいは特に注意を喚起する語句をさしはさむ場合に用いる。

(例) イ 「どうぞこちらへ、わたくしが御案内いたします。」と主人がさきに立って歩き出した。
ロ 「国民の権利および義務」に規定された内容について、……………
ハ 「現代かなづかい」には、次のような「まえがき」がついている。

『 』は、「 」の中にさらに語句を引用する場合に用いる。

(例) 「Aさんの本の中に、『人間は環境の中に生きている』ということが書いてあります。」と先生は静かに語り始めた。

原則として、「?」「!」等の符号は用いない。

二 くり返し符号の使い方

くり返し符号は、「々」以外は、できるだけ使わないようにするのが望ましい。

「々」は、漢字一字のくり返しの場合に用いる。

(例) 人々　国々　年々　日々

ただし次のような場合には「々」を用いない。

(例) 民主主義　大学学術局　学生生活課
当用漢字字体表

「ゝ」は、一語の中で、同音をくり返すとき。

(例) あゝ　たゝみ　とゝのえる　じゝ

次のような場合は「ゝ」を用いない。

(例) バナナ　ココア　かわいい
くまざさ　手がかり　そののち　いままで　あわてて

そうはいうものの　……のことと　……とともに

「ゞ」は一語の中でくり返された下の音が濁るとき。

(例) たゞし　かゞみ　すゞり　さゞ波

次のような場合には「ゞ」を用いない。

(例) 読んだだけ　すべてです

「〱」は、二字のかなをくり返すとき。

(例) いろ〱　わざ〱　しみ〲と

ただし、三字以上にわたる場合、および二字以上の漢語や、横書きの場合には用いない。

「〻」は、用いないのを原則とする。

「〃」は、表や簿記などには用いる。

三 外国の地名・人名の書き方

〈略〉

四 横書きの場合の書き方

1 横書きの場合は、左横書きとする。
2 くり返し符号は、「々」以外は用いない。
3 くぎり符号の使い方は、縦書きの場合と同じである。
4 数字を書く場合は、算用数字を用いる。

(例) 第38回総会，午後1時開会，4時散会。
男子15人，女子8人，合計23人です。

ただし、慣用的な語、または数量的な意味の薄い語は、漢数字を用いる。

(例) 現在二十世紀の世の中では
一般　一種独得の　「七つのなぞ」

句読点、
記号・符号
活用辞典。

句読点、記号・符号活用辞典。

2007年９月17日　初版第一刷発行
2023年10月15日　　　第六刷発行

小学館辞典編集部・編

発行者　吉田 兼一

発行所　株式会社　小学館
〒101-8001　東京都千代田区一ツ橋２－３－１
電話　編集　03-3230-5170
　　　販売　03-5281-3555

印　刷　図書印刷株式会社

製　本　株式会社若林製本工場

*造本には十分注意しておりますが、印刷、製本など製造上の不備がございましたら「制作局コールセンター」（フリーダイヤル0120-336-340）にご連絡ください。（電話受付は、土・日・祝休日を除く9:30～17:30）

ISBN 978-4-09-504176-6 Shogakukan,Inc.